孔子的生命境界

——儒學的反思與開展

蔡仁厚　著

臺灣學生書局印行

自序

我關心中國文化，關心儒家學術，所以數十年來本乎一己學知之所得，心不容已地發爲議論，撰爲文字。除了專著如《孔孟荀哲學》、《墨家哲學》、《宋明理學》、《王陽明哲學》等書之外，散篇的論文和講錄，亦每隔數年便類編成冊，交付出版，如《新儒家的精神方向》、《儒家思想的現代意義》、《儒學的常與變》以及《中國哲學的反省與新生》等。如今再將新近文章加以類編，名曰《孔子的生命境界》。

本書分三卷，卷上爲「生命境界」，卷中爲「返本開新」，卷下爲「理學新詮」。

「生命境界」一卷收文七篇。前三文直接從生命說話。第一篇是孔子的生命境界，孔子一生，不厭不倦，下學上達，無論就人格發展、人生之路、人文精神來看，孔子都是上等的型範。第二篇也是順孔子「興於詩，立於禮，成於樂」之言，以說明生命活動與文化表現皆有所謂興發、自立、圓成。因此，生命心靈需要「詩」，人文教化需要「禮」，宇宙人間需要「樂」。第三篇是就生命的三個本始：天地、祖先、聖賢，以反顯現代人失落根土之後的貧血症。故提議在家庭安置「天地聖親師」之神位，使只供住宿的家，轉化爲與祖先同在，與天地聖賢同在的安身立命之所。使家裡的每一個人，皆能獲得天地生德的流注，獲得祖先恩澤的滋潤，獲得聖賢慧命的啓發，而成爲有文化教養的人。第四篇文，則是從天人之際以比觀儒家與耶教的生命大道。第五篇是從終極關懷再下貫到現實層面，來檢視儒家對於生命，對於人權所持的態度，以及它順時制宜的可能之路。第六篇是直透生命深層，簡明切要地指陳孔子孟子荀子三家的心論要旨。第七篇則是二十多年前的舊作長文，統括地對荀子思想體系中之天論、性論、心論、名論、禮義論以及他的政治思想，提出一個大的綜述。藉此或可對荀子誠樸厚重的生命性格，獲致通盤的理解和欣賞。

「返本開新」一卷收文九篇。第一篇直論文化生命的返本開新，這是當代新儒家所持的總立場。唯有暢通以仁爲本根的文化生命，才有可能拓展新的文化道路，開發新的文化內容。否則，無根失本，必將虛脫而盲爽發狂（從五四到文革，可爲殷鑑）。第二、三、四、五各篇，是隨機申述當代新儒家歷經半個多世紀的精誠努力，終能做出前所未有的學術貢獻。所謂「闡明三教、開立三統、暢通慧命、融攝西學、疏導新路」，句句都是落實之言，無有虛矜，無有誇飾。第六、七、八、九各篇，則是對兩位和台灣特具內在生命感通的師儒徐牟二先生所作的表述。他們是眞能在憂患奮鬥中返本開新的人。

「理學新詮」一卷收文九篇。第一篇指出十一至十六世紀這六百年間，在世界各大文化系統中，只有中國的宋明理學獨能顯揚人類理性的光輝。而最能恰當表述宋明理學之義理綱脈和明徹其義理分際者，首推當代哲儒牟宗三先生。他研究和疏導宋明理學的過程，在第二篇文中有精確詳實的說明。第三、四、五、六、七各文，則講論王陽明哲學。前二篇討論致良知宗旨成立之經過，以及知行合一相關的問題。後三篇通過文獻的疏解，對陽明學的義理進行更深細的探析。第八篇是對江右王學提出綜括性的疏導。江右王門，人物最多，議論亦盛。本文判為三支一脈，分別而論，庶幾近是。第九篇講最後一位大理學家劉蕺山。蕺山之於朱子陽明，實欲勿分軒輊而並加尊仰；但他所作的會通，仍未得其肯綮。此中的義理問題，必須到當代新儒家出來，才能達到明徹通透的境地。

書後的「餘論」收四篇短文。情文相生，理事交融，頗值一讀。

回溯四十年來，湧身文化生命大流，參與儒學復興運動。雖學疏識淺，無所靖獻；但對於中國文化與儒家學術之光大發皇，則一直眷眷深懷，夢魂牽繫。我從來不估量自己有多大能力，也從來不計較有多少成功機會；唯是始終一念，精誠貫注，盡我心，盡我力，盡我分。過去如此，現在如此，將來也是如此。

民國八十六年十二月

蔡仁厚　序於東海大學哲學研究所

孔子的生命境界——儒學的反思與開展

目次

陸、先秦儒家心論要旨

卷中　返本開新

卷下　理學新詮

伍、王陽明對心性工夫的指點……三二一

捌、論江右王門的學脈流衍

餘論

卷上　生命境界

壹、孔子的生命境界：兼論道德宗教之融通

一、孔子的生命境界：下學上達

《論語》書中，有兩段文字最能顯示孔子的生命境界：

(1)子曰：「吾十有五而志於學，三十而立，四十而不惑，五十而知天命，六十而耳順，七十而從心所欲不踰矩。」（爲政篇）

(2)子曰：「莫我知也夫！」子貢曰：「何爲其莫知子也？」子曰：「不怨天，不尤人。下學而上達。知我者其天乎！」（憲問篇）

爲政篇一章，將於下文討論。茲先論憲問篇「下學上達」之意。

人的生命境界，可以從各方面說。或用士、君子、聖賢的名號來標榜，或用功利境界、藝術境界、道德境界、天地境界來表述，或論其人品層位之高卑，或論其精神器量之廣狹。說法各不同，而皆要求出類拔萃，超常出衆。其實，才有高下，德無止境。生命中的才、情、氣，雖有可欣可歎、可賞可樂之處；但說到生命境界，最後還是要歸到德上來。

德，不是一個量化的觀念，難作計量，所以常用指點象徵的方式說。如《論語》之「唯

天爲大，唯堯則之」。如《中庸》之「肫肫其仁，淵淵其淵，浩浩其天」。如《史記》之「堯德如天」。如《二程遺書》之「天地、元氣」、「和風卿雲」、「泰山巖巖」。凡此等等，皆是。俗諺有云「不怕不識貨，只怕貨比貨」。貨物一比，自見優劣。但聖人渾然與萬物同爲一體，沒有對立，所以無須比較。所謂「泰山爲高矣，而泰山頂上已不屬於泰山」。這正表示一切量化比較式的讚頌都是有限的，不足以表述「無對、無限」的生命境界。當孔子與天相知、與天合德之時，已然超越世人的認知層境而幾幾乎無人相知了，所以在有意無意之中發出感歎：

「莫我知也夫」！

孔子自己知天、知人，而世人莫知孔子。何以如此？連聰明敏達的子貢也疑惑了：「何爲其莫知子也？」爲什麼世人莫知夫子呢？子貢之疑，引出孔子之答：

「不怨天，不尤人。下學而上達。知我者其天乎？」

孔子「求諸己」，既歸於主體，自無須仰求於天，也無須外求於人。因此，無怨無尤，一切皆是自家之事。「下學」，以明通人事；「上達」，以契證天道、天德。天道所顯發的生生之德，與我心所固有的生生之仁，自然在人的自覺實踐中契應通合而爲一。

然而，「仁、義、禮、智、天道」，雖是我性分所固有，但要具體落實以「盡之」，卻也不免遭遇外在的種種限制。所以《孟子，盡心下》云：「仁之於父子也，義之於君臣也，禮之於賓主也，智之於賢者也，聖人之於天道也，命也，有性焉，君子不謂命也。」命，限制義。人生有許多無可奈何的境遇，譬如父子應盡仁而未必能盡仁，如瞽瞍之於大舜。君臣應盡義而未必能盡義，如商紂之於殷末三仁（微子、箕子、比干）。其他賓主應盡禮而未必能盡禮，賢者有明智而未必能盡智（所謂智者千慮，必有一失）。而聖人之於天道，不但體道於身各有偏全之異，行道於世也有時勢權位之限制，如孔子便不能行道於當世，故見「獲麟」，曰：吾道窮矣。顏淵死，曰：天喪予。凡此，皆有無可奈何的客觀限制，所以說「命也」。然而，仁、義、禮、智、天道五者，皆是我性分中事。（天命天道流行貫注於人而爲人之性，故天道亦由超越而內在矣。）既是性分中事，豈可以之爲命，而不復致力？故舜盡其仁（孝），殷末三仁盡其義（忠），孔子「知其不可而爲之」。因爲主宰在我，人人皆可反求諸己，以各盡其性分。所以說「有性焉，君子不謂命也」。

道德實踐（盡仁、盡義等）的限制，乃屬人生過程中的客觀境遇，這類境遇雖然令人無可奈何，難以爲懷，但面對此等境遇之限制，仍然不可「怨天」，不可「尤人」，唯當反求諸己，擴充（盡）自己心性之所固有，下學上達，上達天道，最後終能「與天相知」（我知天命，天亦知我，兩相契合）。我們認爲，人天不隔，天人合德，正就是孔子的生命境界。❶

---

❶ 按：東方儒釋道三教，皆承認人可由有限而達於無限，可以上達天德（說法不同而已）。唯西方宗教以原罪限制人，故人不能上達天德，不能自救，只能被拯救。教義系統不同，故生命之路亦不同。

二、從有限通向無限

(一)五十而知天命

孔子所說「吾十有五而志於學，三十而立，四十而不惑」，這「志學、立身、不惑」三者，皆屬人事界之「下學」階段。到「五十而知天命」，則進入「上達」的境域。「知天命」是個大題目，在此難以詳說，但也不能不多說幾句。

儒家言「命」，向來有「命定義」之命，與「命令義」之命的分判。凡「命運、命遇、命限」諸義之命，皆屬客觀的限定與限制，對於此一面之「命」，人無能爲力、無可改變，唯有「知之，受之，安之」。而這並不表示人要消極認命，放棄努力，而是在觸及此一客觀的限制時，不作非分之妄想妄求，而即回歸於主體，以克盡己分，以盡其義之所當爲、所能爲。此之謂「盡義以知命」。此時，義與命是二個領域，是謂「義命分立」。

另一面「命令義」之命，或說爲「天命」，或說爲「性命」，皆意指善的命令、道德命令。此乃無條件的無上命令。人對應於「天命、性命」時，必當「敬畏之、服從之、踐行之」。這就是道德實踐。此種實踐，並非接受一外在命令，而是自覺內發地踐行道德的善（依天理而行，由道德律則而行），此之謂「盡性以至命」（至命，謂至於命，表示我的身心活動與道德命令如如爲一）。盡心盡性、盡義盡道，亦正是踐行天命性命，是謂「義命合一」。❷

❷ 按・義命分立，乃就命定義（客觀限制）之命而說。義命合一，乃就命令義（道德命令）之命而說。兩句同時成立，亦皆爲儒家所承認。

至於孔子所說的「天」（天命、天道），則實含兩方面的意義。

(1)從「情」方面說，有類於人格神。孔子所謂「天生德於予」，「天之未喪斯文」、「天喪予」，「天厭之」、「吾誰欺，欺天乎」、「獲罪於天，無所禱也」，「知我者其天乎」，這些「天」字，都顯示人格神的意味。❸

(2)從「理」方面說，是形上實體。孔子所謂「天何言哉？四時行焉，百物生焉，天何言哉？」❹在此，天乃指「於穆不已」的生生之道（創生實體）。

一般而言，天，可以說爲：(1)物質之天（灰灰蒼蒼之天），(2)主宰之天（人格神之天，如皇天、上帝、天帝），(3)運命之天（人生之無可奈何，如云：若夫成功，則天也），(4)自然之天（自然之運行，如云天行有常），(5)義理之天（宇宙最高原理，如天命之謂性）。馮友蘭氏這個說法，當然可以助解。但若剋就義理思想而言，則簡化爲三義，也許更較顯豁：

(1)意志天（人格神）：這是原古之主宰義。（多見於詩、書、左傳、國語。）

(2)德化天（天命、天道、天德、天理）：這是天的積極義（先天而天弗違），是儒家正面講說的天。

(3)氣化天（陰陽自然之生化，氣稟氣運之限制）：這是天的消極義（後天而奉天時），儒家正視之，

---

❸ 上述各句，分別見於《論語》書中〈述而〉、〈子罕〉、〈先進〉、〈雍也〉、〈八佾〉、〈憲問〉各篇。

❹ 見《論語．陽貨》。天無言而四時行、百物生，此言道體流行，生生不息。而孔子曰「子欲無言」，意示夫子之言行動靜，亦莫非道之道體顯現，自然流行，固無待於言詮也。

但少作積極之講論。

在中國文化的演進中，意志天轉爲德化的天，人格神轉爲形上實體，這表示中國文化不走宗教的路，而要求宗教人文化。儒家就是順此文化精神而發展。由天道生生到繼善成性，由天命日降而下貫爲性。下及宋明，又綜爲天理（心性之理，性即理，心即理），於是儒家所講之「天」，乃爲「即心即性即天」、「天道性命相貫通」的天。天以「生」爲道❺，而生生之易，「顯諸仁，藏諸用」❻，故聖心之化育與天道之生化，通一無二。而程明道所謂「只此便是天地之化」❼，亦正是依於儒家天人一本之義而陳述，並非故爲高論。

據上所述，可以看出孔子「五十而知天命」，正是他爲學進德歷程中一個重要的關節。知天命的知，不是認知、知解，而是「證知」。❽我們可以想像，在孔子五十歲的時候，他常常感到自己與天之間的親和感：從孔子這一面說，是「知天命」；而通過孔子的「下學上達，與天合德」，天亦轉過來知孔子，所以說「知我者其天乎」！這是一種「與天相知」的境界。在這裡，引發了孔子對天的使命感，因而亦形成了他生命中深切的信念。所以既說

❺《周易・繫傳》：「天地之大德曰生」，「生生之謂易」。《中庸》二十六章：「天地之道，可一言而盡也。其爲物不貳，則其生物不測。」（生物，謂生化萬物）。

❻見《周易・繫傳上》。

❼見《二程遺書》第二上。

❽熊十力《讀經示要》（台北、明文書局），卷二有云：「孔子五十知天命之知，是證知義。其境地極高。非學人悟解之謂。」

「天生德於予，桓魋其如予何」？又說「天之未喪斯文也，匡人其如予何」？在這深切的信念中，他對天道天命的證知，更落實下來而顯現爲「以文統自任」的文化使命感。故曰：「文王既沒，文不在茲乎！」[9]由於孔子在自己的生命中證知了天命，感到天命與自己的生命通而爲一，所以他的生命是與天相默契、相印合的。於是，孔子感歎了，他說：「子欲無言」。這是孔子在「世無知音，唯天相知」的心境中，說出這麼一句深心的感歎之言。表示他既以全幅生命爲天命天道作見證，則一般的言說便可有可無了。孔子「予欲無言」這句話，實隱含「以天自況」之意。所以他說「天何言哉？四時行焉，百物生焉。天何言哉？」蓋天道默運而化，其生生是永不停息的，故四時之行，萬物之生，亦從無間斷。而一個「純亦不已」的德性生命（如孔子），豈不亦如天道之運，永遠顯現他「與理道合一」的生活行爲？孔子以身示道，道既當體呈現，即在眼前，尚何事於言語乎？孔子所謂「子欲無言」，正應從這個意思上來加以證會。[10]

由於孔子踐仁知天，以仁印證天道天命，所以他「以天自況、以身示道」，竟然說得如

---

❾ 見《論語・子罕》

❿ 《論語・子罕》載：「子在川上，曰：逝者如斯夫！不舍晝夜。」朱注以爲此乃默證道體之言。又引程子曰：「此見聖人之心，純亦不已，乃天德也。」是此章之意，亦可與予欲無言章相參也。按：道體流行，於穆不已。後儒亦常就活潑潑處指點道體，上自中庸之鳶飛魚躍，下至明儒羅近溪所謂捧茶童子是道，皆是明證。

此的自然，如此的平實。他沒有爲世人帶來一點點聳動，更沒有引起天下人心一絲一毫的驚異。他超化了奇特與神異，此所以有「自然之和氣」、「分明是天地氣象」。⓫而且，孔子亦不是通過觀念理論，來論證「天道性命相貫通」，而是以他「通體是德慧」的生命，爲「天人相知，天人和合」作見證。傳云：「肫肫其仁，淵淵其淵，浩浩其天。」⓬唯其肫肫然，淵淵然，浩浩然，所以能證知天命，「上下與天地同流」，而臻於「大德敦化」的聖境。⓭

(二) 六十而耳順

一個人的生命實踐，而能達到「知天命」（與天相知，天人合德）的境界，當然是極高的成就。這是主體生命層層上達的成果。但人的生命亦同時是感通的，故不可疏離孤往，而必須與物相通。世間各種流行的思想觀念、理論學說……隨時都會「灌入吾耳」。即使封斥世俗之論與現時之言，但在誦讀經典文獻時，古人的語言聲音，仍然憑藉文字而「灌入吾耳」。若將書冊束諸高閣，不視不睹，而平生讀知之言與聞知之論，也仍將化爲聲音，時時「灌入吾耳」。至於所謂「視而不見，聽而不聞」一類的話，則是對特殊情境的一種描述；其實縱屬耳聾失聰之人，他昔時聞見的言語事件，仍將隨記憶而時時映現於心，而轉化爲聲音以

⓫ 見《二程遺書》第五。

⓬ 見《中庸》第三十二章。

⓭ 「上下與天地同流」，見《孟子・盡心上》。「大德敦化」見《中庸》第三十章。

「灌入吾耳」。然則，「耳之聽聞」與「聞而知之」，實無可逃矣。耳不能不聞，聞而不可不知，知而不容有誤差，所以必須「耳順」。朱子註云：

> 「聲入心通，無所違逆。知之之至，不思而得也」

言語、聲音，是外在的。耳之聞聲，是由外而入於內；既有內外之分，便有人我、物我之別。如此，人仍然處於「小我」的情境中，「小我」情境中的生命，只是不能感通或感通不夠的「個己」，當然應該向外開擴以求弘通。而「耳順」便正是生命通出去的關鍵。所謂「聲入心通」，是表示外來的言語聲音入於我耳，而我心隨即通曉而契知之，而無所違逆。是者知其所以爲是，非者知其所以爲非，各當其可，各得其宜。此時，內外打成一片，人我、物我通而爲一，外在的種種切切，皆與自己的心靈相感相通而渾然一體。到此境地，所謂「善與人同」、「樂取於人以爲善」⓮，亦自然成爲應有之義。可見「六十而耳順」，在人的生命實踐中確實具有重大的意義。

若順「知」而言，平常所謂「聞弦歌而知雅意」，是「知音」；而「耳順」則可謂之「知言」、「知心」。耳順而知言，其中自然有認知，但不可停於認知層，而必須超越言詮，契知其意，而有得於心。耳順而知心，其中亦自有理解，但不可停於理解層，而必須心領神會，莫逆於心。到「默識心通」之境，方能於「言」無所不悅，於「意」無所不契。朱子認

⓮ 見《孟子・公孫丑上》。

爲，這是「知之至」，而且是「不思而得」。不思而得，正是心靈相通，自然契合的境界。（在孔門弟子中，顏子「默識心通」，於夫子之言「無所不悅」，亦是耳順之意。）

「五十而知天命」表示天人上下通而爲一，「六十而耳順」則表示物我內外通而爲一。知天命加上耳順，才使孔子的生命達於「縱橫二度，融和相通」，如果只有「知天命」，而沒有「耳順」，便只有縱向的上達，而欠缺橫向的涵容。有了橫向的涵容，才能「通衆人之心，類萬物之情」，才能顯發「民胞物與」的仁者情懷。

「耳順」之必不可忽、必不可少，還可以舉示六點作一說明：

(1)必須耳順，才不至於誤解各種言說的本意。

(2)必須耳順，才能恰如其分地解讀各方面（各階層、各種族、各教派……）的聲音。

(3)必須耳順，才能知曉各種聲音、各種主張的動機和目的。

(4)必須耳順，才能知其所是，亦知其所非；知其所得，亦知其所失。

(5)必須耳順，才能知如何順其言說而成全之，亦知如何拒其言說而化解之。

(6)必須耳順，才能對「言者」而知其指，對「默者」而知其意。

總而言之，語言聲音所代表的，乃是一個客觀而廣大的眞理世界（正面的、負面的）。人如不能「聲入心通」，以知言，以知心，則這個世界將永遠隔閡而不相知，矛盾而不相合，人類亦將永遠不能得安樂，不能得和平。所以，孔子在陳述人生實踐中的生命境界時，列有「耳順」一目（實踐中的一個階程），實在大有意義。

或有謂，「六十而耳順」，衍一「耳」字，應作「六十而順」。順什麼？順天命！結果成爲五十知天命，六十順天命。持這種說法的人：

第一、既不解「耳順」之深意，也不知語言世界與聲音世界之重要。他們沒有意識到，割棄「耳順」一目，等於拋擲一個客觀的眞理世界於不顧。

第二、對孔子「知天命」的理解太膚淺。他們以爲，孔子五十歲只能「知」天命（將知天命之知作知解認知看），要再經十年工夫，到六十歲才能「順」（行）天命。（這是什麼話？既已證知天命，即自然與天和合爲一，行在知中，即知即行，何須再加一個「順天命」？）

第三、採這種說法的人，是站在西方宗教一邊，混「天命」與「天帝」（上帝、天主、人格神）而爲一。如此，他們便可以宣說：孔子五十只是「知」天命，六十方能「順」天命（奉行人格神的意旨）；順天命之後，到七十歲才達到「從心所欲不踰矩」。他們認爲，通過這樣的解說，就可以把儒家（孔子）統到人格神那裡去了。——其然？豈其然乎！

據此三點說明，已足見改「六十而耳順」爲「六十而順」，實在很無謂。

㈢ 七十從心所欲不踰矩

人的視聽言動，皆應合乎禮，這是孔子指點顏子的話⓯。既合乎禮，當然不踰乎矩。但孔子是說縱然「從心所欲」，也能夠「不踰矩」。這裡面的道理，就必須加以講論了。

⓯ 《論語・顏淵》載孔子答顏淵問仁，曰「克己復禮爲仁」，又指點顏子「爲仁由己」。顏子請問實踐之目，子曰：「非禮勿視，非禮勿聽，非禮勿言，非禮勿動。」

隨人心之所欲，是包括感性欲求而說的。實然層的感性活動，未必依順應然的理性而行。所以通常都是「踰矩」而「不合禮」的。孔子說他「從心所欲不踰矩」，這個境界當然很不容易。可是以孔子之賢聖，也要到七十之年方能達致，可知這個境界不但很高，而且代表人生的圓熟之境。所謂「圓熟」，可有二義：

⑴心與理一：心之發用，即是理之顯現。

⑵身與道一：身之活動，即是道之踐行。

在此，不妨再以孟子「踐形」之說，來印證孔子「從心所欲不踰矩」之意。孟子曰：「形色，天性也。惟聖人然後可以踐形。」⑯形色，謂形體容色。有人的形色而不能盡人之性，便不能算是眞人，以其未能「踐形」之故。孟子所謂「踐形」可有二層意思：

⑴把人之所以爲人的仁義之性，具體而充分地表現於形色動靜之間。所以，踐形實即盡性。據此而言，孔子教顏子「視、聽、言、動」合乎禮，是踐形。程明道說曾子臨終易簀，「心是理，理是心，聲爲律，身爲度」⑰，亦是踐形。孟子所謂「君子所性，仁義禮智根於心。其生色也。睟然見於面，盎於背，施於四體」⑱，亦同樣是踐形。

---

⑯ 見《孟子・盡心上》。

⑰ 見《二程遺書》第十三。曾子易簀，事見《禮記・檀弓上》。蔡仁厚《孔門弟子志行考述》（商務・新人人文庫本）曾子一章有論述，可參看。

⑱ 見《孟子・盡心上》。

(2)把五官百體所潛存的功能作用，徹底發揮出來，以期在客觀實踐上有所建樹。因此，無論「立德」、「立功」、「立言」，皆可謂之「踐形」。

「踐形」工夫，原則地說，人人皆能。但衆人只是暗合於道（偶合於道），賢人雖能踐之而有所未盡，唯有聖人「從心所欲不踰矩」，才是踐形的極致。

孔子經過以禮立身（三十），事理不惑（四十），證知天命（五十），聲入心通（六十）之歷程，終能心與理一，身與道合。從存心動念到視聽言動，無不中規中矩，合乎禮義法度。這樣的生命境界，畢竟是道德境界，還是天地境界（或宗教境界）？平實而言，既是道德境界，亦是天地境界。但馮友蘭氏卻說，道家有天地境界，而儒家則只有道德境界，而無天地境界。因爲莊子說「天地與我並生，萬物與我爲一」，能「獨與天地精神相往來」。而儒家無此。馮氏的說法好奇怪。孟子明明說「萬物皆備於我矣，反身而誠」，又說「夫君子所過者化，所存者神，上下與天地同流」。[19]易傳（孔子十翼）亦說「夫大人者，與天地合其德，與日月合其明，與四時合其序，與鬼神合其吉凶。先天而天弗違，後天而奉天時。」[20]且問，與天地同運並流，與天地合德，都不算是天地境界麼？（據此可見，這一類的所謂學者名流，他們的生命心靈，無論對中國文化精神而言，或對儒家德慧生命而言，都是睽隔重重的。）

其實，儒家的義理骨幹是「天道性命相貫通」，而「天人合德」的話，亦已講了千百年。

---

[19] 同上。

[20] 見《周易・乾文言》。

儒家的實踐，一定要求天人相通，物我相通；一定要求由小我到大我，從有限通向無限。所以，儒家既是道德境界，亦同時是天地境界。若關聯宗教來說，儒家亦是「即道德即宗教」的。儒聖的終極關懷，同於宗教（唯取徑與講法，各有不同）。在儒家，道德與宗教，本就是相融通、相契會的。

三、祭（宗教）與禮（人文）的融一

人類的文化系統，都有它的宗教階段。而中國則在三千年前（西周初期）便已顯發出人文精神之自覺，使原始的宗教漸次走向轉化的過程。下及春秋，宗教人文化的思想演進，乃達到成熟的階段。孔子是中國文化的代表者，也是宗教人文化的關鍵人物。他的德慧生命涵容深廣，他對天的態度顯示「天人關係」，對鬼神的態度顯示「人神關係」，對祭祀的態度則顯示他「攝宗教於人文」的精神。

對「天」一面，上文已有所述。在此只簡括地這樣說：在孔子生命中所顯示的天人關係，乃是「天人相知、天人和合、上下回應、有來有往」的關係。

對「鬼神」一面，孔子有「未能事人，焉能事鬼」以及「未知生，焉知死」之言。㉑這是表示：以「事人」之道爲先，以「生」之道爲本。一個人的誠敬，如果不足以事人，又如何能奉祭祀於鬼神？如果不知「所以生」之道，又如何能知「所以死」之理？所謂「義之所

㉑見《論語·先進》子路問事鬼神章。

在，生死以之」。可知「死之道」並不異於「生之道」；人從生到死，只是「盡義」，只是「由仁義行」而已。此外，孔子對於鬼神採取「敬而遠之」的態度，反對「非其鬼而祭之」㉒。認爲平日生活誠敬不苟，即是卜，即是禱，不必臨病之時而禱求於鬼神。㉓

至於「祭祀」，自是宗教的要素之一（雖然各種宗教的祭祀形式和含義，彼此互有異同）。在儒家，是將祭祀納於「禮」的範疇之中。這固然是「攝宗教於人文」的表示，但反過來說，「禮」之中既然包含「祭禮」，就表示儒家之「禮」，不只是倫理的、道德的，同時亦是宗教的。倫理、道德，統於人文，故「人文」與「宗教」也通而爲一。這就是儒家的基本性格。

儒家作爲一個「教」來看，應該是世界大宗教中最爲特殊的了。有人說，儒家之爲教，是「教化」之教。這話不周延，不妥當。儒教當然重視禮樂教化，但它不是單單只有「教化」這一層。儒家之爲「教」，是含具宗教意識，能表現宗教之功能作用，能顯發宗教之超越精神，是一個具有「宗教性」的大教。在此，我們可以簡括地從「宗教形態」與「宗教眞理」二個層面加以說明。

從「形式」方面看，儒家的確不像一個宗教。例如：(1)儒家沒有教會的組織；(2)儒家沒有僧侶的制度；(3)儒家沒有特殊儀式（如入教受洗、出家受戒等）；(4)儒家沒有教條和對獨一眞神的義務；(5)儒家沒有權威性的教義（如明確的來生觀念，決定的罪惡觀念，特定的救贖觀念等）。以

㉒ 見《論語》〈雍也〉、〈爲政〉。

㉓ 參見《論語・述而》子路請禱章。

上各點，儒家或者認爲並不需要，或者早已予以轉化與超越，有的則是屬於精神方向和實踐入路的差異。對於這些，當然可以講許多道理，而唐君毅先生的廣泛討論㉔，尤足作爲了解的線索和依據。

從形態看，儒家雖然不像一個宗教，但宗教的形態本就是多樣性的，並沒有理由一定要採取某種形式。人類如果有鑑於「世界各地因宗教信仰而引發戰爭」是個應該消弭的禍害，也許會發現儒家這個最不顯「形式相」的「道德的宗教」，才是最純淨、最圓熟的形式，亦未可知。

從「宗教眞理」的踐行和表現上看，我們無須說得太多，只須從三點作一考察：㉕

第一、儒家是否能啓發無限向上的超越精神？

第二、儒家是否能決定生命的方向和文化的理想？

第三、儒家是否能開出日常生活的軌道和精神生活的途徑？

關於第一問，孔子的下學上達、知天命、敬畏天命，以及孟子的盡心知性知天，上下與

㉔ 按：唐君毅有關道德宗教問題之討論，可參看《文化意識與道德理性》一書之七、八章。另《人文精神之重建》、《中國文化精神之發展》、《中華人文與當今世界》（皆台北學生書局出版），則對有關文化宗教各層面之問題，皆有極爲通達平正之論述。其器度識見，遠非外方學者神學家所能及，皆宜參閱。

㉕ 參見牟宗三《中國哲學的特質》第十二講〈作爲宗教的儒教〉。而《心體與性體》、《現象與物自身》等書（皆學生版），亦皆說及此義，併宜參閱。

天地同流，都顯示超越精神。這種超越企向和超越精神所開啓的無限向上之機，是要突破生命的有限性以取得無限的意義和價值，而其終極的目標，則是「與天合德，身與道一」。同時須知，儒家所企向的生命之提升，並不採取向上攀依、一往不返的單向度的方式。儒者講天人合德，是雙向度的，一方面「本天道以立人道」，一方面「立人德以合天德」。在此，有來有往，上下回應（人德與天道相回應），所以是超越與內在通而爲一的。

關於第二問，儒家不但肯定人皆可以爲聖賢，而且肯定人皆可以自覺自主地決定「生命的方向」（希賢、希聖、希天），以成就生命的不朽。因此無須另講一套靈魂得救以祈求永生的道理。同時，儒家並不憑空地講一個高不可及的理想，而是本於不安不忍的道德心性之要求，分別從縱橫二面以顯發「文化的理想」。在橫的方面，是本乎仁心之感通而「親親、仁民、愛物」，以企向「天下爲公，物我一體」的境界（大學八條目，則是文化理想的實踐綱領）。在縱的方面，是本乎文化意識而要求文化生命之相續不斷，所謂「返本開新，慧命相續」，正是期求文化生命大流之永遠暢通，以更臻於「充實、豐富、圓熟」的境地。

關於第三問，儒家以吉凶賓軍嘉之「五禮」與倫常生活之「五倫」，作爲日常生活的軌道。這就是古人所謂「聖人立教」、「化民成俗」、「爲生民立命」的大德業。簡要而言，周公制禮作樂，開出「日常生活的軌道」；孔子進而點醒仁義之心，以指導「精神生活的途徑」。孔子不離禮樂倫常以說明其意義，點醒其價值，這就是精神生活途徑的啓導，亦就是精神生活領域的開闢。程伊川云：「盡性至命，必本於孝弟；窮神知化，由通於禮樂。」

這眞是達旨之言。[26]

據上所述，可以看出：在別的文化系統中，只有宗教才能夠表現的精神，只有宗教才能夠發揮的作用，只有宗教才能夠盡到的責任；在中國，都是由儒家來擔負。所以說，儒家雖不同於一般的宗教，但它卻是含具宗教意識的，是能表現宗教之功能作用的，是能顯發宗教之超越精神的。只是它並不向上攀依，並不一往不返，而是「攝宗教於人文」，以人文化成天下。終能使「人本、神本、物本」通而爲一，而完成一個「正盈、圓盈」之教的基本模型。

※至於儒教教化層的活動與生活節文的制訂，實乃制禮作樂之事。依當前的事勢看，不但一時無法做到，甚至不易著手。唯有時時存念於心，隨緣隨宜顯之於生活行事，由質的變化，漸漸達到量的普遍。一旦條件成熟，自然水到渠成。

八十五年一月　宣讀於佛光山「宗教與文化」國際會議

---

[26] 按：此乃程伊川作〈明道先生行狀〉中之言，見《二程全書》附錄。

貳、「詩、禮、樂」與文化生命

這個時代，是生命有病的時代。個體生命和群體生命，有病；精神生命和文化生命，也都有病。所以，需要各種有效的治療。平常說到治療，大體是消極的辦法：從病理入，重在治。本文所提供的，則屬積極的辦法：從生理入，重在養。養身養心養生命。生理一脈能正常，就可以不生病，偶得微恙，也能很快康復。

就筆者所知，以儒家爲主流的中國文化，特別重視積極意義的生育化育和養育。在文化生命上注重培育、保育，這正是「從生理入，重在養」的做法，屬於積極性的文化治療。因爲它重視「正本清源」，所以中國傳統哲學的主旨，也是落在「生生之理的顯發，生生之道的暢通，生生之仁的落實」上。然則，人的生命和文化的生命如何「興發鼓舞」？如何「貞定自立」？如何「融通圓成」？豈不正可視爲一個積極的療養進程？在此，孔子留下了很平很常的指點和極其可貴的教訓。

子曰：「興於詩，立於禮，成於樂。」❶

---

❶《論語》、〈泰伯〉。

詩，可以興發情志，鼓舞意趣。朱註云：「興，起也。詩本性情，有邪有正，其爲言既易知，而吟詠之間，抑揚反覆，其感人又易入。故學者之初，所以興起其好善惡惡之心，而不能自已者，必於此而得之。」詩，本乎性情，而性情有邪正之分，感於邪或感於正，皆對人的存心動念和言行舉止有直接的影響。古人以詩爲教，正是見到詩的言語和詩的吟詠，最能感發情志以興起人的善心，最能鼓舞意趣以啓動人的生命力，所以將詩列爲教化之首。情志既興，進一步必須貞定自立，這就有賴於禮教了。朱註云：「禮以恭敬辭遜爲本，而有節文度數之詳。可以固人飢膚之會，筋骸之束。故學者之中（中途），所以能卓然自立而不爲事物之所搖奪者，必於此而得之。」人之立，有身命之立，有人品之立。立身是初步之功，立人品才是生命價值的昭顯。到這一步才能說「卓然自立」，才能說「不爲事物搖奪」。由此再進到「成於樂」，便代表生命的圓成。朱註云：「樂有五聲十二律，更唱迭和，以爲歌舞八音之節，可以養人之性情，而蕩滌其邪穢，消融其渣滓。故學者之終，所以至於義精仁熟而自和順於道德者，必於此而得之，是學之成也。」生命的完成，必須才情氣與心性理融通和一，無分無對，義理精純，仁德圓熟，是則有待樂教。到得生命和於陰陽，順於道德之時，便是孔子所謂「知天命、耳順、隨心所欲不踰矩」的境界了。這時候，身心安泰，天清地寧，治無可治，療無可療，豈不盡美盡善矣夫！

然而，生命的活動與文化的表現，都是理與氣交雜並流的。所以永遠需要反省，永遠需要治療。善乎程子之言曰：❷

---

❷《論語、泰伯》本章朱註引。

天下之英才不爲少矣，特以道學不明，故不得有所成就。夫古人之詩，如今之歌曲，雖閭里童稚，皆習聞之而知其說，故能興起。今雖老師宿儒，尚不能曉其義，況學者乎？是不得興於詩也。古人自灑掃應對以至冠昏喪祭，莫不有禮。今皆廢壞，是以人倫不明，治家無法，是不能立於禮也。古人之樂，聲音所以養其耳，采色所以養其目，歌詠所以養其性情，舞蹈所以養其血脈。今皆無之，是不得成於樂也。是以古之成材也易，今之成材也難。

個人與文化，皆須有詩的興發鼓舞，禮的貞定自立，樂的融通圓成。古人有「詩教」，有「禮教」，有「樂教」，所以人之成材易；如今「詩、禮、樂」皆已「無教」，民何以堪？文化何以堪？天幸華族根器深厚，文化深厚，故雖七顛八倒（無體、無理、無力），翻天覆地（自五四至文革而極），終能剝極而復，又啓生機。非祖宗之深恩，聖賢之盛德，先民之遺澤，孰能至於此！然則，感恩之心，報德之念，發憤之志，豈可少哉！

情文既已粗粗表出，茲分三節提出說明。

一、「詩」的興、觀、群、怨：生命的興發

子曰：「小子何莫學夫詩！詩可以興，可以觀，可以群，可以怨。邇之事父，遠之事君。多識於鳥獸草木之名。」❸

論語記孔子論詩，以這一章最有綜括性，而「興、觀、群、怨」尤爲總綱。❹詩切於性情。所謂「發乎情，止乎禮義」❺，這句話，可謂深得孔子之意。蓋興，觀、群、怨，皆發乎情。情之發，是否合乎時？是否切於事？是否合乎理？是否適於意？皆不可必。如何使感性生命的舒放而能顯發「興觀群怨」的功能，大概就只有靠詩教了。

記云：「溫柔敦厚，詩教也。」❻有溫柔敦厚之情，則可顯發「興觀群怨」之用（功能）。「興」是志意的感發。所謂「情動於中而形於言，言之不足故嗟歎之，嗟歎之不足故永歌之，永歌之不足，不知手之舞之足之蹈之也。」❼凡言語嗟歎之發，詠歌舞蹈之起，皆本乎情，皆屬於「興」（去聲）。引譬連類，託事於物，通乎情而達於理。於是，志相引發而意相感通，生命通貫內外，乃可以觀世情而得事宜。凡諸政治風俗，世運升降，人物情態，天下大小事物，皆薈萃於我，而與我的生命相通相應，我的生命亦遂由個己申展擴延而及於政治、風教、社會、民物。這便是「觀」的功效。而詩三百篇中的事例以及歷代采詩之官所踐行顯示的文

---

❸《論語》〈陽貨〉。

❹按、另有「事父事君」二句，是舉人倫之道的大者以爲言。詩三百中教忠教孝之言甚多，皆可作爲事父事君的範式。「多識鳥獸草木之名」，則是附帶地提到讀詩也可「資多識」。故唯「興、觀、群、怨」方爲孔子說詩之總綱。

❺《詩經》〈周南、關關雎鳩詩序〉。

❻《禮記》〈經解〉。

❼同❺。

化功能，也由此而可見了。朱註謂「觀」乃「考見得失」，雖說得稍嫌緊狹，但也正是主旨所在。因爲詩教如果無關乎政教風俗之得失，那就太浮泛而流蕩了。

再來是「群」。詩是人類共同的心聲，不應該只是詩人單獨的感思或個別的情意。感思情意雖由詩人而抒發，但一旦抒發出來，它就應該具有共同性、普遍性。這還不只是人同此心，心同理之故，而生息的環境，人事的接觸，人情的往來，以及朝夕之間與四時生活的節奏韻律，都會有相類相似的共同感受。所以「詩」應屬「群聲」而不應只是「獨奏」。即使是獨奏（中國文化容許獨奏，也尊重獨奏），這獨奏的聲韻旋律也仍將振動他人的心弦，而由異趨同。因爲「合同」與「和」本來就是音樂、樂教的本質。所以荀子說「樂合同」，「樂也者，和之不可變者也。」❽朱註解「群」爲「和而不流」，也很切當。古時的詩本是合樂的。孔子就曾說過：「吾自衛返魯，然後樂正，雅頌各得其所。」❾孔子之時，詩三百已不能合樂，孔子六十八歲自衛返魯，心念詩書禮樂，便親自從事詩樂的整理工作，使〈雅〉〈頌〉諸詩皆能合樂以「得其所」。這本是專家之業，而孔子本乎深摯的文化關懷而自然地做成功了。這是何等懿美之事！不過，樂主和，會不會因爲和而鬆散了人倫生活中尊卑上下長幼先後之序呢？這就必須提醒詩教中的倫常之理，以凝聚人的心志，貞定人的性情，使之「和」而「不流」。所以「樂」不應該只是激情的、狂野的、嘶喊的，而理當是平和的、舒放的、悅

---

❽《荀子》〈樂論〉。

❾《論語》〈子罕〉。

樂的。正因爲這樣，樂才能與詩相合以顯示詩樂之美，才能與禮相配以合成禮樂教化。

末了，還有「怨」。古人論詩，有所謂「哀而不怨」，可見怨並不十分好。而孔子卻說「詩」「可以怨」，此必有故。另外，孔子答子貢之問，也曾論及怨與不怨。

> 子貢……入曰：「伯夷叔齊何人也？」（子）曰：「古之賢人也。」曰：「怨乎？」曰：「求仁而得仁，又何怨！」❿

心不平正，怨天尤人皆非所宜。但當天下事反乎人情而違逆正理之時，欲人忍而不怨，也非所宜。據太史公的記述，伯夷叔齊「義不食周粟，隱於首陽山，采薇而食之。及餓且死，作歌，其辭曰：登彼西山兮，采其薇矣。以暴易暴兮，不知其非矣。神農虞夏忽焉沒兮，我安適歸兮。于嗟徂兮，命之衰矣。遂餓死首陽山。」⓫接著，太史公說：「由此觀之，怨邪？非邪？」史公的話，雖不必是質疑孔子「又何怨」之言，但怨與不怨之間，確實不易分說。伯夷的歌辭，很難說沒有怨的意思，但孔子從「求仁而得仁」著眼，便昇華到「怨」而「何怨」的境地。這是孔子體貼夷齊之志而說出的契心之言。而論語說詩「可以怨」，也正是不絕人之情，而能體貼人心的說法。因爲詩以「溫柔敦厚」爲教，故詩人之怨，出之以諷諫之法，使「言之者無罪，聞之者足以戒」。但這樣的怨，很不容易。曾經有人這樣說：

---

❿《論語》〈述而〉。

⓫《史記》〈伯夷列傳〉。

非妙慧者，不能言感。唯古詩人，始可云怨。[12]

「感」這個字，很普通，也很深細微妙。耳目官能的感覺不足道，日常生活的感思也不足言，如何觸引情思，振動心弦，以顯發明敏妙慧之靈覺，如此者，庶乎可以言感矣。有感然後有怨，怨之情最難表達。情不深厚者不足云怨，意不切摯者不足去怨，言與情意不相稱者也不足云怨，「言、情、意」相稱矣而措辭未恰未宜，仍然不足云怨。「唯古詩人，始可云怨」。怨、何其難耶？人，不宜有怨，而「詩」「可以怨」。可以怨云者，能使怨之情歸於平正而已。

歸總而言，生命必須興發，感性必須舒放，個體生命如此，文化生命亦然，而「興、觀、群、怨」正是感性生命的感發和舒放。欲使興發舒放有節有度，便不能沒有詩。沒有詩的民族和沒有詩的時代，都是不好不可愛的。中華民族自古至今，代代都有詩，從詩經、楚辭、漢賦，到樂府詩、五言詩，再到唐詩而進到璀璨瑰麗的黃金時代。之後，宋有詞，元有曲，又延續於明清，也都仍然是詩。不過，文化生命的表現，除了詩之「興」，還要有禮之「立」。否則，欠缺理性的鋼骨，文化生命也可能在精光奇采之後，一衰而不可復振。唐代便是最為明顯的例子。唐代民族生命強，充分「盡才盡情盡氣」，那是一個生命飛揚的時代！那時候的中國人，非常之風光，非常之神氣。但安史之亂以後，衰而不可復振，到唐末五代之時，

---

[12] 按、此四短語，係或人見諸報章而告之於牟宗三先生者，牟先生在演講時說及此語。唯已不記是誰何人之言語矣。可惜。

整個中國一無可觀，整個天下沒有人才。唐代留給宋代的乃是一個十足的爛攤子，而宋代人收拾這個爛攤子的本領不能算差。宋代人憑的是什麼？憑「心、性、理」。一般人對宋儒的理學冷言冷語，那只表示他自己很差。一個人如果只知有唐而不知有宋，是無法眞正了解中國文化的。

二、「禮」的別異與規矩：生命的自立

中國文化中的「禮」，可以有四個層面。⑬這四個層面，都和人之「立」很有關係。

第一、從「理道」的層面看，禮不但通於道德，也通於宗教。孔子說過一句非常重要的話：「人而不仁，如禮何！人而不仁，如樂何！」⑭由此可知禮的基礎在於仁。仁是理，也是道。理道客觀化出來而成爲生活的規矩範式，就叫做禮。循禮以行義，可以成就道德人格，表現人生價値。所以禮是門，義是路。孔廟就有「禮門」「義路」的設置，其意義至爲深遠。同時，儒家的禮包括祭祀。祭也是禮，這是很特殊的。祭祀本是宗教活動。儒家雖不同於一般宗教，但儒家的三祭之禮卻可以證實儒家的宗教性。三祭是祭天地、祭祖先、祭聖賢。天地是宇宙生命之本，祖先是個體（族類）生命之本。聖賢是文化生命之本。通過三祭之禮，可

⑬ 參閱蔡仁厚《儒家思想的現代意義》（台北、文津出版）。〈禮與法的層位及其效用〉乙之二。
⑭ 《論語》〈八佾〉。

以使人的生命與宇宙相通，與祖先相通，與聖賢相通。這種回歸於生命根源「報本返始」的精神，是儒家極爲深遠極爲懿美的生命的表現。這也是儒家所提供的最平正康莊的安身立命之道。

第二、從「政治」的層面看，無論典章制度綱紀體統，以及政治運作的軌道法度，都是禮的內容和它的功能表現。所以春秋時代晉國的司馬叔侯說：「禮，所以守其國，行其政令，無失其民者也。」⑮今天民主政治形態中的法治，也仍然可以視爲禮的精神客觀法制化的一步轉進。（今之憲法，也正是古之禮憲。）

第三、從「社會」的層面看，禮是社會群體生活的秩序，也是人倫活動的規範。舉凡立身之節，行事之宜，處世之則，交友之義，以及北宋關中學派呂氏鄉約所說的「德業相勵，過失相規，禮俗相交，患難相恤」，都是以禮作爲它的規範。

第四、從「生活」的層面看，禮涉及人類全方位的生活範圍。無論政治生活、社會生活、宗教生活以及私己的生活，都不能脫離禮的範圍。一個人從幼小到老死，除了「婚、喪、喜、慶」的大禮之外，其他如「衣、食、住、行」和日常待人接物的規矩儀節，以及人倫生活中的孝慈、友悌、恭順、愛敬等等，全都是禮的表現。

總之，儒家的禮，的確在數千年的中國歷史中，發揮了深遠的影響，表現了普遍而廣大的功能。個人與個人，個體與群體，自有人我、內外、尊卑、上下、長幼、先後等等的差別。

---

⑮《春秋左氏傳》昭公五年。

這些差別代表人際關係的多樣性，其間的界線分寸如果有所踰越，有所衝破，則個人的生活和群體的安定，都將鬆垮而不立。而人的生命也將由「人」而退回到「動物」。而禮的「別異」，便是要正視這些差別，以貞定人的「分位之等」、「層級之序」，使個體與個體、個體與群體、群體與群體，都有它相互往來、接觸溝通的規矩和軌道，使每一個單位（個人或團體）都能「立起來」，而且能「立得正、立得穩」。這就是「禮」治療文化生命最基本的功效。

在傳統的社會裡，由於風俗教化的薰陶，即使一個不識字的人，也懂得立身處世、待人接物的道理。譬如：(1)他們能夠安分守己，對於富貴名利，不存非分之想，不作非分之求。(2)他們能夠默默耕耘，埋頭苦幹，不怨天，不尤人，而心安理得。(3)他們能夠體諒別人，寬恕別人，而且能發自內心地關懷別人、幫助別人。(4)他們敬天地、敬祖先、敬聖賢豪傑、敬忠臣孝子，同時也敬重讀書人。這些品性都是靠文化教養陶冶而成的。他們只是普通的百姓，由於受過傳統社會中以「仁、義、禮」爲基本內容的教化薰陶，便能普遍地具有篤實的道德意識和明確的價值觀念。他們從來不用理論來講說，而是在生活中以生命來表現。說到這裡，似乎可以對「應用哲學」與「文化治療」提醒一個意思：如果只用「理論」（知）而不重「行爲」（行），如果我們只求「治療」而不「培本」（正本清源），那麼，我們的議論便很可能只是書生之見。

在此，我又想到「禮」和「法」的關係。現代的社會，已經是一個「法」的社會，法已成爲政治運作的軌道和行爲活動的規範。但是，法只能過問人類的外部行爲，內在的精神生活是法的效力所不能及的。然則，人的生命將如何安頓呢？安頓就是「立」，我們不能立於法，仍然必須「立於禮」。禮的內在基礎是仁，是義，人的生命要安頓於仁，要經由「禮門」而進入道德理性的價值世界，要由「義路」而走上人生的康莊正途。就禮可以作為安身立命之道而言，它是超越於法的層位之上的。就禮是生活的規範而言，它和法是交互為用的。民國以來，知識界動輒以「禮治」與「法治」對較相斥，這種單純草率的「二分法」已經給中國文化帶來鉅大深痛的創傷。在今天，重新體認儒家「以禮為綱，以法為用」的傳統，應該是屬於當務之急的重大之事。

三、「樂」的合同與感通：生命的圓成

「樂」是六經之一，可見中華民族有一個重視樂教的老傳統。樂與禮相合，尤其能顯發文化的功能。荀子有云：

> 樂也者，和之不可變者也。禮也者，理之不可易者也。樂合同，禮別異；禮樂之統，管乎人心矣。窮本極變，樂之情也。著誠去偽，禮之經也。故樂行而志清，禮修而行成，耳目聰明，血氣和平，移風易俗，天下皆寧。[16]

---

[16] 《荀子》〈樂論〉。

禮從「理」說，樂從「情」說，理以別異，情以合同。所以「禮」的基本功能在於區別人倫關係，使能各安其位，各當其分；而「樂」的基本功能在於合同人群之情感，藉志意之溝通以和洽人心。所謂「禮別異，樂合同」，正是點出禮樂相互之間的功用。而《禮記》〈樂記〉篇言之尤詳：「樂者爲同，禮者爲異；同則相親，異則相敬。樂勝則流，禮勝則離；合情飾貌者，禮樂之事也。」又云：「樂自中出，禮自外入。」二者一內一外，相互調劑，於是理智與情感皆得其平。故樂記又曰：「樂至則無怨，禮至則不爭，揖讓而治天下者，禮樂之謂也。」荀子所說的「禮樂之統，管乎人心」正是指禮樂的功能而言。「窮本極變」（本、指心），是說「樂」能徹通人心深處，以極盡情感之變化。「著誠去僞」，是說「禮」能表現誠敬之心，以消除詐僞的行爲。所以後句說「樂行而志清，禮修而行成」，「移風易俗，天下皆寧」。樂論篇又云：

> 樂者，聖王之所樂也，而可以善民心；其感人深，其移風易俗易。故先王導之以禮樂，而民和睦。

音樂可以善化人心。譬如中正和平之樂能使人民和敬而不流蕩，肅穆莊嚴之樂能使人心齊一而不惑亂，故感動人心，移風易俗，莫善於樂。儒家言教化，分開說，稱之爲「禮教」、「樂教」；合而言之，則曰「禮樂教化」。而凡禮典（無論婚喪喜慶）進行之時，也一定有適當之樂相配合，這是最能發揮移風易俗之功的最佳做法。今後有關新禮樂的制作，此意決不可忽。

「樂」所顯示的，是生命心靈的和悅感通。生命和諧悅樂，自然與天下民物相感相通，這是由小我通向大我，而走向圓成。這時候，平常所謂「天下爲公」、「民胞物與」、「以天地萬物爲一體」等等看似高遠的大話，卻都具體落實於生命，而生活化了。到此境地，便已是生命的大成境界。

然而，生命（無論個體生命或文化生命）如果只取「樂」而捨離「禮」，還是不能圓滿的。我們省察儒家的學問，可以發現其中有一個流派以「平常、自然、灑脫、樂」爲主。這個流派的淵源，可以遠溯到曾點。《論語》書中記載子路、曾點、冉有、公西華侍坐而各言其志，曾點是這樣說的：

> 暮春者，春服既成，冠者五六人，童子六七人，浴乎沂，風乎舞雩，詠而歸。」夫子喟然歎曰：「吾與點也！」⑰

曾點是孔門狂士，所言「浴乎沂，風乎舞雩，詠而歸」云云，確有光風霽月，胸懷灑落之致。在學問義理的層境上，本也容許這種藝術欣趣，以呈現其藝術精神與藝術境界。如二程遺書記載明道之言曰：「詩以興，某自再見周茂叔後，吟風弄月以歸，有吾與點也之意。」便正是這種欣趣與意趣。但朱子以爲「曾點不可學」。因爲這一個流派，在儒家內聖成德之教中，並不代表平正康莊的坦途，而實只是佛家所謂的「相似法流」。試看孔子之言。他在說「成

---

⑰《論語》〈先進〉。

於樂」之前，先說「立於禮」，這正表示生命必須先立起來，然後方能進於大成之境。

據此可知，儒家學問中雖有曾點一流，但必須有「傳經之儒」「傳道之儒」，相夾相輔，始能共成聖學。所以孔子雖說「吾與點也」，但孔門之中不能只有曾點。以類推之，宋儒之中不能只有邵康節，明儒之中不能只有陳白沙，王學之中也不能只有泰州派下的「平常、自然、灑脫、樂」。而所謂「玩弄光景、簸弄精魂、氣魄承當」，實都是儒家成德之教中的相似法流，必須破斥、超越、轉化。不過，朱子指說「曾點不可學」，也不是不可「風乎舞雩、詠而歸」，而是不可把生命的學問當作四時光景來玩弄。而孔門曾點這個流派，畢竟還不足以與於圓成之境。若要歸總說一句，大概必須通到《中庸》所謂「致中和，天地位焉，萬物育焉。」⑱如此禮樂融通的「太和」（大中和）境界，才算是「生命的圓成」。

四、文化的「詩・禮・樂」與生命的「興・立・成」。

以上三大段，分別從「詩」的興觀群怨，說「生命的興發」；從「禮」的別異與規矩，說「生命的自立」；從「樂」的合同與感通，說「生命的圓成」。實則，分而不分，詩與樂原本相合，禮與樂也理當相配。如此，生命才能終始條理，順暢和樂。無論積極性的培養，或消極性的治療，都必須互為照應，相輔相成。所以，「文化中的詩・禮・樂」，和「生命

---

⑱《中庸》首章。

中的興·立·成」，對全人類而言，都是一個普遍而且永恒的問題。

第一、生命心靈需要「詩」

1.興、觀、群、怨，是感性的舒放。如果反其道而行：不能興、不能觀、不能群、不能怨；則感性生命必將封閉枯竭而死。

2.才、情、氣的顯現，是生命的映發。如果不能盡其才，不能遂其情，不能暢其氣，則生命的情采無由映現，生命的力量無由盛發。

3.心靈的歡愉，或表現爲溫婉含蓄，或顯發爲心花怒放。無論收斂或放達，都是人生不可少的愉悅歡樂。

以上三點說明，可以表示「詩」之「興」（興發情志、鼓舞生趣）。

第二、人文教化需要「禮」

1.人生何處不相逢。天南地北，峰迴路轉，你我他總是要見面的，如何見面？「以禮相見」。相見以禮，才有可能進而性情相投，肝膽相照。

2.人天生而平等，這是從性德說（或從天賦人權說）。事實上，人間是有層序差等的。位分上的上下尊卑，年序上的長幼先後，以及事理上的本末輕重，這種界限（別異）並不會妨礙人世間的和樂。

3.「視、聽、言、動」，概括我們全部的生活。而生活行爲當然要有軌道、規範，孔子告訴顏回「視聽言動以禮」，這就是人類生活中永恒的眞理。

以上三點說明，可以表示「禮」之「立」（穩住人間、貞定生命）。

第三、宇宙人間需要「樂」

1.廣義地說，戲曲歌舞皆是「樂」。中國樂教雖已衰微散塌，但從僅存的部分，仍然可以感受到樂的寬綽和融通。一把嗩吶，響徹神州大地。何其孤俗寂寥，又何其嘹亮舒暢！（當然，只此怎夠？）

2.樂能搖盪聲氣，使生命與萬物相吸相納、相呼相應。所以樂的精神是合同、感通。

3.從宇宙萬物之感通，推衍到「通物我、合天人、貫古今、徹幽明」，最後使包含個人、社會、人間、宇宙的「大生命」，終能達於和諧圓成。這才是文化治療的終極目的。

這樣的「樂」之「成」，不是小成，而是大成。

孟子論伯夷、伊尹、柳下惠，而歸其極於孔子。其言曰：

> 孔子，聖之時者也。孔子之謂集大成。集大成也者，金聲而玉振之也。金聲也者，始條理也。玉振也者，終條理也。⑲

孟子論人品人格之大成而以音樂爲喻，所謂「金聲玉振，終始條理」，言詞美而含意深。這樣來詮釋生命（個體生命與文化生命），實可融攝「詩之興」、「禮之立」、「樂之成」。如此看來，孔子留下的這句「雅言」⑳，竟恰好是文化眞理，人生智慧的所在。

八十六年七月，《東海哲學研究集刊》第四輯。

⑲《孟子》〈萬章下、首章〉。

⑳按、即指「興於詩，立於禮，成於樂」。

參、生命的本始：天地、祖先、聖賢

今年六月十六日起，新加坡舉辦以「儒學與世界文明」爲主題的國際學術會議。台灣、大陸、香港、新加坡、馬來西亞、泰國、越南以及韓、日、美、俄、法、澳、紐等地的學者，提供了一百多篇論文，分組進行討論，盛況空前。十二年來，新加坡已舉辦四次國際學術會議，主旨都和儒家學術有關。縱貫地看，儒家學術乃是源遠流長、相續發展的大系統，從二千多年前到今天，再到未來，它仍將持續不斷地充實開展。從橫面看，儒家學術與別的文化系統，也曾經直接間接地互爲影響，交會融通。今後，這個情勢也仍將持續下去。而新加坡的地理位置，正好處於東西交會之點，很自然地將擔負起文化會通的使命。

在會議閉幕式上，我和另二位學者負責作總結。我指出，文化理想的落實，方面很多，而最爲根本的是「教養」問題。分而言之，有所謂家庭教養、學校教育、社會教化，合起來都屬於文化教養。而當前台灣政治社會的種種現象，其眞正落根之處，也仍然是文化教養的問題。

一個好的社會，固然要使人人有知識，人人有能力，而尤爲重要的，是人人都有好的教養。依目前的現況看來，學校是西式化的知識教育，而陶冶品性的德育則一直未落軌轍。青少年的人文素養，更顯得淺俗而貧血。因此，期求各級學校負起文化教養的責任，恐怕是一種奢望。至於社會的教化，更是早已散塌。比較厚道的說法是「似無實有」而也「似有實無」。依於「人心有同然」的信念，可以說「十步之內，必有芳草」。但在雜草叢生的環境裡，芳草的鮮美馨香也遭受遮蔽而淹沒了。青少年的心，青少年的志，青少年的純潔，青少年的英發，竟都似乎有所欠缺。而成年人的表現，上至政治人物，下至市井小民，也多半不可敬，不可愛。人而無誠無信、不仁不義，甚且傖俗貪婪，惡劣不堪。嗚呼，禮義之族，文明之區，何以至於斯極！

人品的教養，既已很難寄望於學校與社會，就只有歸根返本，回到家庭。家，不只是住宿用的，而應該是安身立命的地方。人的一生離不開家，所謂：生於斯，長於斯，終老於斯。那眞是人所託命的所在。傳統式的家，一定有堂屋，堂屋裡有祖先的神主牌位，那是人與祖先同在的地方。由家庭擴大爲家族，由堂屋擴大爲祠堂，因而就有了「家訓、家風」、「家法、家規」，進而形成「家世」，修訂「家譜」，再加上祖墳、宗祠，於是乎，「家」便成爲安身之所，立命之地。古今中外的中華兒女，無須「尋根」，根就在這裡，所以能夠「本立而道生」。

然而問題來了。現代人的住家，絕大多數都是公寓宿舍的形式。裡面臥室、浴廁之外，有客廳、有廚房、有飯廳，就是沒有堂屋。也就是說，在現代的家庭裡，沒有祖先的位置。它只顧生活的利便，而欠缺文化的內涵。試問，沒有祖德流芳，沒有報本之禮，沒有香火之儀，這樣的家，這樣的人生，豈不澆薄！

荀子說，禮有三本：天地、先祖、君師。後來禮三本演變成爲儒家三祭之禮：祭天地、祭祖先、祭聖賢。其中含有「慎終追遠」、「報本返始」的義理。所以老社會的家庭，普遍都安置「天地君親師」的神位。如今沒有皇帝了，以什麼來取代「君」呢？民國初年，有人改君爲「國」，但國家是政治組織結構，不宜作爲祀敬的對象。又有人改君爲天地人的「人」，但人字太泛，不具體，無可祀敬。後來，唐君毅先生提及此事，認爲可以改用「聖」字。民國四十五年，牟宗三先生由師大轉東海，那年臘月，我和周群振兄一同南下陪先生過年。大年夜我們設置了「天地聖親師」的神位，上香行禮。年初一，徐復觀先生率兒女來牟先生處賀年，看到這個牌位，大爲稱讚，說這個「聖」字改得好。使我留下很深的印象。

自從結婚以後，我在家裡安置祖先牌位。去年遷入新居大樓，又想到儒家不只祭拜祖先，也應祭拜天地、聖賢，於是便在家中安置了「天地聖親師」的神位。並撰寫一副聯語：「天生地養，盛德廣大；聖道師教，親恩綿長」。再擺上一個小香爐和一對燭台，這樣就可以隨時上香行禮，以滿足內在生命「報本返始」的要求。天地是宇宙生命的本始，祖先是個體生命的本始，聖賢是文化生命的本始。這幾個「本、始」，都不可忽視，不可忘本。這是儒家教化傳統最爲核心的所在。

當我們的社會，「上無道揆，下無法守」；我們的住宅失落祖先的位置；我們的青少年終日惶惑不安；面對這樣不良的生活環境，我們將何以堪？

千頭萬緒，請循其本。唯一可行的辦法，就是讓生命回歸本根，再漸次要求「視、聽、言、動」合禮，生活行爲中節。在現代的居住設計未能配合人文教養和文化理念之時，讓我們先在「家裡」找出一個適當的位置（如飯廳的牆壁上），來安置「天地聖親師」的牌位（紅紙書寫或木雕神主牌，皆可）。使一家大小，朝夕之間都能和天地、祖先、聖賢、相感相親；使人的生命由小我轉化爲大我；使只供住宿的家，轉化爲與祖先同在，與天地聖賢同在的安身立命之所。使我們的家人、子弟、兒孫，隨時可以獲得天地生德的流注，獲得祖先恩澤的滋潤，獲得聖賢慧命的啓發。總之，使家裡的每一個人，都能經由「人文化成」而成爲有文化教養的人。

如果我這小小的建議，能夠得到國人的首肯和認同，各行各業的人都可以在自己家裡安置「天地聖親師」的牌位（親、指祖先，聖、指歷代聖賢，師、指本師業師）。讓我們的家，成爲充滿文化意義的家。如此，善根靈根自然深植人心而滋長繁榮，惡根劣根自然驅之出門而冰解凍釋。於是人間一片祥和，而家家戶戶也回歸「孝、弟、慈」，而過著熙熙融融的好日子。如此，豈不是「好佳哉」了嗎？

假如以此爲未足，則請引導子弟參加王財貴博士近年大力倡導的「兒童讀經班」（已在南北各地推行），讓我們的下一代，從小就能「儲蓄聖賢智慧」。蓋本錢越厚而利潤越大。將來這些記憶在心的聖賢話語，皆將一一顯發出道理智慧，而成爲指導人生的明燈。

一九九七年八月

肆、天道與上帝：
以儒耶的「天人關係」為線索

本論文不採取一般學院式的專精研究之態度，而是從文化眞理的層面，直就「儒」與「耶」二大教義系統中，人所習知共許的基本教義來作比對。

因此，本論文之主旨，並不在於對「天道」與「上帝」二概念作全面性的理論探討，而在於順就儒與耶的基本教義中的天道與上帝所顯示的「天人關係」作一重點之省察，以比論其在道德、文化、人生價值上之功能作用。論文之次序，擬依下列綱目而進行：(1)儒家之「天道」與耶教之「上帝」，(2)儒家之「性善」與耶教之「原罪」，(3)天人合德與神人關係，(4)人類自救與上帝救贖。

一、儒家之天道與耶教之上帝

在孔子之前，詩書古籍中早有「天、天道、天命、上帝」諸概念，儒家對原始經典中的觀念，既有所消納，也有所轉化。消納是繼承吸收，轉化是另開新義。在詩書經典文獻中，有人格神之觀念。但中國文化發展到西周與春秋時代，其「宗教人文化」的趨勢越來越明顯。❶人格神（天、帝）漸次轉化為形上實體（天道、天命），而形上實體又由超越而內在，流行下貫而為「性」。此一思想趨勢，在孔子之前即已有了端緒。試看下列三段文獻：

(一)詩周頌維天之命：「維天之命，於穆不已。於乎不顯，文天之德之純。」❷

朱子詩集傳云：天命，即天道也。「維天之命，於穆不已」這二句話的語意，已明顯表示天道之生生不息（不已，即意示生生的作用）。所以中庸贊曰：「此天之所以為天也。」天之所以為天，不能限定於只從「降命、撤命」處看，當「於穆不已」的天命下貫於人而為人的主體（性）時，人所注意的，乃是天道的生生之德，而不再念念於天之降命與撤命。於是，天道天命的人格神之意味，遂被轉化而為「創生不已的眞幾」（形上的實體）。儒家喜歡講天道生生，正表示不取天道的「人格神」之義，而取了「生生不已的眞幾」之義。人通過敬的作用而保住天命，則天命下貫於人而形成的主體（性），即可永遠呈現光明，文王就是一個典型的例證。故又曰「於乎不顯，文王之德之純」。文王的德性生命，即是天道天命的具體顯現

❶ 參徐復觀「中國人性論史先秦篇」（台北、商務印書館）、第二第三章。

❷ 「維天之命，於穆不已」。維、發語詞。於音烏，歎詞。穆、深遠也。「於穆」二字合成副詞片語，含有深奧深邃之意。宇宙萬物變化無窮，似乎有一種深邃的力量，永遠起著推動變化的作用，此即「於穆不已」的天命。「於乎不顯」，於乎同嗚呼。不顯、猶言豈不顯哉。或曰，不，同丕，大也。不顯、即大顯之意。

與印證。中庸對此後二句詩也有兩句贊語：「此文王之所以爲文也，純亦不已。」天命「於穆不已」，人德「純亦不已」。此四句詩，一方面說天道，一方面又以人格作印證，明顯表示了「天」與「人」在內容本質上的相通性。（易乾象云：「天行健，君子以自強不息。」也是透露此義。）據此可知，德行之純亦不已就是天道之化，而天道之化也就是道德之創造。❸儒家講創造，不取上帝創造萬物的說法。若從上帝說創造，便只有「維天之命，於穆不已」這一面，而沒有「文王之德之純，純亦不已」這一面。天命既然不下貫，主體便開不出來。所以，耶教是神本，而不能立人本。在儒家，則主觀地說的「純亦不已」與客觀地說的「於穆不已」通而爲一，性體與道體是同一的。

(二)詩大雅烝民：「天生烝民，有物有則。民之秉彝，好是懿德。」

烝民，謂眾民。天生的人類，並非昏暗一團，而是「有物有則」的。「物」，事也。視聽言動是事，待人接物是事，一切生活行爲，也都是事。「則」，是行事的道理或原則，如視之明，聽之聰，父之慈，子之孝，以及居處之恭，執事之敬，與人之忠……皆是。對應於每一件事物，都存在著一種行事的理則，所以說「有物有則」。「彝」，常也。人民具有恆常之性，而且能持守這天所賦予的常性（秉彝），所以能夠「好是懿德」。所謂好懿德，並非一般嗜好之好，而是發自天賦常性、具有道德判斷之意義的「好善惡惡」之好。孔子說「爲此詩

❸ 參牟宗三「中國哲學十九講」（台北、學生書局）、第十九講「縱貫系統之圓熟」。

者，其知道乎！」❹這位詩人的確具有道德的洞見，有道德的眞實感，而「秉彝」二字也已十分接近「性」這個觀念，所以孟子便引這四句詩爲他的性善之說作印證。

㈢左傳成公十三年：「劉康公曰：吾聞之，民受天地之中以生，所謂命也。是以有動作禮義威儀之則，以定命也。」

「天地之中」，即指天地之道。命，謂天之所命。天地命我以「中」，即是人受之於天的「性」。❺爲了使天所命於我的「中」，能夠在我的個體生命之內獲得貞定，自須憑藉一套修養工夫，這就是「動作禮義威儀之則」。後來中庸所謂「天命之謂性」，便是劉康公這段話推進一步的表示。

以上三段文獻，都表示「天命天道」步步下貫而爲「性」的思想趨勢。在此，開啓了天道性命相貫通的大門。其中「維天之命，於穆不已」是一個重要的觀念。它把人格神的天轉化爲形上實體。有了這一步轉化，乃能下貫而爲性，以打通「性」與「天道」的隔閡，也才有「民受天地之中以生」以及「民之秉彝，好是懿德」的觀念。這一個意識趨向，決定了中國哲學思想的中心，不落在天道本身（故中國文化不走宗教的路），而落在「天道性命相貫通」上。（此即儒家天人合德的內聖成德之教。）

❹ 見孟子告子上篇第六章。

❺ 二程遺書第十二、明道先生語二，有云：「民受天地之中以生，天命之謂性也。」

性與天道，都是客觀的自存潛存，天道是超越的存有，性是內在的存有。而孔子不同於希臘式的哲人，他並沒有對這客觀的自存潛存費其智測（這也本非智測所能盡），而是把存有面暫且撇開，而開闢了另一面：仁智聖，這是從「智測」而轉到「德行」。孔子的心思，不是向「存有」以表現智測，而是向「踐仁」以表現德行。他沒有以智測入於「幽」，而是以德行開出價值之「明」，顯發其生命之光。孔子以仁為宗，既有「仁」這個內在的根以遙契天道，則性命天道相貫通就有了眞實的根據，而我們講性與天道也就不至於只是掛空的講論了。因此，孔子所講的「仁」又可以說是天命天道的一個印證。

孟子順承孔子，講本心、講性善、講盡心知性知天，又曰：「誠者，天之道也。」（中庸也有相同的話）❻以「誠」規定天道，表示天道是「至誠無息」的，故中庸又曰：「天地之道，可一言而盡也。其為物不貳，則其生物不測。」❼天地生化萬物，神妙而不可測。故易傳便直接以生生之德規定天道。❽據此可知，儒家的「天道」，含有下列幾個要點：

1.天道是一個創生實體。它生生不息，生化萬物。

2.天道以「生」為德。儒家看宇宙生化，不取自然化生的觀點，而認為是天道生德的流行發用。其大生廣生，乃是價值之創造，是善的完成。所以講「生生之德、

---

❻ 見孟子離婁上篇第十二章，中庸第二十章。並參見本論文註十二。

❼ 中庸第二十六章。

❽ 易繫辭傳下：「天地之大德曰生。」上繫亦云：「生生之謂易。」

生生之道、生生之理」。

3.天道生德流行下貫於萬物，而爲萬物之性。而萬物之中只有人類能「率性、盡性」；通過盡性的工夫，就可以贊天地之化育，而與天地合德。（此義，詳下文第三節。）同時，「天道」的意涵，又實有內外二向。依牟宗三教授之分疏❾，天道的內在化，是仁與心性，天道的外在化，便是「人格神」，上帝、天主、神、梵天、阿拉，皆是。這是宗教的路。耶教所謂「太初有道，道即上帝」，正表示天道的人格神化。❿

耶教教義中的上帝，依聖多瑪斯的說明，乃「本質與存在合一」者。故上帝是一完全的存在，充實的存在。有理智、有意志（神智、神意），是至善的、無限的、遍在的、不變的、永恆的、獨一無二的。⓫上帝依其意志創造天地山川和萬物，又依照其自己的形象創造男人，再以男人的肋骨造成女人。這是宗教的說法。就上帝之爲「創造性自己」而言，似乎和儒家所講的天道一樣，天道也是「創造性自己」。但此中有二點不同：

第一、儒家直接就生生之德說天道，「天道」與「生德流行」是同義語，所以天道直接的意涵即是創造（創生）實體，是創造性自己，是生生之不已。此則不同於耶教之必須將

❾ 參牟宗三「現象與物自身」（台北、學生書局）、第七章。

❿ 按、天道的人格神化，亦即將「無限存有」（天道）人格神化而爲一無限性的個體存有（上帝），唯此中實含有虛幻性，是情識之決定，而非理性之決定。牟宗三「圓善論」（台北、學生書局）、第六章第一節（人格化的上帝一概念之形成之虛幻性），有詳細之討論。頁二四四並有四點簡要之說明，請參閱。

⓫ 參唐君毅「哲學概論」（香港、孟氏教育基金會）、下冊第三部第七章第三節。頁七六〇至七六四。

「創造性自己」外在化而為「上帝」，再以一個有位格的神之意志來創造萬物與人。

第二、儒家之天道實體，是即超越即內在的。超越地說曰道體；內在地說曰性體（亦可曰心體、仁體、良知本體）。在天道生德之流行發用中，即隨順其生化作用而下貫於萬物（人）而為萬物（人）之性。所以天道性命是相貫通的，天之道，人之道，實無本質之差異。⑫而耶教的上帝創造萬物（人），則由上帝的意志決定。上帝是創造者，萬物（人）是被造者。上帝的屬性（如至善）並不下貫於人而為人之性，而亞當夏娃犯罪之後，人更處於「待救」的位置，須待上帝降恩乃能贖罪得救。

據此二點，可知儒家之「天道」與耶教之「上帝」，有同有異，而同中之異，即決定文化（教義）系統之不同。

二、儒家之性善與耶教之原罪

中國文化思想中的人性問題，由孟子和告子之爭辯而開端。告子的「生之謂性」，是就自然生命說性。而孟子則順孔子之「仁」，即心以言性，而確立了儒家的人性論。自此以後，

⑫ 孟子云：「誠者，天之道也；思誠者，人之道也。」中庸亦有同樣的話，唯「思誠」二字，中庸作「誠之」，其義一也。蓋人有形氣生命，故須通過思誠（誠之）工夫以復其誠。人復其誠，即與天同，故天人同道，「人之道」亦是誠也。

歷代學者皆對人性問題各有所說。看似衆說紛紜，莫衷一是，而究其旨歸，實也不過「即生言性」與「即心言性」二個路數。自然生命屬於氣，道德心性含具理。故歷代人性之說，又可約爲「以氣言性」與「以理言性」兩大綱領。

以氣言性，也就是即生以言性。自然生命的內容，不外「生物本能、生理欲望、心理情緒」三大串，這三大串皆屬於氣。個體稟氣以成性，可謂氣性或質性。而氣稟有清濁、厚薄、強弱之不同，順氣稟以說善惡，則其善惡之傾向，自不能有定準。故告子說爲「性無善無不善」，荀子說爲「性惡」，而揚雄說爲「善惡混」。此外，如董仲舒、劉向、王充諸人之說，以及劉劭人物志之論才性，也皆可統攝於「以氣言性」此一綱領之下。諸如中性說、兩傾說、相混說、分化說、三品說、性惡說，全都可以概括於「生之謂性」一路。到宋儒張橫渠，乃綜括之而稱爲「氣質之性」。

以理言性，也就是即心以言性。這是在氣上（自然生命上）逆顯一「理」，此理與心合一，指點一心靈世界，而即以心靈之理性所代表的眞實創造性，作爲吾人之性。如孔子之仁，孟子之心性，中庸之中（性）與誠，皆是。張橫渠綜括之而名爲「天地之性」，朱子改稱爲「本然之性、義理之性」。

就氣上說善惡，只能表示善惡的「傾向」，而並無「方向、定向」之意。其向善或向惡，皆是偶然的，並無必然性。所以落在氣的「實然複雜性、偶然無定性」之下而說的「性」，只是第二義的性。必須在氣上逆顯一「理」而以理爲性，才是第一義的性。（儒家的性善論，正是就此第一義而言性。）

以理言性，也不是要抹煞氣性一面，而是自覺地要超越氣性（變化之、節制之、調適之），以開發生活的原理，開闢生命的道路。這樣，才能建立道德實踐所以可能的根據，使道德實踐成爲必然地可能。使人可以在自覺自主的實踐中完成道德價值。所以「以理言性」的性，必然是超越的性，是「天之所命、天所與我」者，是天命天道流行貫注到個體生命之中而即成爲我們的性。既然已經下貫於我的生命之中，即表示已經內在於我的生命，所以「以理言性」又必然是內在的道德性，是「我固有之，人皆有之」的。

儒家人性論的正宗大流，自孔子、孟子、中庸、易傳，下及宋明儒者，都是以理言性。必須是這樣的義理之性，才是第一義的性，才能建立道德實踐（成聖成賢）所以可能的根據。同時，從義理之性說性，也是先天定然的善（本善），而不只是傾向於善。先天定然的善，含著道德上的「應當」。既應當，必爲之（爲善去惡）。所以它又是「自覺自發、自決自定」的創造性的善。呈現此「心性本體之善」，而自主自律地表現道德行爲之「純亦不已」，是即儒家最爲本質的德性工夫，也是儒家講「性善」的主旨所在。

近年來有人在宣傳一種說法，認爲儒家的性善說，不是「性本善」，而是「性向善」。這個說法是錯誤的，不合儒家性善說的本意。請分三點作一說明：

第一、「善」可以從行爲的結果上說，也可以從先天的根源上說。所謂「性善」，當然是指人的本性是善的，而不是指行爲上的滿全的善。佛家有「因地」「果地」二詞，滿全的善是「果地」上的善，指行爲的圓滿和人格的完成。滿全的善是否可能呢？如果可能，它的根據在那裡？這就必須返本溯源，從「因地」上肯定善的根源。儒家講性善，正是從「因地」

上說，表示人有先天本具的善根，這個善根叫做「性」，本善的性就是成德成聖賢所以可能的根據。如果人沒有本然的善根善性，就不能說「人皆可以爲堯舜、爲聖賢」。所以，儒家說的性善，是根源上的善，是本然的善，性是「本善」的，不只是「向善」而已。

第二、向善或者向惡，乃是氣稟顯示的傾向，而儒家並不從「氣質之性」講性，而是以「義理之性」爲性。從義理之性說「善」，乃是先天定然的善，不只是傾向於善。如果所謂「向善」的向，是定向，而不是傾向，則表示「性上的善」有定然性、必然性。既然如此，直接說「性善」「性本善」即可，用不著加一個「向」字。

第三、肯定人性善、性本善，並不是說人的行爲一定善，更不是說所有的人都是善人。須知有了善的心性，善的本體，還有隨時反省自覺，使本性呈現起用，才能成就善的人品和善的價值。儒家講性善，正在於指出人人都有善的本性，只要一念自覺，本性呈現，擴充到生活行爲上就能成就善的價值。這是人人可以自己作主的，用不著求之於外，所以孔子說「爲仁由己」，孟子也說「反身而誠」。如果人的生命之中沒有本善的性，他縱然天天「反身」（反求諸己），也仍然不能「誠」；如果人的生命之中沒有「仁」，則所謂「爲仁」就不能「由己」，而只能是「由他、由人」了。孟子有一句話說得最好：「非行仁義，由仁義行也。」⑬這表示，道德實踐不是被動地去踐行一個外在的仁義，而是主動自覺地順由內在本有的仁義心性而行。這樣，才是「爲仁由己」，才能「反身而誠」，也才是自律道德。

⑬ 見孟子離婁下篇第十九章。

總之，儒家講性善，是性本善。先肯定一個善的本體，再通過工夫實踐，使「本體的善」表現而爲「具體的行爲上的善」。在行爲上自然可以要求滿全，但如果不肯定人有本善之性，則所謂滿全的善，必將沒有著落而失去它所以可能的根據。

至於耶教，則不但不肯定人性善，而且判定人有「原罪」。這是順著亞當夏娃偷吃禁果一路想下來，所以只注意犯罪，而把偷吃禁果之前亞當夏娃本與神性合一的這個事實忘懷了。如此一來，神性便單只屬於上帝一邊，而人這一邊，則陷落下來而墜入永恆的深淵。所以，依耶教之教義，人類不能自救，而只能靠上帝降恩來拯救。（詳下文第四節。）「原罪」這個觀念，在耶教信仰上雖有重大的意義，在西方文化上也可能有某些方面的作用。但主體之門開不出，則人在「成己」（完成自己的生命價值）之事上，便永遠不能自我作主。結果是，人道倒懸於神道，有道體而無性體。⓮因而也沒有心性之學，沒有慎獨工夫。終於成爲「他力」之教和他律道德。這是耶教非常不同於儒家的地方。

三、天人合德與神人關係

前文提到，中國文化的發展，不走宗教的路。儒家開顯內聖成德之教，也是順宗教人文

⓮ 按、耶教之「上帝」，與儒家之「道體」雖有不同，而同爲創造性自己，乃屬同一層位之觀念。但耶教無有「天命天道下貫而爲性」之義理，故有道體而無性體。加上人有「原罪」，不能自救，須待上帝降恩，故人道倒懸於神道。

化的走向，而「攝宗教於人文」⓯。因而，「天」的觀念，也從人格神意味的天，而轉化爲形上實體——天命天道。

由於天命天道下貫而爲性（天命之謂性），所以天命天道乃「由超越而內在」，而成爲人的主體（性體、心體、仁體）。人有了天所賦予我（天命天道流行貫注於我）的仁與心性，乃能自覺自主地「踐仁知天、盡心知性知天」而與天合德，從這一面說，便是「由內在而超越」。在儒家，「由超越而內在」與「由內在而超越」，這二個來往是通而爲一的。也就是說，超越地說的「道體」與內在地說的「性體」，二者是同一的。此之謂「即超越即內在，即內在即超越」。（句中的「即」字，意猶今語「同時是」。它同時是超越的，又同時是內在的。）所以儒家的「天人關係」，不只是和諧不對立，而且由天而人，由人而天，根本就是天人往來、上下貫通，而相互回應的。此之謂「天道性命相貫通」。

孔子「知天命」，又說「知我其天」⓰，人知天，天知人，這是一種「與天相知」的境

⓯ 按、儒家亦稱「儒教」，儒之爲教，不只是「教化」之教，而亦含具宗教意識，能表現宗教之功能作用（如：1.啓發無限向上的超越精神，2.決定生命的方向與文化的理想，3.開出日常生活的軌道與精神生活的途徑）。儒家是一個具有「宗教性」的大教。它鬆脫了一般宗教的形式（宗教人文化，攝宗教於人文），是最不顯「形式相」的「道德的宗教」。請參閱蔡仁厚「孔孟荀哲學」（台北、學生書局）卷上孔子之部第八章第二節「略說儒家的宗教性」，以及同章注五所列唐君毅先生有關之書文。

⓰ 分別見於論語爲政篇與憲問篇。

界。由於孔子在自己的生命中證知了天命，感到天命與自己的生命通而為一，所以他的生命是與天相默契相印合的。當孔子說「天何言哉」、「予欲無言」⑰之時，正是他在「世無知音，唯天相知」的心境中所透露的感歎之言，表示他既以全幅生命為天命天道作見證，則一般的言說，便可有可無了。孔子「以身示道」（甚至以天自況），道既當體呈現，即在眼前（故顏子也說「瞻之在前……如有所立，卓爾」，見論語子罕篇），尚何事於言語乎？而孟子在盡心知性知天之外，又有「君子所過者化，所存者神，上下與天地同流」以及「萬物皆備於我矣，反身而誠」之言。⑱至於中庸，既說天命之謂性，又說盡性贊化育，更有自誠而明，自明而誠，「誠則明矣，明則誠矣」⑲之表示。而易傳則是直接說出「與天地合德」⑳之言者。凡此，皆已意涵「天道性命相貫通」的義理。到宋儒張橫渠，乃曰：

> 「天所性者通極於道，氣之昏明不足以蔽之。天所命者通極於性，遇之吉凶不足以戕之。」㉑

此已明示儒家所謂性，不從氣言；所謂命，不從遇言。性，是通極於道而說的性（性體等同於

---

⑰ 見論語陽貨篇。
⑱ 皆見孟子盡心上篇。
⑲ 見中庸第二十一章。
⑳ 見易乾文言。
㉑ 見張子正蒙誠明篇。

道體）；命，是通極於性而說的命（性命、天命）。橫渠所說，實乃表示「天道性命相貫通」之義理、最爲精切而諦當的語句。

關於儒家天道性命相貫通的道理，我們還可以說得簡淺一些：

天道天命流行貫注到我們生命之中，而成爲我們的性。這「性」就是我們的本體。孔子所說的仁，孟子所說的心性，程明道所說的天理，王陽明所說的良知，都是意指這個本體。孔子教我們「爲仁」實踐仁，孟子教我們「盡心」擴充四端，中庸教我們「愼獨、盡性」，理學家教我們「存天理」，王陽明教我們「致良知」；都是要我們自覺自主地把生命中的本體表現出來，使我們的「視、聽、言、動」以及全部的生活行爲，都能順由本體而活動，也即順由道德心性本所含具的道德律則而活動。這樣，我們的生命活動就全部都是善的表現，都是德的完成。

依據上文的意思，我們又可以作成幾點歸結：

1.儒家所說的「人」，是一個德性生命，他有天命之性作爲他的本體。

2.儒家所說的「心性」，不但是內在的（仁義內在），也同時是超越的（天之所命，天所與我）。所以可講「性即理」「心即理」「良知即是天理」。

3.孔子孟子從不安不忍指點人的道德心靈（怵惕惻隱之心），這是明確表示，人的心性本體是一個眞實的活靈之體，它具有自發內發的力量，可以自覺自主地「由仁義行」，以完成道德的實踐。

4.儒家是道德的進路。在儒家看來，不但天地以生爲德，以生爲道。人也同樣以生爲德，以生爲道。而孔子所講的「仁」，正就是生德、生道。（天道生生顯諸仁，不仁則不能生生，不仁則不能成德。）

5.由此可知，儒家所說的道，是天道人道通而爲一的。儒家所說的德，也是天德人德通而爲一的。

由上所述，可知平常所說的「天人合一」，仍不免失之籠統，未能點出其所以合一的關鍵。儒家講天人合一，是在德上合。所以必須說「天人合德」，才算說出天人合一的眞確意義。

同時，我們還要了解一個意思。天命之性，萬物皆同，這是存有論本體論的意義。而天人合德則是從道德實踐上說，這裡的主動權是在人而不在天。天之繼續降命以眷顧人，乃取決於人是否盡性修德。人能盡性修德，天就繼續降命（天命日降，天命不已）。所以孟子講「事天」，也是從「存心養性」上來講。存心養性是人的主體決定的。可見人「與天合德」，不是被動的，而是主動的，是人的心性本體自主自發的要求。一天不能達到，道德本心就一天不能安，此之謂「純亦不已」。

當然，「與天合德」是很高的境界，要充分圓滿地達到，也的確不容易。但實際上，任何人又皆可以在某一時某一地、某一事某一節上，做到贊天地之化育，達到與天地合德。譬如農人的工作，從播種、插秧、灌溉、施肥、除草、除病蟲害，使作物發育成長，這些事全都是贊天地之化育，而贊天地之化育，也就是與天地合德之事。只不過，農人和我們一般人一樣，不免有氣質生命的偏離，有利害私欲的計較；我們的存心和動機可能不夠純一，我們的善行也可能有所間斷，有時能與天地合德，有時不免與天德相違。換言之，聖賢以下的衆人，在「與天合德」這件事情上，做得不夠徹底，不夠充分，不夠圓滿。但也正因爲如此，所以儒家特別重視教育，重視講學，重視教化，使我們能夠永遠向著「各正性命、物我相通、與天合德」這個人文理想而努力不懈，純亦不已。

由儒家的天人合德，而反觀耶教的神人關係，就有所不同了。就耶教而言，神人是相對的：

> 神愛人，拯救人；人被愛，被拯救。
> 人有原罪，不能自救，必須靠神降恩寵來拯救。
> 人在什麼時候能得到神的恩寵？這可以是沒有回答的。
> 因爲神什麼時候降恩寵於人，乃是神的意旨，而神的意旨是人所不能過問的。
> 如果一定要有一個答案，這個答案就是：你要信，不要懷疑，不要試探，要眞誠信神，眞誠祈禱，要接受一個救主。這樣，神才有可能降恩寵來赦免你的罪，使你得救。

順著這樣的教義，我們可以發現，在如此形式之中的「神人關係」，主動權是在「神」那一邊，「人」這一邊則處於被拯救的被動之位置。除非神降恩寵於人，人是沒有能力靠自己而達到與神合而爲一的。據此可知，宗教家所說的「神人合一」，和儒家講的「天人合一（合德）」，意思並不一樣，而且有根本上的差異。

下文將再就「人類自救」與「上帝救贖」作一討論。

四、人類自救與上帝救贖

八年前，我講過一個題目：「關於宗教的會通問題」[22]，裡面提出會通的六個焦點。一年半後，周聯華博士（牧師、神學家）連續在台北「宇宙光」雜誌發表六篇文章，以對話的方式回答我的問題。我拜讀他六篇之後，也寫一篇文章「再談有關宗教的會通問題」[23]，以酬答周博士的雅意。在文中第三節我曾提出三個問句，與本節的論題直接相關。我問：

1. 除了接受耶穌做救主，「人」還有沒有自我救贖的可能？
2. 「人」不通過耶穌，就眞的不能得救嗎？
3. 「原罪」的觀念，有沒有鬆動的可能呢？

對於第一第二兩問，周博士以神學家的身分回答說：「基督教當然只有耶穌基督一條道路。」這個回答很巧妙，也很本分。對於耶教以外的其他宗教是否也有得救之路，周博士沒有明白表示。而對於「人」能不能自救，則明快地作了「否定」的回答。他認爲基督徒是從人性裡看出人不能自救，需要一個超過人的外在力量，就是上帝超自然的力量，才能「救」人。這

---

[22] 講詞發表於台北「鵝湖月刊」五十八期，次年編入蔡仁厚「新儒家的精神方向」（台北、學生書局）頁七十至九〇。

[23] 刊於「鵝湖月刊」九十期，後編入蔡仁厚「儒家思想的現代意義」（台北、文津出版社）頁三七三至三九七。

個回答明白表示，人之得救必須「依他力」，不能「依自力」。而此中的關鍵，仍然是心性問題。不肯定人有善性，就不能開主體之門，因而也不能開出人類自救之路。但如果能夠順就亞當夏娃犯罪之前本與神性合一的說法，而重新挺立「原性」（原善）這個觀念，情況就可以大爲改觀。如今既然「否定人可自救」，則明顯地與儒家（也與道家佛教）大不相同。儒釋道三家皆不可能同意「耶穌是上帝獨生子」、「人不通過耶穌就不能得救」這樣的說法。

至於第三問，周博士表示：「對我而言，原罪可以鬆動，也可修正。」他指出，「原罪」這個名詞是四五世紀之間奧古斯丁所造，後來便也在教會生了根，而有「人性本惡」的說法。周博士說，根據創世紀第一章，應該是「人之初，性本善」，而記述犯罪由來的第三章，不能否定第一章。話雖如此，但周博士並沒有順著「人之初，性本善」的根據而溯源立本，而仍然持守「基督救恩」的思路。他說，創世紀第三章記述「人犯罪的由來」，雖是微不足道的「吃禁果」的事，但卻是「人第一次犯罪」，白紙不再是白紙了，而且「罪從一人而入了世界」，「因一次的過犯，衆人都被定罪」。由於耶教把吃禁果的神話故事聳動得太嚴重，使得「人本有的神性」這一隙門縫立即關閉，而人之自救的根據也因此而隔斷了。

人不能自救，然則，怎麼辦呢？回答是：信靠上帝。所以周博士說，保羅是把「罪由亞當而來」（因一人的悖違，衆人成爲罪人），陪襯「恩由基督而得」（因一人的順從，衆人也成爲義了）。這樣，就使耶教成爲「救贖的宗教」——「原罪」是恐怖之深淵，「救贖」是深淵之超拔（因著耶穌釘十字架而使衆人免罪），「上帝」是超拔後之皈依。

但在此，我們仍然可以問：

1.亞當夏娃的「一度」墮落，爲什麼就「永遠」使人類斷喪了本有的神性？

2.人類爲什麼不能靠自己的悔悟覺醒，以恢復他本有的神性？

我們如果換一個角度，順著「本來與神性合一」這個意思去想，豈不也可以成立一個與「原罪」相對的「原性」之觀念，以打開人本有先天的善性（神性）這一個大門？這樣，(1)人就可以通過他自己的「覺醒、悔改」，重新提起墮落的生命，以與神性再度合一。(2)人也不必再是決定地「被拯救」，而可以開出「自救」的路道。(3)人表現「愛」和表示「信心」的根據，也不必再限定於來自上帝的啓示，而可以發自人的神性善性之自覺。

我們是「人」，人道的建立是第一優先之事。人類如果不能自救，人道就不能眞實建立。其實，當人們相信某一宗教的教義時，他自己的良知必先認可他的相信。因此，在實際上，人們是先肯定良知的存在，而後再以良知作標準來判斷或抉擇宗教信仰。㉔一切高級宗教中的超越信仰，都是由於人之——

要求生命的至善至眞、完滿永恆；

要求拔除一切罪惡與痛苦；

要求賞善罰惡，以實現永恆的正義。

㉔參唐君毅「人文精神之重建」（台北、學生書局）附錄「我對哲學與宗教之抉擇」一文之第七節，又，下文之說明，仍大體參採唐先生之意。

這些要求，都是人心所應當有的要求，都可以依照人的良知而加以承認。而宗教中的「上帝、阿拉、梵天」，在究竟義上，也都不能和人的良知隔離爲二。如果隔離爲二，則這個「二」仍須通過良知之肯定，而良知雖可以肯定這個「二」，但良知又必然要使二通而爲一，或使二者成爲「不相隔離而相保合」的關係。耶教以爲人心受原罪污染，而與天心（上帝）相隔離；佛教講如來藏眞常心，而又以吾人平日之心皆爲染心而在纏；此皆不免重在超化當下之心，而不重在直接承擔此當下之心的善根。只有中國的儒教，肯定人只須反身而誠，即可袪除染心罪惡心的障蔽，以證現至善的本性，證現良知本心。我們認爲，必須肯定「人同此心，心同此理」，而後乃眞能舍去「名相之異、工夫方法之異」，以通達於一切宗教之所同，而使世界各大宗教相容共存。

人之超凡入聖的得救之路不應只有一條。而耶教所謂「上帝的啓示」，在眞實的體證中，也不應與「良知之眞覺悟」有本質上之差別。然則，耶教主張只有信耶穌才可升天得救，便不免成爲「排他的救贖說」，而並不眞能致廣大。人類新的宗教精神之發揚，積極面必須復興儒教「致廣大」的精神（儒教祭天地、祭祖先、祭聖賢的三祭之禮，便是天人並祀的致廣大之新宗教精神），消極方面必須各宗教徒依於自己的良知來解除他們教義上的偏執。因爲——

1. 宗教的良知，希望一切人格皆得救，必不忍有永恆地獄之存在。
2. 宗教的良知，覺知上帝之愛無所不及，必不忍見到上帝之啓示受到限制（如只能及於自己的教主）。
3. 宗教的良知，相信上帝之無所不在，必廣開天國之門，而啓示其自己於一切有宗教意識之人。

其實，耶穌本人，並沒有明白否定上帝之啓示可以及於異教。猶太教之上帝雖然嫉妒人崇拜別的神，但新約中的上帝並不如此。而宗教史家也大多不認爲耶穌曾經自稱是上帝的獨生子。耶教之成爲不寬容而排他的宗教，可以說是「人爲之過」。因此，我們認爲耶教內部判爲異端的某些主張，有如：(1)一切人皆可得救，(2)有限之罪不當承受無限之罰，(3)取消永恆地獄，(4)在形式教會之外，應該有精神教會，以肯定不受洗、不進教堂的人也可以入天國。凡此等等，皆可依循人的宗教良知而給予承認，使耶穌的精神更能發揚出來。

總之，「上帝救贖」只是人類得救的路道之一。不能執其一而抹煞其他。而儒家的內聖成德之教，則肯定人人皆可以反身而誠，以證現至善的本性，證現良知本心，以完成其生命的價值。儒家所開出的人類自救之路道，可以融通各大宗教而使之各得其所，所以是人類共同的得救之坦途。

八十一年八月，《東西哲學比較論文集》上冊

伍、從儒家思想看人權問題

今天我們的講題，是「從儒家思想看人權問題」，分爲六個小節，現在就順序講下去。

一、先看一個對比——儒・道・墨・法的特色

春秋戰國時期，諸子百家興起，最爲重要的是儒家、墨家、道家、法家。這四家各有特色，今天雖然無法多講，但我們可以從「個人」「社會」「國家」這三方面，來作一個對比，在對比中就可以顯示四家的特色。

(1)道家以「致虛、守靜」作爲修證工夫，目的是要恢復自由自在的心境，以達到消遙無待、獨與天地精神相往來的境界。他們只重視個體性的精神自由，對於社會的禮樂教化，國家的政治責任，則輕忽而不加重視。所以，道家只重視個人，而輕忽社會和國家。

(2)墨家提倡兼愛、非攻、勤勞、節儉。他們重視社會正義，國際和平，嚮往一個愛無差等的人間社會，但卻忽視政治教化以及國家的價值和責任。而在墨者集團嚴格的紀律之下，個體性的價值也很難得到伸張和發展。所以墨家只重社會，而輕忽國家和個人。

(3)法家特別重視君國之利，在他們眼中，人只有工具性的價值（耕以富國，戰以強兵）。人不過是「耕、戰」的工具，至於個人的人格、品節、才學、藝能，則一概加以貶抑甚至抹煞。對於社會的倫理道德、禮樂教化，也採取敵視的態度，而主張「以法爲教，以吏爲師」（不以經典爲教，不以聖賢爲師）。所以，法家只重國家，而輕忽個人和社會。

道家—重個人，輕社會、國家
墨家—重社會，輕國家、個人
法家—重國家，輕個人、社會
——儒家——三者並重，皆予成全。

(4)道家、墨家、法家，既然各有所偏，有得有失，那末儒家又如何呢？「儒家」大中至正，無所偏失。個人方面的人格，品節、思想、才藝；社會方面的人倫常道、禮樂教化、公益事業；國家方面的建國創制、設官分職、典章法令，以及保民養民的政治措施；這三方面同時給予兼顧並重。以上這些意思，今天只是大略提一下，無須多說。下面我們應該進一步考察：在儒家思想中，「個人」到底居於什麼樣的地位。

二、「個人」在儒家思想中的地位

1.從倫常關係中看（人倫）

人倫有五：君臣、父子、兄弟、夫婦、朋友。五倫是人與人相處交往的五條通路，人在這五條通路上往來行走，就必須遵守彼此相處相交的道理。君仁臣忠、父慈子孝、兄友弟恭、夫婦和順、朋友有信，這些都是千古不變的道理。時代雖已不同，君臣也沒有了，但國家與國民的關係還在。而所謂忠於君本來就是忠於國，忠愛國家的道理永遠都必須肯定。問題只在，我們用什麼態度來對國家盡忠，以什麼方式來表現五倫的道理。不同的時代，不同的政治結構，不同的社會形態，還有不同的文化背景，不同的宗教信仰，不同的生活方式，凡此等等，都促使我們在表現五倫之道時，將會順時隨事而調整我們的態度和方式，這是很自然的事情。儒家一向注重「因時、因地、因人、因事」而「措其宜」，就是要把道理本身和表現道理的方式分開來看。道理不會變，而表現道理的方式則必須隨時宜而改變。因此，倫常之道還是要講，只要把態度和方式調整一下就可以了。

至於「個人」在倫常關係中的地位，總結地說，它是處於一個「相對的地位」，也同時是「中心的地位」。譬如對君而言我是臣，對臣而言我是君；對父母而言我是子女，對子女而言我是父母；其餘兄弟夫婦朋友也都是這種情形。就這種相互的關係而言，個人取得的是一個「相對的地位」。但換一個角度看，在這相對的關係中，每一個「個人」又自然而然地成爲一個中心，所有和你有關係的人，都可歸聚到你這個中心來。於是你可以說：某某人是我的父母，某某人是我的兄弟，某某人是我的老師，是我的同學，是我的表哥、表妹，是我的舅舅、阿姨等等。一切的人都成爲你的什麼、什麼，這時你會發現，在人倫關係中，你自己確確實實是居於「中心的地位」，是一個作主的地位。

2.從人格世界來看（人道）

人在人格世界中的地位，好像是無形的，但卻是眞實的。儒家最重視人品人格，所以講到學問之事，也說「學者，所以學爲人也」。做成功一個眞正的人，才可以在人格世界中取得一個地位，這個地位可以叫做「品位」。品位，不是別人給你的，是你自己創造的。用孟子的話說，這是「天爵」，不是「人爵」。天爵當然是先天本有的，但如果不能表現它、成就它，也等於沒有。所以天爵也要「修」（孟子曰：修其天爵）。修的工夫要各人自己做，所以成就各不相同。

人的品位，可以分爲很多的類別和層級，唐君毅先生在「孔子與人格世界」文中，曾分爲學者型、事業家型、天才型、英雄型、豪傑型、聖賢型六大類。今天我們並不專門討論這個問題。簡單一點說，通常有「士、君子、聖賢」三級，這三級的品位都是通過人的自覺實踐而成就的。人有充分的「自由」來創造自己的品位。在這裡，沒有種族、階級、貧富、貴賤的差別，也沒有知識才能的限制。所以陸象山說：「我雖不識一字，也須還我堂堂地做個人。」這表示在「人道」之中，人人都可以自由地來往行走；在人格世界中，人人都充分的自由來完成自己的品位。所以像武訓那樣不識字的乞丐，也能成爲一個聖賢型的人物。——〔武訓生於清代末葉，這時中國非常衰微。但中國的文化土壤裡仍然能夠產生武訓這樣的人品，可見中國文化生命沒有死亡。武訓不識字，但希望別人能識字，他行乞興辦義學，全是一念眞誠。當他發現某一個學生不用功讀書，他就向他下跪，請他用功讀書。當某位老師不認眞教書，他也向他下跪，請他認眞教書。唐君毅先生說：當武訓向人下跪時，我們彷彿看到上帝化身爲乞丐，匍匐於人的面前，而要求這個人的人格上升。這句話說得非常有靈感，非常懿美，是對武訓的人格精神最好的表彰。」

3.從政治分位上看（人爵）

公侯伯子男，以及卿相大夫士，這些都是「人爵」，是政治上的分位之等。這些外加的等級，雖然和人的生命價值與德性人格並不相干；但政治上的名分職位，卻也使人在政治組織之中，得到一個表現才能、實現理想的憑藉。

政治的組織，是爲了處理公共事務而架構起來的。各稱不同性質不同類別的工作，都需要有賢德、有才能的人，來負責，來推行。所以孟子說「賢者在位，能者在職」。賢者決定國家的大政方針，相當現代的政務官。能者執掌各種專門性的工作，相當於現代的事務官。國家設官分職，就是要使人在一個恰當的位分上「各盡其才，才盡其用」。那末，不擔任公職的人，在政治上是居於什麼性質的地位呢？歷史上的中國人是「天民」，也是「子民」，處於被保愛、被教養的位置，而作爲「權利義務之主體」的「公民」之觀念，則尚未透顯。換句話說，作爲「政治的存在」的這個身分，還沒有自覺地建立起來。

三、人權之「實」與人權之「名」

1.人倫、人道與人權

中國文化有「人倫、人道、人品、人文」等等的觀念，卻一直沒有標示「人權」這個名詞。但中國人幾千年來一直享有人權，這也是事實。我們甚至可以說，由於中華民族從來沒有迫害人權的思想傳統，也沒有剝奪人權的法律和制度，所以反而不會想到「人權」這個名詞。中國人相信一個「理」字。宋朝的大皇帝問一位大臣，天下什麼最大？回答說：「理」字最大。所以後來有句俗話說：「有理走遍天下」。這表示在中國人的心目中，天下就是人間，人間就是人自由活動的地方。有如「海闊隨魚躍，天空任鳥飛」，彷彿沒有任何限制，沒有任何壓抑。

但在西方的階級社會裡，情形就不同了。第一階級（教皇僧侶）壓制第二階級，第二階級的國王貴族便起來向教會爭權。第一第二階級妥協了，又合起來壓制第三階級，第三階級的市民、小資產者就起來向國王貴族爭權，這就是近代民主自由的政治運動。第三階級膨脹興盛而成爲資本家、資本主義，於是受勞力壓榨的第四階級又起來反對資產階級，以爭取麵包，爭取經濟平等。由於人權運動在階級制度之下受壓制，被剝奪，所以才激成如火如荼的人權運動。

人權，是政治層面上的觀念，中國傳統的仁政王道是人性政治，講人品，重人倫，尊人道，在實質上也當然尊重人權，維護人權。雖然向來沒有「人權」這個名詞觀念，但由於有「人性、人倫、人道」作爲生活的原理和軌道，所以幾千年來，實在比西方享有更多的人權。

2.從刑罰刑具比較中西人權的實況

十幾年前，我讀到台北一位老作家夏元瑜教授（雅號老蓋仙）二篇文章：「洋人受洋罪」、「從打屁股說到砍腦袋」，題目很通俗，也有一點恐怖，但內容卻是有憑有據。他搜集了二十種西方的刑具，七種中國的刑具，都是官方製定的，而且有照片圖樣爲證。這兩篇文章的意思可以歸爲五點：

(1)西方十九世紀以前的刑具，不但不尊重人權，而且不合人道。夏教授認爲，其殘酷的程度，還遠遠過於張獻忠和李自成。

(2)西方各國政府和教會的宗教法庭，他們所用的刑具，比中國官方的刑具，要殘忍得多。

(3)中國歷代的刑具，據夏教授的考評，是向人道的方向演進。而且，什麼罪用什麼刑，某種刑具對一個罪犯只能用一次或二次，都有嚴格規定。同時，某日動用過什麼刑，也要逐項記載，等到年終必須呈報上級。歷代刑罰，以宋代最輕，而明代最重。

(4)大刑的動用，必須總督或巡撫批准。如果擅用大刑，不但問官革職判罪，就是上級也要連帶處分。至於小說戲劇中那些官員動輒高聲喊道「大刑侍候」，不過是劇情上的誇張，並非歷史事實。

(5)中國法定的處死方式，只有絞和斬二種。凌遲（剮）是法外特加的重形，只用於窮凶極惡和殺人太多的大盜，但也是先刺心臟致死，再剮三十刀，並不是活活剮死。至於什麼「碎屍萬段」一類的話，那只是江湖中人口頭上發發狠而已，根本就沒有這種刑罰。但西方官府處死刑的方式，卻比中國殘忍得多。那些刑具多半不讓人痛痛快快地死，而是整得人「求生不得，求死不能」。其中有一種名目很怪的刑具，叫做「紐倫堡處女」。是用鐵做成一個人形的空殼子，頭部鑄成少女的臉形，身體是空筒狀，裡壁有十幾枚尖銳的長鐵釘。蓋子打開，把犯罪裝進去，再合起來，身上就刺成十多個血窟窿，然後把人浸在河裡，慢慢痛苦而死。這種刑具，直到一八七○年才明令禁止，離現在不過一百二十多年。

從這五點敘述，就可以知道一二百年以前，到底是中國法律還是西方法律，更能講人道，更能保障人權。

3.現代人權的「觀念」與「事實」

西方的人權觀念、法律思想，是一步一步才演進到合乎文明人道的程度。二百年前，美國的獨立宣言，才把「天賦人權」觀念，正式應用到政治上。但是他所謂天賦人權的「人」字，事實上是專指「白種人」而言，黑人、有色人種，並不在內，至少也要來一個七折八扣。十九世紀在美國做工的華人（華工），試問美國人給了他們多少「人道、人權」的待遇？至於黑人的人權，更是普遍受到迫害。像黑人不能與白人同一個學校讀書的限制，一直到三十多年前，艾森豪政府動用聯邦軍隊，才摧毀這個限制。而中國在二千五百年前，孔子就已說出

「有教無類」這句偉大的話語。二千年前的漢朝，更讓本爲世仇大敵的匈奴族的子弟，和漢人一起在首都大學同窗共讀，那裡會有西方人那種「種族歧視」呢？

所以西方世界的「人權」觀念，並不眞正平等。他們的人權標準本來就不一致。一二十年前大家責備美國卡特政府講人權有雙重標準，其實人權的雙重標準或多重標準，乃是西方世界的老招牌，不足爲怪。

不過，話雖如此，我們還是要承認「人權」是一個好觀念。由人權運動而發展爲民主政治，也是近代西方世界的重大貢獻。對於西方文化的優良表現，我們應該「服善」，而且必須「反省」。（二十世紀的中華民族，一直在做文化反省，而當代新儒家的反省尤其普遍而深刻。文化大革命以後，大陸學界也在研究當代新儒家的思想。這一個風向，應該是一個新的好兆頭。）

四、人權與自由

1.萬物一體與主客對列

儒家思想最核心的觀念是「仁」。仁者「不獨親其親，不獨子其子」，也要親人之親，子人之子。孔子要求「老者安之，少者懷之，朋友信之」。孟子也說「親親而仁民，仁民而愛物」。後來的儒者像程明道、王陽明，便直接說出「仁者與天地萬物爲一體」的話。萬物一體是從精神心靈的感通來說，是對精神懷抱很親切的一種描述。受民族文化薰陶的華人，不但對動物植物有情，對山水自然有情，就是對沒有生命的泥土石塊器皿家具，也有一份愛惜之心。這就是「與萬物感通而爲一體」的仁者情懷。

而西方的文化精神是「心物相對」「主客對列」，他們的文化成果，主要是三大項：

(1)神與人相對的「宗教」。（人信仰、祈禱，神降恩、赦罪；人與神保持善意的緊張關係。）

(2)運用概念來分解對象和規定對象的「科學知識」。

(3)通過階級集團向外爭取自由人權，而逐漸形成的「民主政治」。

今天，中華民族正需要從自己的文化生命裡面，自覺地轉出「對列之局」，一方面開出知識之學，以發展科技；一方面採取民主的政治體制，完成民主建國。在這裡，便又關聯到「主體自由」的問題。

2.主體自由與人權

(1)主體自由的形態

自由，不宜於列舉地講。列舉是憲法的方式。憲法明文載列人民的自由權利，那就是所謂「人權清單」。而講文化、講思想，不能只開人權清單，必須歸到主體上來講自由，這才是創造性的主體自由。主體自由有三種形態。（這也是牟先生「歷史哲學」書中疏導出來的講法，可以補一般散列地講自由之不足。）

第一、「道德的主體自由」，使人成爲道德的存在（人格的存在）。在這裡，可以透顯「人人皆可以爲聖賢」的原則；而成聖賢、成人格，即是道德主體自由的具體成就。

第二、「藝術性的主體自由」，使人成爲藝術的存在。這裡所說的藝術，是取廣義的意思。凡是「才、情、氣」的表現，都有一種藝術的欣趣，都可以欣賞，可以感歎。像天才、英雄、豪俠、才士、高人，乃至隱逸之流，都屬於這一類。這個類型的人品表現才性之美，表現浪漫精神，它和表現理性精神的聖賢人格有所不同。

第三、「政治的主體自由」，使人成爲政治的存在（權利義務的主體）。「政治的」主體自由和「思想的」主體自由，是同一個形態（分解的對列）的兩種表現。由前者而發展出民主政治，由後者而發展出科學知識。

(2)從「政治的、思想的主體自由」到「人權」之建立

中國文化充分地發展了「道德的、藝術性的主體自由」，西方文化充分地發展了「政治的、思想的主體自由」。在此，我們可以通過兩位德國哲學家對中國所作的批評，來加深我們對問題的了解。首先是黑格爾，他說中國只有「合理的自由」而沒有「主體的自由」。其實，他所說的主體自由，是狹義的，只指「政治的主體自由」而言。黑格爾不了解「主體自由」的表現可以有不同的形態，便顢頇籠統地說中國沒有主體的自由。他的話，我們當然不服氣，但卻又不知如何作有效的反駁。要到牟宗三先生從頭疏解，指出主體自由原來有三種不同的形態，我們才明白黑格爾的說法是「以偏概全」。不過，單就政治的主體自由而言，他的話還是很中肯的。中國文化的確沒有做到使人成爲一個「政治的存在」，成爲一個「權

利義務的主體」。而民主政治之所以成其爲民主政治，卻正要落在政治的主體自由上來講。而近代的「人權」觀念，也是順著這個線索而建立的。

另一位是凱薩琳，在他的「哲學家旅行日記」裡面，對中國大爲稱讚。他走過中國北方，看到農民在大平原上耕種的情形，心裡大受感動。他彷彿看到上帝從大地裡面伸出雙手來勤勞耕耘。凱薩琳看到的是清朝末年的中國，這時候的中國已很衰落，而哲學家卻能見到文化土壤中的生命和精神。另外，他也有批評的話，他說中國人的智慧很高，但思想卻顯得乏味。爲什麼思想會乏味？關鍵就在「思想主體」（知性主體）未能充分透顯出來，沒有獲得獨立的發展。所以在表達思想觀念的時候，欠缺思辨性、概念性、論證性，而顯得單調乏味。（中國傳統文化沒有發展出科學，這也是關鍵所在。）

這兩位德國哲學家，正好指出了中國文化沒有充分發展「政治的和思想的主體自由」。我們必須坦然接受他們的批評，並反求諸己以發展出民主和科學，來彌補這一個缺點。（以前沒有，今後可以有。）

五、人權的實現

1.民主政體的建立

民主政治，不是比賽開人權清單，說甲國有多少項人權自由，乙國有多少項人權自由。當然，開人權清單也很好，但如果缺少「體制」的建立，那些開出來的人權自由也是沒有保障的，一個行政命令就可能把它摧毀了。可見公民享受權利，不是國王或大皇帝的恩賜，而是基於人權自由的原則和法律平等的精神，而建立起一個客觀的體制，來保障公民的權利和義務。這一套民主政治的體制，是通過立憲運動而建立。不管它是內閣制或是總統制，基本上都是「三權分立」的架構。人民選出代議士行使「立法」權，政府部門則依法來推展「行政」工作，另有「司法」機構代表國家公權力行使審判權，並負責解釋憲法以仲裁行政部門和立法部門的爭議。

三權分立的基本體制，是民主政治的「質」；人權清單的內容，則屬於民主政治「量」的成分。量上的不同，常常是由於文化傳統、歷史背景、宗教信仰、風俗習慣等等因素而形成。國與國之間甚至邦與邦之間（如美國）都不免有所差異。但基本的體制以及本乎體制而建立的法治，則關乎民主政治的本質，萬萬不可欠缺的。

2.人民權益的保障

(1)原則性的肯定——有那些是基本人權

各國憲法的基本人權，有各種不同方式的規定。亞洲第一個民主國家是一九一二年成立的中華民國。從民國約法，到五五憲章，再到八年抗戰勝利之後的立憲、行憲，由張君勱先生（當代新儒家代表人物之一）主稿頒布的憲法，就有基本人權的規定。而第四條「保障人身自由」，尤其進步而詳盡（共計三百二十餘言）。第九條到十四條規定一般人民不受軍事審判，人民有

「居住、遷徙」之自由，有「言論、講學、著作、出版」之自由，有「秘密通訊」之自由，有「信仰宗教」之自由，有「集會、結社」之自由。第十五條到十八條，規定人民之「生存權、工作權」應予保障，人民有「請願、訴願、訴訟」之權，有「選舉、罷免、創制、複決」之權，有「應考試服公職」之權。第十九條到二十一條，規定人民有「依法律納稅」之義務，有「依法律服兵役」之義務，有「受國民教育之權利與義務」。第二十二條到二十四條，規定人民之其他自由，皆受憲法之保障。又說以上各條之自由，不得以法律限制之。公務員違法侵害人民權益，應負刑事及民事責任，人民並得依法律向國家請求賠償。

以上是就我手邊的資料，把民國憲法裡面有關保障人民權益的基本規定簡要地敘述一下，好用來證明本乎儒家的倫理原則和人道精神，來設計基本人權，可以比西方國家更詳實，更合情。這一點，連西化派的領袖胡適先生，也不能不承認。（新儒家主稿的憲法，使得西化派也佩服稱讚，這就表示，肯定基本人權乃是民族的共識，無可爭議。）

(2)事實的兼顧——不同社會的人權要求與保障

對人權作原則性的肯定，各民族、各國家，其實都是一樣的。但不同社會的人，他們的人權要求和人權保障，就不免會有各種不同程度的差異。如前所說，各民族各國家的文化傳統、歷史背景、宗教信仰、風俗習慣等等，都是客觀存在的事實。事實是不容忽視的，講人權如果只有原則而不能兼顧事實，那必將與事實脫節，而形成隔閡和扞格。因此，人權問題，一方面要持守普遍共同的原則，一方面也要顧到各國家各地區的實際狀況。這個意思，美國方面似乎不太明白。他們具有雙重乃至多重的人權標準，對白人和對黑人（有色人種）不一樣，這是我們知道的。可是，當他議論或干涉其他國家的人權狀況時，卻又只剩下一個標準，那就以他自己做標準，用來衡量別人。美國人這種心態，也不一定就不對，他是「己所欲，施於人」，這樣一來就不免形成強迫推銷。譬如你喜歡吃辣椒，難道就要求別人和你吃得一樣辣？那別人受得了嗎？這是第一層。另外一層，就是美國人沒有讀過中國的四書，不知道孔子有「己所不欲，勿施於人」的道理。於是乎，他們自己雖然不欲受人虐待，卻不能「勿施於人」，反而把殘酷的虐待手段施行到黑人和有色人種的身上。（在西方世界，美國算是比較最開明，最和通，尚且有此偏失，故舉之爲例以作比觀。）

說到這裡，我們可以發現儒家思想的好處。儒家最能兼顧原則和事實。它先以己心度他心，將他心比己心。凡是我不願欲的事，就不要讓別人來承受。而在積極的推己及人方面，則不只是抽象的「己所欲，施於人」，而是經過價值選擇之後的「己欲立而立人，己欲達而達人」，以及「老吾老以及人之老，幼吾幼以及人之幼」。如果本乎這樣的道理來推展人權運動，一定可以爲世界人類造福。同時還可以形成東西南北之人都願意接受的約定：凡是不合國情、不合民之所欲的人權規定，都不應該強施於人。同理，凡是有違人權原則、不合人權標準的國家地區，也應該鄭重自我檢討，並且接受國際法定機構的宣導監督。果能如此，不同社會的人權要求和人權保障，就有可能因地制宜，促其實現。

六、結語：學習聖之時者

以上的講論，有宏觀，有微觀。這表示「觀察的角度，問題的分析，說明的方式，道理的闡釋」，都不是一成不變的。所謂「理一」而「分殊」（分、讀去聲）。理是一，不可變；事是殊（異），有不同。對不同的事，必須由不同的人去處理；處理之時，必須因時因地而措其宜。世間各行各業，各色人等，如果都能各守其分，各盡其職，則世間的事事物物，都能各得其宜。王陽明有言：

> 致吾心良知之天理於事事物物，則事事物物皆得其理矣。

天下大大小小的事情，都得到良知天理的感通、潤澤、貫注，便是所謂「皆得其理」，得其理就能得其宜，得其宜也就是得其成了。理學家常說「天理流行」，流行是流行於事，也就是天理表現到生活行爲上。孔子告訴他的大弟子顏回，說要「非禮勿視，非禮勿聽，非禮勿言，非禮勿動」。耳目感官的視聽言動都合乎禮，合乎道理法度，這也等於說，天理藉著「視、聽、言、動」而表現，而流行。這樣看來，「天理流行」這句話並不玄妙。這個道理的表現，說難很難，說容易也很容易。譬如今天我們在這裡舉辦公開演講，高朋滿座，少長咸集，人人滿懷眞誠，彼此沒有私心，沒有利害計較，沒有矛盾衝突。大家歡歡喜喜，和和樂樂，天理在我們心中，也同時表現在我們的聲音、容貌、言行、舉止上面。這豈不也可以說，天理就在這裡流行嗎？這眼前的事實，誰能加以否認呢？可見儒家的道理，不是一些空話，而是隨時都能表現出來的眞實。

今天，「保障人權，實現人權」的基本規範，必須通過立法來完成。但「法」要「人」來立。立法的根據還是在人心，在天理。有人說，中國以往講「情、理、法」，現在應該講「法、理、情」。這種順序的排列，也只是「理一」當中的「分殊」。事實上，這句話本來是這樣說的：「天理、國法、人情」。天理是普遍的，所以居先；國法是客觀的，所以居次；人情是主觀的，所以在後。不過，人情不是指私情，而是人之常情。中國文化傳統只講人情，不講私情。講私情是見不得人的。儒家自古以來，從不提倡私情。

最後，我想把八年前在新加坡開會時所講的一句話重複說一遍。我說：「儒家的學術，不是文化遺產，而是脈動活潑的文化生命。生命是永遠鮮活的。」儒家「守經通權、守常應變」的原則，以及「順時制宜」的精神，必然會對新時代和新事物發生良好的作用。五年前，當代大數學家陳省身老博士在台北中研院爲他舉行的八十壽宴上，說過二句話。他說：

我們還是信孔子。

現在對岸大陸的人也要信孔子。

他不是以數學家的身分說這二句話，而是以一個「人」的身分說的。其實，二千五百年前的孔子，並不能直接給我們什麼。你要政治民主，人權平等，或者要經濟自由，工商發達……凡此等等，孔子都不能直接給予你。但從孔子留下的思想和教訓，我們卻可以肯定，他一定鼓勵我們自由而勇敢地去追求和創造各方面的價值。孔子是「聖之時者」，他的智慧，他的精神，永遠和我們同在，所以我們永遠尊信它。

今天就講到這裡。謝謝大家。

一九九六年十月十二日講於新加坡海南會館一四二周年館慶大會專題講座

陸、先秦儒家心論要旨

今年（八十二年）八月，大陸孔子基金會在山東威海市召開「孔孟荀學術思想國際會議」，我接受邀請，原定前往宣讀論文（孔孟荀心論之比較）。後因故未能出席，特函請大會安排學者代爲宣讀論文提要。論文雖未完篇，而綱領脈絡，義理關節，內容要點，大體已具。今特錄出，或可提供讀者一條討論之線索。

一、弁言

凡講道德，必歸於心；凡講工夫實踐，尤必歸於心。儒家講內聖外王，皆是實踐之學。故「心論」乃儒家哲學最爲核心之問題。

二、孔子由「不安」之仁以言心

《論語》書中，未直接講論心，表示孔子之時，「心」尚未成爲觀念字。孔子之學，乃是仁學。仁，可以是德，可以是道，亦可以是性、是理。然則，仁可以是心乎？據《論語・陽貨篇》載孔子答宰我問三年之喪，直接以「安不安」指點仁，可知心不安而有覺有感，即是仁之生動活潑處。後來孟子直說「仁，人心也。」可謂深得孔子之旨。

三、孟子由「四端、不忍、良知良能」言心

孔子卒後一世紀，孟子張大孔子之學。無論主觀面的仁義之心、仁義之德，或客觀面的仁義之政、仁義之道，皆言之而弘通暢達。而其論心之意，尤為精采。

孟子開孔子之仁為四端：「惻隱之心、羞惡之心、恭敬之心、是非之心」。此四端之心即是仁義禮智。可知孟子所講的心，乃屬實體性的道德本心。道德心靈是醒覺的。故孟子說「人皆有不忍之心」，「皆有怵惕惻隱之心」，又說人皆有不慮而知的良知，不學而能的良能。凡此，皆表示孟子是從德性層上講心，心是仁義之心，是道德主體。

四、荀子由人之「知道、知統類」而言心

荀子言心，不與孔、孟同。他說「心，生而有知。」又說「人何以知道？曰心。」人之所以能「知」道，是由於人有「心」。心，不是道，而能「知」道。此「知道」之心，自是「認知心」。故荀子又言及「心能擇、能慮、能思、能辨」，因而足以「決疑似、定然否」。荀子又以「虛、壹、靜」之「大清明」說心。人可以依據心之「知類明統」而「治性、導欲」以成就「善」，此是荀子心論之最大功能。但荀子不直接講道德的本心，他是從知性層上講心，心是理智心、認知心，是知性主體。

五、儒家心論之影響與展望

孔子以後，孟子順孔子之仁而發揮，開出心性之學的義理規模。荀子則順承孔子外王禮憲之緒，彰顯禮義之統。前者是作爲德性主體的仁心道德心之充分發揮；後者是作爲知性主體的智心認知心之高層開顯（由知物、知事象，而提升到知「道」、知「統類」）。故孟、荀二家正好開顯了儒家心論之兩層：一爲德性層，孔、孟以下之儒家正宗大流，皆屬之。一爲知性層，荀子之後，最著者爲南宋朱子（北宋程伊川亦屬之）。

就儒家心論對後世之影響而言，「道德心」主導儒學二千年，而宋明六百年之理學，可算人類哲學史上極高之成就。但就中國文化未來之展望而言，「認知心」終必從道德心之籠罩下透顯出來以獨立自主地起作用，使華族文化心靈之表現形態，亦能依循「主客對列」之格局，展現認知與思辯之功能，以開出「知識之學」（邏輯、數學、科學），使中國文化與中國哲學獲致第三度之光大發皇。

柒、荀子的思想體系

謹按：本文作於民國六十四年，發表於「華學月刊」四十八期。所論雖或疏簡，而綱領條理大體可觀，故特編錄於此。其欠詳備處，請參看拙著《孔孟荀哲學》（學生版）卷下、荀子之部。

荀子視天爲自然，亦視性爲自然。凡屬自然，皆不能自成，皆是負面的、被治的，必須加入力而後能成。故荀子既主張制天用天，又主張化性起僞。由負面的「天」與「性」，進到正面的「心」，而後始顯出其積極的理論。諸如解蔽、正名與禮義之統，以及禮樂、政治、修養之論，皆由此開出而得其建立。茲先列一簡表於此，以略見荀子思想之線索與架構，並希望有助於下文之說明。

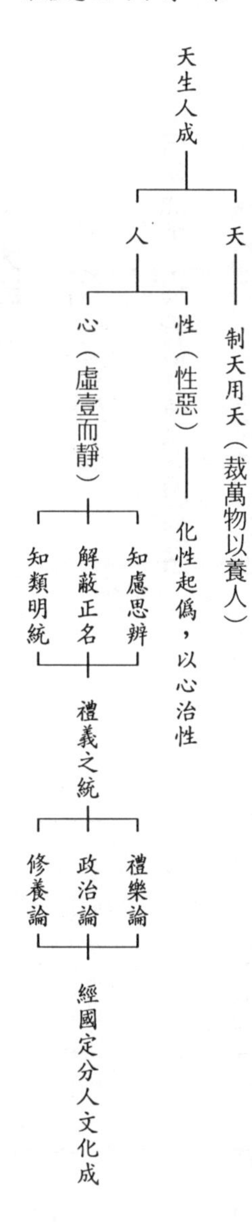

一、天與人

1.天之自然義

(1)自然的天，沒有理智意志與愛惡

荀子認爲天能生人生萬物，但不能理人理萬物。(1)王制篇云：「天地生君子，君子理天地。」禮論篇云：「天能生物，不能辨物也」。辨，是理智作用，天不能辨，表示沒有理智。(2)天論篇云：「不爲而成，不求而得，夫是之謂天職。」爲與求是意志作用，天不爲不求，表示沒有意志。(3)天論篇又云：「天行有常，不爲堯存，不爲桀亡。」堯是聖王，桀是暴君，天既不爲人之賢聖或昏暴而改變其常軌，可見天是不識不知而無所愛憎的，因而亦沒有感應，所以「天不爲人之惡寒也輟冬，地不爲人之惡遼遠也輟廣」。

總之，天蒙昧無知，只是循其常軌而運行不息，而生生不已。天論篇所謂「天有常道矣，地有常數矣」，其所謂常道，只是意指自然法則與自然秩序。此自然之法則秩序，始終爲天地所遵循，故名曰常道。(有人道，有天道，然荀子只言人道以治天，天實無所謂道；若說有道，亦只是自然之道。)至於「日月之有蝕，風雨之不時，怪星之黨(儻)見」，實「無世而不常有之」，此只是「天地之變，陰陽之化」，並無意志目的存乎其間，故荀子曰「怪之可也，而畏之非也」。由此可知，荀子的天，不是宗教的，不是道德的，亦不是形上的；而只是自然的，而可以爲科學之對象的。

(2) 自然之「生」，只是天地之「真」，而非天地之「善」

中國上古時代的天，原亦是宗教的天、意志的天。下至春秋時代，宗教人文化。到孔子孟子，遂由宗教的天轉化而爲德化的天。這一步發展，是通過道德實踐所達到的精神境界。德化的天，是由道德生命所實踐所肯定的形而上的天。孔子「踐仁以知天」，孟子言「盡心知性知天」，都是通過道德實踐而知天，這是內在的主觀的德化的天，而不是由思辨之知識所認知的客觀外在之自然的天。正宗儒家所說的天，不是天之自然現象，而是天之價值。就天之「生」而言，亦看做是天之德，天之善。故易繫曰：「天地之大德曰生」。生德即仁德，天地之化生萬物，即是宇宙生命「生生不已」之仁體（天德天理）的發用流行。而人在道德實踐中，體認不容已之仁心具足於吾人之性，而性稟受於天；由是而體證人類「不容已」之仁心（亦是仁體，仁即是體），即是宇宙生命「生生不已」之天理天德。至此，內在與超越，主觀與客觀，乃通而爲一。故孟子曰「萬物皆備於我」，又曰「上下與天地同流」。凡是「盡心知性知天」，「盡己之性、盡人之性、盡物之性，則可以與天地參」，以及「人心即天理」，「體天道以立人極」，「天人合一」等等一類的話，都是表示「性命天道相貫通」——這是正宗儒家共許之義。所以孔孟是以道德心（仁），理想主義的態度，來體認天之善（德）；而不是以認識心（智），自然主義的態度來認識天之「眞」。而荀子恰相反。

荀子的心是思辨的、認知的，他的態度是理智主義的。認識心（理智心）之對象，必是客觀外在的，所以荀子所認識的天，是天之「眞」，而不是天之「善」。天之眞，即是天之自然現象。所以無可言「法」，亦無可言「合」。荀子雖承認「天地者，生之始也」，但此天地之「生」，是「不見其事而見其功」的自然之生。（只見其然而不見其所以然。功，功能義、功效義，而非功德義。故天之生，無可言善，無可言德。）在荀子，凡天生而自然者，皆是被治的，負面的，所以不能說善，必須落在禮義之統中，得其道、得其成，纔可以說是善。性如此，天亦如此。所以荀子的天，是消極意義的，並沒有積極意義的價值創造之涵義。

附識：就「自然」一義看，荀子的天與道家的天有相類似之處，但基本精神則不同。關此，有三義可說：⑴道家的自然以「無」爲體，是一種形而上的精神境界，不是實然的自然世界。而荀子只言人道而不言天道，他的天卻正是實然的，而不是形上的。⑵荀子的天論，帶有初步的科學色彩，而道家言天言自然，則並無科學意味。⑶道家主張法自然，天即代表自然，所以道家的天人關係甚爲密切；而荀子則言「天人之分」，並以天爲物，而主張制之用之。——據上三點所述，可知荀子自然的天，與道家的天並不相同。

2.天人之分

天論篇云：「唯聖人爲不求知天」，若求知天，便是不明天人之分，亦即是「與天爭職」。所以只須求如何善於利用天地萬物之材，而不必去了解天地萬物之所以然。（君道篇云：君子之於天地萬物也，不務說其所以然。）荀子不求知天的用意，是要破除對天希求、怨慕、恐怖、驚惶的迷信心理。其實，若能對天（自然）之所以然，作進一步之研究了解，豈不更能破除一般人的迷信心理？但荀子卻並未就此而用其心思（此非才智問題，而是態度問題），而認爲知天乃「不急之察」而主張「棄而不治」。荀子以智識心，本與西方文化之主流同其路向。但西方人以自然爲研究對象，因而開創了科學文明。荀子雖亦把天提鍊爲自然，自然當作自然看，但卻「不求知天」，因而將科學一面的關連亦割斷了。所以在態度上，他不是把天作爲研究之對象，而是把天拉下來，外在地作爲禮義對治的對象。天既成爲被治之負面的，當然無可法，無可合，因此不言天人合一，而盛言「天人之分」。這是天論篇一大主旨之所在。

荀子認爲「天行有常，不爲堯存，不爲桀亡，應之以治則吉，應之以亂則凶」，又說「治亂，非天也，非時也，非地也」。他以爲天並不能禍福人生，亦不能影響治亂。禹桀之時，天地四時都一樣，而禹則治，桀則亂。可見治亂在人，而不在天地四時，天地四時與人間治亂並無因果關係，如應之以治；彊本而節用（本、謂農桑），養備而動時（養生之道周備而行動合時宜），修道而不貳；縱有水旱之災、寒暑之危、妖怪之變，人民依然可以衣食無虞，幸福康寧。若應之以亂：本荒而用侈，養略而動罕（怠惰），背道而妄行；縱然風調雨順，寒暑宜人，人民亦仍將會有飢寒之累，疾病之災。吉凶既在人爲而不在天意，則怨天求天皆將無用，有用的乃是人爲——天歸天、人歸人，強調人爲之重要。所以荀子稱「明於天人之分」者爲「至人」。

3. 天生人成

荀子有言：「天地生之，聖人成之。」（見富國篇、大略篇）「生」是天地的職能，是自然而然的。而「成」則必須通過禮義的效用。所以，「天生人成」乃是荀子思想的基本原則。（此說本於牟宗三先生二十年前所著之「荀學大略」，自後，學者踵其說，論者日多。）

天論篇曾說到天情（自然之情）、天官（感官）、天君（心）、天養（裁萬物以養人）、天政（順其類而能裁）。其意在表示：天情、天官、天君，固是天地自然生成；而天養與天政，亦是天生而自然之事。「暗其天君」「以喪天功」，是毀其生；「清其天君」「以全大功」，則是成其生。成毀的關鍵在天君之「清」或「暗」，而清與暗乃是人事，不關乎天。聖人清其天君而制禮義，以禮義被諸天官則天官正，被諸天養則天養備，被諸天政則天政順，被諸天情則天情養。天之生與天之功（功能、功效），是在禮義之廣被中，而得其成、得其全的。由此可知，天之功在「生」，人之能在「成」。假若一任天生而不加人治，則天之所生泛濫而無節，最後天功亦將毀喪。所以必須節之以禮義，而後乃能成其生。此便是所謂「天生人成」。

天論篇云：「天有其時，地有其財，人有其治，夫是之謂能參。舍其所以參而願其所參，則惑矣。」

禮論篇云：「天能生物，不能辨物也；地能載人，不能治人也。宇中萬物生人之屬，待聖人然後分也。」

此二節可視爲「天生人成」之內涵的說明。前一節言天地供給時與財，由人加以治理，這便是「能參」。（荀子此所謂「參」，其義爲「治」。）「所以參」，即所以治，亦即能治，指人這一面而言；「所參」，即所治，指天時地財而言。而「願其所參」，即是希慕「四時以序，萬物以昌」（禮論篇語）的意思。後一節言「天能生物」「地能載人」，而卻不能「辨物」，不能「治人」，必待聖人治理，然後人與物方能各得其所，各得其宜。總之，依荀子之意，宇宙間一切天生（自然生成）的事物，都是負面的、被治的，正面而能辨治的，是人。此即表示：自然世界爲人文世界所主宰。

4.制天用天

荀子主張「裁萬物以養萬民」，他對「利用自然以厚民生」的看法，倒是與孟子一樣，皆著眼於一個「時」字。應時而養長生殺，是謂能裁；違時而養長生殺，則是不能裁。「時」是自然法則，把握自然法則，即可制裁自然，利用自然，此即所謂「制天、用天」。

荀子認爲人之所以爲人，在於：

1.人有辨。「辨莫大於分，分莫大於禮。」（非相篇）

2.人能羣。「人何以能羣？曰：分。分何以能行？曰：以義。故義以分則和，和則一，一則多力，多力則彊，彊則勝物，故宮室可得而居也。故序四時，裁萬物，兼利天下，無他故焉，得之分義也。」（王制篇）

人以禮義明分，各任其事，各得其宜，因而和衷共濟，上下齊心，於是便有了力量。彊有力則可控制自然，利用自然，生活乃可改善。所以說「序四時，裁萬物，兼利天下，無他故焉，得之分義也」。此即荀子主張「禮義爲制天用天之根本」的確切說明。

荀子又云：

「大天而思之，孰與物畜而制之？從天而頌之，孰與制天命而用之？望時而待之，孰與應時而使之？因物而多之，孰與騁能而化之：思物而物之，孰與理物而不失之也；願於物之所以生，孰與有物之所以成；故錯人而思天，則失萬物之情。」（天論篇）

此段文字，可以代表荀子制天用天的思想。文中說到要把天看做自然而制裁它，要因順自然而利用它，要應時耕種而役使它，要運用人的智能而增加生產，要治理萬物使之各得其宜而不喪失；他認爲物之生在天，而物之成則在人。所以，他反對措置人事而只求天之恩典，他認爲那樣將違反萬物之情。

荀子制天用天的思想，是要否定思天頌天的觀念，而凸顯「天人之分」。他要解決的問題，是屬於人文世界的。他要以理智的心靈，去解決經國定分的問題，以達到「羣居和一」之目的；他雖視天爲自然，但卻不是以純客觀的心靈，研究純客觀的自然對象，以成就純客觀的知識。所以，荀子所彰顯的，並不是科學的知識系統，而是人文世界的行爲系統。

二、性與心

1. 性惡說

凡論及行爲，必然要接觸到性與心的問題。荀子的性惡說，最爲人所知，亦最不爲人所接受。茲分三點而略述之。

⑴性之三義

⑴性之「自然義」：正名篇云：「生之所以然者，謂之性」，「不事而自然，謂之性」。不必經由後天的人爲，而自然而然的，是自然生命所呈現的自然之能（如耳目之辨聲色），故荀子所謂生之所以然的性，即是先天的自然之性。

⑵性之「生就義」：自然的質素落到人生命中，便是性，性爲天所生就，故性惡篇云：「凡性者，天之就也。」「不可學不可事而在人者，謂之性。」

⑶性之「質樸義」：性惡與禮論二篇皆謂：「性者，本始材朴也。」材朴，是未經人力修爲的質素，在此質素之中，含有某些原始的先天的作用或能力（如耳之聽目之視），所以稱爲「本始材朴」。董仲舒曰：「性之名，非生與？如其生之自然之質，謂之性。性者，質也。」又曰：「質樸之謂性，性非教化不成。」董子的話，正可作爲荀子此言之註腳。——凡順「生之謂性」一路言性者，必涵此三義，此表示性只是自然生命之質，是中性的，沒有道德

理性，沒有善的根。

(2)性情欲與性之內容

正名篇云：「性者，天之就也。情者，性之質也。欲者，情之應也。」性惡篇云：「夫好利而欲得者，此人之情性也。」荀子的意思是說，性乃天所生就，情爲性之本質，情外無性，情即是性，性與情是同質同位的。欲，則應情而生，而好利欲得，正是人之情性。如此，則性、情、欲三者，在實質上並無差異。而荀子論性的最大特色，正是「以欲爲性」；亦惟以欲爲性，故有「性惡」之說。又榮辱篇云：「凡人有所一同，飢而欲飽……好利惡善……目辨黑白美惡……是人之所生而有也，是無待而然者也，是禹桀之所同也。」飢欲食，寒欲衣，勞欲息，是「生理欲望」；好利惡害，是「心理反應」；目辨色、耳辨聲、口辨味、鼻辨香臭、體膚辨寒暑疾癢，是「感官本能」。這三類都可以歸之於動物性。就動物性而言性，則性只有盲目的好惡，而沒有合理的迎拒。荀子所見到的人性，只是這一層「生物生理的自然生命」，如順其自然而不加節制，則「性惡」便是必然的結論。

(3)性之普遍性與可塑性

上引榮辱篇所謂「凡人有所一同」「是禹桀之所同也」，以及性惡篇所謂「君子之與小人，其性一也」，「聖人之所同於衆，其不異於衆者，性也」，這是表示性之「普遍性」。榮辱篇又云：「人可以爲堯禹，可以爲桀紂，可以爲工匠，可以爲農賈。」（儒效、性惡各篇，亦有相類之言。）這是表示性之「可塑性」。性有普遍性（無人例外），性惡論纔能成立；性有可塑性，纔能化於禮義——故荀子言師法之化、禮義之道（道同導）。

2.化性起僞，以心治性

荀子言「性惡」，正透出自然之質這一層之不足；自然之質不足，則①客觀地彰顯禮義之重要，②主觀地彰顯心君之重要。荀子未必不知自然之質可善可惡，但即使自然之質有善的傾向，亦仍須治之以禮義，故荀子必言「化性起僞」。

性惡篇曾說，性「不可學，不可事」，「感而自然，不待事而後生」，這是說明「性」之自然義。而僞則「可學而能，可事而成」，「感而不能然，必待事而後然」，這是說明「僞」之人爲義。

而「僞」又有二層，正名篇云：「情然而心爲之擇，謂之慮。心慮而能爲之動，謂之僞。慮積焉，能習焉，而後成，謂之僞。」當感官遇到外界的刺激而發生好惡的反應，這便是所謂「情然」（情之如此、如此之情）。對好惡的反應，予以判斷而決定迎拒，這是「心爲之擇」，亦即是「慮」。情然，是性的自然反應；慮與擇，是心的理智作用。心對於情然加以選擇判斷，然後由「能」（生理本能）爲之發動而成爲行爲，這是第一層的「僞」，是僞的作用。經多次之選擇判斷（慮積）與多次之實行（能習），而後養成人格（士、君子、聖賢），這便是第二層的「僞」，是僞的結果。

就先天的自然之「性」而言，聖人與常人同；就後天的「僞」而言，則因人而有異。性與僞截然不同，但僞必須以性爲底子。性是原料，僞是加工，人格則是加工之後的成品。所以禮論篇云：「性者，本始材朴也；僞者，文理（禮文之理）隆盛也。無性，則僞無所加；無僞，則性不能自美。」性雖不能自美，但加上僞，則可以成其美。如此，則荀子所言之性，亦並非是絕對的惡，而亦含有可善的成分。他直接判之爲惡，只是不自覺地偏重於一面的強調之詞。

然則，如何化性起僞？性惡篇云：「今人之性惡，必將待師法然後正，得禮義然後治……今之人，化師法，積文學（誦經讀禮），道（由）禮義者爲君子……其善者僞也。」師法與禮義，是二事，亦是一事。故修身篇云：「禮者所以正身也，師者所以正禮也。」化性之道，只是通過師法而歸向禮義。而荀子所謂「化」，不是本質的變，而是活動方向之導轉。化性起僞，內在面要靠知慮，外在面要靠禮義。但知慮只能對好惡之正確與否作選擇判斷，進一步依選擇判斷而發動現實之行爲的，則是情性之「能」。榮辱篇云：「材性知能，君子小人一也。」可見不但「性」人人皆同，「知」與「能」亦人人皆同。正因知、能、性同樣具有普遍性，化性起僞的可能性纔能建立起來。知（慮）可積，愈積愈明；能可習，愈習愈能。積慮習能而不息，則可化性起僞，歸向禮義而通於神明。

上面說過，化性起僞，主觀內在面要靠知慮，客觀外在面要靠禮義，而知慮屬於心，可見荀子固然重視外在標準的禮義，亦同時重視內在標準的心。荀子言「心」是理智的心，它有知慮思辨的作用，能對外界的事象加以選擇判斷，所以認知禮義要靠心，支配情性亦要靠心。情性雖有發動行爲的「能」，但卻是被治的。所以在荀子，乃是「以心治性」的。此理智的心，纔是一身的主宰。而心之所以能治性，是由於心能知「道」，而心之所以能知道，是由於心之「虛壹而靜」。有此虛壹而靜的大清明之心，方能負起「治性」的任務，以對治情性之所欲，並決定行爲之正確方向與適當分際。所以荀子之言性惡，其目的實在於提醒人應爲善，而心的知慮作用，便是由惡通向善的路道。

3. 以智識心

荀子「以心治性」的心，與孟子「即心見性」的心不同。孟子言心，是道德的心，荀子言心，則是認識的心。孟子是「以仁識心」，荀子則是「以智識心」。

⑴ 認識的心

正名篇云：「所以知之在人者，謂之知；知有所合謂之智。」認識心之發用，必有所對，故有「能知」之心，則必有「所知」之對象。所謂「知之在人者謂之知」，是指「能知」一面，是知的作用。所謂「知有所合」，合，即是心接於物，知接於物而後乃能形成對物之知識，這一面即是「所知」，是知的結果。

認識心的知慮作用，不但能成知識，而且能知「道」（道，實指禮義）。解蔽篇云：「心知道，然後可道；可道，然後能守道以禁非道。」此知道之心即是認識心，由心之認識能力而能「知道」，知道然後能「可道」（認可道、肯定道），可道然後能「守道」而不悖，守道不悖然後能行為合理而中道。所以勸學篇說：「知明而行無過矣。」

知之「明」是由於心之虛壹而靜，虛壹而靜的心，是智心（不是仁心）。荀子言虛壹而靜，在字面上與道家之虛壹靜相同。因為智心本有二層：

(1)邏輯思辨的——此屬知性層。

(2)智的直覺的——此屬超知性層。

雖有此二層，但統名為智心（認識心）。西方哲人所把握者，大體以知性層為主。荀子之虛壹而靜，亦是落在知性層上說。而道家之虛壹而靜的道心，則屬於超知性層。就此意而言，佛家之般若，亦是屬於超知性層的智心。凡「以智識心」總較易於把握，而孔孟與宋明儒之「以仁識心」，則反而不易為人所喻解。觀乎身為儒家之荀子，只識智心而不識仁心，便可見出此中消息。他不了解孟子而反對性善，其本質原因即在於此。

(2)心之主宰義

荀子云：「心者，形之君也，而神明之主也。出令而無所受令：自禁也，自使也，自奪也，自取也，自行也，自止也。故口可刼而使墨云（墨，默也；云，言也），形可刼而使詘申；心不可刼而使易意，是之則受，非之則辭。」（解蔽篇）心出令而無所受令，自禁、自使、自奪、自取、自行、自止，又不因外力而改變其意，「是之則受，非之則辭」，其受其辭，皆由自主，此即表示心之意志自由與主宰能力。故荀子又曰：「心，道之工宰也。」（正名篇）「心居中虛，以治五官，夫是之謂天君。」（天論篇）此二則言語與上引解蔽篇「心者，形之君，神明之主」之言，意正相近，皆表示心之主宰義。

但荀子所說的心，雖有主宰能力，而其功用，主要還是通過其知慮選擇判斷，靠其虛靜清明，以認知事象之理，此仍然是一「觀」理之認識心，而非「生」理之道德心（本心、良知、仁義之心，則是「能生」之道德心）。荀子所重者不在心之「能生」，而在於心之「所受」。解蔽篇有一段譬喻之言，很能表示他對心之看法：

「故人心譬若槃水，正錯而勿動，則湛濁在下，而清明在上，則足見鬚眉而察理（肌膚文理）矣。微風過之，湛濁動乎下，清明亂於上，則不可以得大形之正也。心亦如是矣。故導之以理，養之以清，物莫能傾，則足以定是非，決疑似矣。」

荀子的意思，認爲心之見理，正如水之照物。水清則能見理；物不在水中，理亦不在心中。心之德只是「虛壹而靜」的清明。故其心終竟是智心，而不是仁義禮智之心。孟子言心之主宰性，是以心之四端主導人之行爲，人依四端而擴充之，自然發爲善德善行，這是可以信賴的。而荀子所言之心，對人之行爲雖亦能主宰而有決定性，但此決定性並不能保證人之行爲必可爲善。因爲這具有主宰性的心，仍然是理智的心，認識的心；而心之選擇判斷有時合理合道，有時則並不合理合道，故正名篇云：「心之所可，中理；……心之所可，失理。」可；即選擇判斷之意。中理，是合理合道，不中理，是不合理合道。心之認識能力既不絕對可靠，則心之主宰性所作的決定，自然不能保證其必善（心能認識善，不必即能主導人行善、成善）。必須如孟子所說，本心即是善，始能自發爲善，以建立道德行爲之先天根據。因此，荀子所說的心之主宰性，是有限而不充盡的。此中關鍵，即是由於他以智識心，而不以仁識心，所以不能建立內在的道德心。（唯有內在的道德心性，方是創造的、能生的，是自定方向、自作主宰的。）

三、心之義用

1.解蔽

荀子以智識心，其智心之義用，主要表現爲消極面之解蔽，以及積極面之正名與知類明統。另外，就是表現在實際的辯說上。荀子之重視辯說，是因爲「天下亂，姦言起」，而挺身出來息邪說、放淫辭、正是非，以明禮義之道。所以他主張「君子必辯」。凡辯說，「言必當理」，理即是辯說之標準，所以荀子又主張「凡知說之有益於理者爲之，無益於理者舍之。」（非十二子）「有辯而無說者，爭也。」（榮辱）「有爭氣者，勿與辯也。」（勸學）他認爲君子辯說之存心與態度，應該「貴公正而賤鄙爭」，必須「以仁心說，以學心聽，以公心辯」，而且辯說之時，還須「辭合於說，說合於心，心合於道」。（皆見正名）所謂「合道」，即是辯說之目的。以上是荀子有關辯說之要語，茲略一提，不具論。此下分二點，簡述荀子解蔽之意。

⑴論蔽

人之所以能「知道」「可道」而「合道」，是由於智心之虛壹而靜。凡人爲已得之知識所蔽，而不能服善以容受新知，便是不虛；爲一方面之情勢所蔽而不見整全，便是不壹；爲想像煩囂所蔽而不清明正定，便是不靜。要想達到虛壹而靜的「大清明」之境，便必須解除蔽塞。解蔽篇云：「凡人之患，蔽於一曲，而闇於大理。」然則何者爲蔽？荀子曾舉出十種以爲例證，茲分五組而略加說明：(1)欲與惡之蔽：欲惡（好惡）本身是中性的。欲惡皆得其正，自不爲蔽；不得其正而欲惡其所不當欲惡者，則足以爲蔽。(2)始與終之蔽：始與終是起止生死之兩端，能敬始愼終，則不爲蔽；若不善始或不善終，如厚於事生而薄於送死，或厚於送死而薄於事生，則將形成蔽塞。(3)遠與近之蔽：遠近是指空間方面而言。如「遠來和尚會念經」，是遠之蔽；「不識廬山眞面目，只緣身在此山中」，則是近之蔽。(4)博與淺之蔽：少見寡聞，知識孤陋，是淺之蔽；博而寡要，雜而無統，或博而不能返之約，則是博之敝。(5)古與今之蔽：古與今是時間之先後。古今先後之本身無所謂蔽。但以古爲必是，以今爲必非；或以今爲必是，而以古爲必非，則足以爲蔽。關於蔽塞，當然不止這十種，舉一而反三，便貴乎學者之深思善學了。

荀子又曾就「蔽而不知」之意，以評論諸子：(1)墨子之學，是實用主義功利主義，其論是非善惡，亦以有用無用、有利無利爲標準。他本欲以質救文，而終於落到反人文之立場，否定禮樂文化之價值，所以荀子說他「蔽於用而不知文」。(2)宋鈃言「人之情欲寡」，而不知人亦有「貪得」一面。所以荀子說他「蔽於欲而不知得」。按、宋子之言是從人生修養上說，既非蔽於欲，亦非不知人有貪得一面，荀子此評實未諦當。(3)愼到重法，以法爲首出之標準，而否定其他之價值，所以荀子說他「蔽於法而不知賢」。不知賢，即不知尙賢之意。(4)申不害主張得權勢而以法術御下，而不知權勢法術須得人之才智始能發揮功效，所以荀子說他「蔽於勢而不知智」。(5)惠施主「合同異」，而言「天地比」「山淵平」，其說或持之有故，言之成理，但奇辭怪說，往往不合事物之實情。所以荀子說「蔽於辭而不知實」。(6)莊子以天爲宗（天，謂自然無爲之道），尙自然而薄人文，與荀子重僞（人爲）以治天之思想正相反，所以荀子說他「蔽於天而不知人」。——荀子認爲此六家之說，皆可見「道之一隅」，不足以盡道之全體；唯孔子大中至正，得道之全而無所蔽，此其所以爲聖人。

(2)解蔽之道

荀子認爲聖人無所蔽，於萬物紛陳之中，懸衡以度之，故能不失輕重。這個「衡」即指「道」而言。何謂道？儒效篇云：「先王之道，仁之隆也，比中而行之。曷謂中？曰：禮義是也。道者，非天之道，非地之道，人之所以道也，君子之所道也。」可見這個道即指禮義而言。禮義是荀子衡量一切的標準，所以亦是衡量蔽與不蔽的標準。而人所以知「道」，是由於心之清明。故禮義是解蔽的外在標準，而虛壹而靜的清明之智心，則是解蔽的內在準衡。

至於解蔽的具體方法，消極地說，是避免「十蔽」：無欲無惡、無始無終、無遠無近、無博無淺、無古無今。積極地說，是要顧及正反二面。若只顧此一面而忽略彼一面，即將爲此一面所蔽。如十蔽之成，即因對於「欲與惡、始與終……」之正反兩面沒有兼顧之故。諸子蔽於此而不知彼，亦是由於沒有兼顧二面所形成。若能對不同的方面一一顧到，各種偏見自然可以相互對消，所得的結論即可趨於正確而無誤。而此面面顧到的解蔽方法，即荀子所謂「兼權」。兼權與解蔽，關係密切，兼權而無遺，則一切蔽塞自然消解。否則「見其可欲，則不慮其可惡也者；見其可利，則不慮其可害也者；是以動則必陷，爲則必辱，是偏傷之患也。」（不苟篇）所謂偏，即顧此不顧彼之意。偏則傷，兼則成。能兼顧而權衡之，則是非必明，取舍必當，而蔽自解。

2.正名

正名，本爲儒家所重視。孔子言正名，而曰「君臣、臣臣、父父、子子」，子路問爲政奚先，答曰「必也正名乎」！孟子雖未論及正名，但嚴義利、人禽、夷夏、王霸之辨，又論「知言」，亦正與孔子正名之義相通。至荀子，乃正式作「正名」之篇。

⑴名之四類

荀子認爲名有四類：刑名、爵名、文名（節文威儀之名）、散名、前三類是典章制度之名，皆爲歷史文化之累積所演變而成。換言之，皆是在集團（羣體）之實踐中而成爲定型。無論刑名、爵名、文名，一旦約定俗成而成爲定名，即指謂一個定實，所以每一個名皆是一個形式。前人累積而成，後人便順之而進，不可隨意妄作，是以必有所從，荀子所謂「刑名從商，爵名從周，文名從禮」，即是此意。因爲名之成，皆相應事實而出現。典章制度之名，是通過實踐而形成，名既相應此實踐之事實，因而亦必爲此事實所限，故不能游離漫蕩，而有其實效性與時效性。名不離實踐之事實，即是其「實效性」；名可循可作（所謂有循於舊名，有作於新名），即是其「時效性」。

荀子包括典章制度而言「名」，正表示其心靈之網羅萬有，綜縮百代。但名學所講之名（名理之名），大都不包括歷史文化所演成的典章制度之名，而只以荀子所說第四類的「散名」爲主。散名之加諸萬物者（如日月星辰、山川湖海、草木鳥獸、宮室器皿等），應「從諸夏之成俗」，以使居於遠方異俗之人，亦通曉事物之涵義。散名之在人者，則具備若干定義，以指示事實之理，諸如「性、情、慮、事、行、智、能、病、命」，以及修身篇所謂「教、順、諂、諛、知、愚、讒、賊、直、盜、詐、誕、無常、至賊、博、淺、閑、陋」等皆是。

(2)立三標

荀子認爲「聖王沒，名守慢，奇辭起，名實亂，是非之形不明，所以必須立「三標」：

(1)所爲有名——此言所以制名之故。荀子以爲，由於「貴賤不明，同異不別」，以致言難明、志難喻、事困廢，所以必須制名。「明貴賤，別同異」，以使志無不喻，事無困廢，此便是制名之目的。而所謂貴賤，不僅指爵位之尊卑，實廣指價值之高下。西方名理只辨同異一層，此乃知識問題。中國名理則既通於知識以別同異，又通於政治教化以明貴賤，實兼備知識與價值二層，這是中國名理的特色所在，亦是中國文化心靈較爲弘深博厚的例證之一。

(2)所緣以同異——此言同名異名之所由起。同異何緣而有？荀子曰：「緣天官」。天官即感官。荀子認爲凡人同一類，同一情，故其五官接觸外物，自有相同之感覺與知識。但由於人之稟賦有智愚之異，感觸有敏鈍之別，常使人不能一致而共喻。耳目口鼻形體對於聲色臭味之外部感覺，固然因人而不同，「心」之喜怒哀樂之內部感覺亦互爲殊異。對此紛然不同之感覺，應如何求其一致而共喻？於此，荀子提出了「徵知」一觀念。牟者荀學大略云：「心之徵知，即心之智用也，所謂理解也。」五官接於物而有感覺與知識，再加上心之徵知作用，則外在對象之同異，區以別矣。此時，吾人對外物之知識，遂由感覺層進到「理解層」，而同異之名亦因之而起，此即所謂「所緣以同異」。有了同異之名以相比方會通（以淺喻深，以近譬遠，引喻相通），自然就可以共喻而相知。

(3)制名之樞要——此言制名之原則與種類。制名的原則，是「同則同之，異則異之」。因爲制名以指實，而名實不可亂，故同實者必同名，異實者必異名。而制名之種類，則有①單名（如馬、白等）與兼名（兼名即複名，如黃馬、白石等）。②大共名（亦即綱名，如物）。③大別名（亦即目名，如鳥、獸）。

凡「名」之成，皆係「約之以命」，「約定」則「俗成」。（名乃依約定俗成而立，近世已成常識，亞里斯多德只執著「本質定義」，而不解「約定」之理，可說不如荀子之通達。）約定俗成之名，是「宜名」，異於約定則是不宜之名。名以指實，故約定之名，亦是「實名」。而徑直平易，無所違拂而易曉者，則爲「善名」。此「宜」「實」「善」三層，是就制名用名而言。名之宜與不宜，以及名所指之實，皆由約定；在約定俗成之前，是沒有定準的，所以說「名無固宜」「名無固實」。至於名之善與不善，則以「徑易而不拂」爲準，所以說「名有固善」。

既言「名」，再言「實」。荀子以「同狀而異所」之物，爲「二實」（二個實物），以「異狀而同所」之物，爲「一實」（狀態雖有變化：變形、變色、變老、變美、變醜，而實物只是一個）。如此加以察辨，便是「事之所以稽其實以定其數」。定數，是定實之數，數亦是一種類名。單、兼、共、別，是指性質而言，此則指量而言，故爲數名，是之謂「稽實定數」。凡理解活動，必尊名崇數，而名數即所以成就理解活動者。而荀子正具備此種名數的建構的心靈，所以對於名數之學的文化意義，輒能卓然識其大，而對於名理之領域，雖有其未觸及之處，但一經觸及，便中肯要。

(3)辨三惑

繼立三標之後，荀子接著辨三惑。

(1)用名亂名——惑於用名亂名者，乃由於不明古人所以制名之故。名以指實，故制名本在期實以喻志。若說「殺盜非殺人」，則名不能用，實不可期，志不能喻；如此，則等於名之否定。墨家之意，本欲辨解「殺盜」並不違背「不可殺人」之原則。但如此一來，人亦可仿照套用此一命題，而說「弒君非殺人」「殺妻非殺人」「殺友非殺人」矣，此惡乎可！所以荀子必視之爲「以名亂名」之詭辨。

(2)用實亂名——惑於用實亂名者，由於不知同名異名之所由起，乃因感官之感覺與心之理解作用所作之區別而形成，故有高低、大小、長短、多寡、甘苦、哀樂等等之名，以指示高低大小……之實。說者誤以「名無固實」，於是乃以不平爲平，以不寡爲寡，以甘爲不甘，以樂爲不樂，而有「山淵平」「情欲寡」「芻豢不加甘，鐘鼓不加樂」等之奇辭怪說。凡此，皆是混亂古人之舊名的詭辯。（按、「名無固實」，是就制名之初而言。既制名而約定俗成，則每一名皆有實指，每一實皆有定名。此時自須遵守名約，不得以詭辯之辭而混亂同異之名）。

(3)用名亂實——惑於用名亂實者，乃由於不知制名之樞要，而違反名約之故。如「白馬非馬」之說，在公孫龍本是藉個體名與類名之差別，以區別白馬之名與馬之名不同。白馬非馬，乃謂白馬不等於馬，並非白馬不是馬之意。但這個「非」字詞意含混，他人遂以爲他說「白馬不是馬」，因而引起爭辯。荀子以其違背「同則同之，異則異之」之原則，所以說他「以名亂實」。

荀子有云：「流丸止於甌臾（汙下之地），流言止於智者，此家言邪學之所以惡儒也。是非疑，則度之以遠事，驗之以近物，參之以平心，流言止焉，惡言死焉。」（大略篇）截斷眾流，整齊惑亂，自悟悟他，拔邪去毒，端賴智心之光照大用。而名數之學，正是廓清惑亂名實之詭辯的大規範。前引荀子之言曰：「以仁心說，以學心聽，以公心辯」。荀子靈魂之高貴弘偉，正可於此三語見之。彼家言者流，逞口舌，飾巧辯，藐乎小矣。

3.知類明統（見下）

荀子以「知通統類」者爲大儒，爲聖王。可見統類觀念在荀子思想系統中之重要。而就知類明統而言，荀子所言之心，亦可名之爲「統類心」。本節原可加以論述，然荀子之知統類，實與隆禮義、法後王、一制度等觀念緊密相關。故今特移於下節一併論列。

四、禮義之統

1.隆禮義而殺詩書

勸學篇謂，學，「始於誦經，終乎讀禮」，又曰：「學至乎禮而止矣」。蓋詩書雜博，雖可以興發，而不足語於堅成。而且「詩書故而不切」，必待禮之條貫以通之。故荀子「隆禮義而殺詩書」（儒效篇語）。荀子認爲「隆禮，雖未明，法士也；不隆禮，雖察辯，散儒也。」「倫類不通，仁義不一，不足謂善學。……全之盡之，然後學者也。君子知夫不全不粹之不足以爲美也。故誦數以貫之，思索以通之。」（勸學篇）誦數，猶言誦說，數作動詞。誦數以貫之，全也；思索以通之，粹也。全而粹，則倫類通，仁義一矣。

荀子以誠樸篤實之心，表現而爲明辨之理智，所以特重客觀之禮義。由百王累積之法度，統而一之，連而貫之，成爲禮義之統，而後乃可以言治道。不苟篇云：「推禮義之統，分是非之分，總天下之要，治海內之衆，若使一人。」所謂「禮義之統」，簡言之，即是「禮憲」之意。禮憲是組織社會人羣的法式，將散漫而無分無義之人羣，穩固而貞定之，使之結成一客觀之存在，此便是禮憲之大用。禮憲（禮義之統）實即仁義之客觀化。荀子特別重視此構成客體（羣體）之禮憲，所以顯客觀精神。他順孔子外王之禮憲而發展，重視現實之組織，重視分與義，這都是客觀精神的表現。客觀精神與主觀（主體）精神、天地（絕對）精神皆不相同。主觀精神與絕對精神，主要表現於道德宗教方面。而客觀精神的表現，則在於政治之組織，國家之建立，與歷史文化之肯定。所謂客觀，就是內在之仁義（道德理性），客觀化於歷史文化與國家政治，而構造爲民族形式、國家形式之集團，並且即由此集團以實現道德理性（仁義）。

了解集團亦能實現價值，而肯定集團之存在，是即客觀精神。這是荀子「隆禮義」所特別彰顯的一面。

孟子「敦詩書而立性善」，是向深處轉，向高處提，由詩書之具體者引發悱惻之感與超曠之悟，而直達大道之本、大化之原。故言「盡心知性知天」，言「萬物皆備於我」，言「過化存神」、「上下與天地同流」。他是體道入聖的路，雖盛言仁政王道，但其義理思想之中心點，以及他所積極彰顯而完成的，是在於「內聖」一面。荀子「隆禮義而殺詩書」，是向廣處走，向外面推，其誠樸篤實之表現而為理智，喜秩序，崇綱紀，特重客觀之禮義，重視百王累積之法度，再統而一之，連而貫之，成為禮義之統——綜百王累積之禮憲而成統。故荀子之學，屬於「外王」一面。但隆禮義以經國定分，不能徒託空言，而必須於歷史文化有所本；以是，荀子乃有「法後王」之主張。

2. 法後王

(1) 法先王與法後王

通常都說孟子法先王，荀子法後王，似乎絕不相同，其實並非如此。荀子從未以先王為非，甚至以不法先王為憾事。例如他批評惠施鄧析「不法先王，不是（不肯定）禮義。」（非十二子）又謂「不聞先王之遺言，不知學問之大也。」（勸學）「凡言不合先王，不順禮義，謂之姦言。」（非相）「儒者法先王，隆禮義。」（儒效）由此可見，荀子亦以為先王是當法的。唯先王雖「審禮」「明禮義」「立文」，但歷時久遠，略而難詳。「文久而滅，節族久而絕。」（見非相篇。族奏古通，此言法度節文歷久而廢絕。）所以先王之禮義法度，不如後王之可詳細而知。荀子之法後王，實本於孔子能言夏殷之禮、而杞宋不足徵之義而來。故儒效篇云：「道過三代謂之蕩，法二後王謂之不雅。」（蕩，謂浩蕩廣遠而難知。二，不一也。法二後王，謂不專一於法後王也。雅，正也。）不但過三代謂之蕩，即使三代禹湯，荀子亦嫌久遠，所以說「禹湯有傳政，不若周之察」。據此，荀子所謂「法後王」，實際即是「法周」，此亦與孔子「從周」之義相承接。

(2) 法後王之積極理由

非相篇云：「欲觀聖王之跡，則於其粲然者矣，後王是也。」不苟篇云：「君子審後王之道，而論於百王之前，若端拜而議。」歷史發展到周代，禮制彬彬稱盛。而周道又是由百王之法度，歷經損益累積而成，所以審後王之道（周道）即可知上世。後王之禮義法度，粲然明備，可據可徵，此便是荀子法後王之積極理由。（以先王之道略而難詳，難據難徵，故法後王；此則是荀子法後王之消極理由。）

在荀子的意識中，先王後王之本身，並無本質之異，只有詳略之別。他批評子思孟子「略法先王而不知其統」，關鍵只在「略」而不知「統」。統，即是荀子承接孔子因革損益觀念，而提出的具體原則。王制篇云：「有法者以法行，無法者以類舉」，此即所謂「知其統」。荀子之法後王，其要旨即在知統類。而知統類之根據則在粲然明備之後王。得其統，則歷史發展之跡，禮憲興廢之道，皆可得其脈絡。這仍然是孔子「損益三代，百世可知」之義。

3.知統類

荀子以「知統類」者爲聖人，可見統類觀念在其思想系統中之重要。但歷來訓詁家對統類之義皆未觸及，民國以來講哲學者，亦未見重視此一觀念。至牟宗三先生撰《荀學大略》，始特別彰顯「統類」之特殊意義而加以論述，隨後陳大齊先生之《荀子學說》，亦對統類作過解析。

荀子對「統」字與「類」字的用法，有時是取通用義，有時則有特殊的意義。凡「統」字作統領、統治解釋時，便是取通用義，通用義之「統」字，自與荀子之思想無關。唯統字作綱紀條理解釋時，方與荀子思想有關。凡「類」字作物類、事類或種類、同類以及類似解釋時，是通用義，通用義之「類」字，亦與荀子思想無關。其有關者，是「與統相連而言」的類，以及「與法相對而言」的類。

(1)「統類」的涵義

關於與「統」相連的「類」，非十二子篇有「壹統類」，儒效篇有「統類之行也」、「舉統類而應之」，性惡篇有「其統類一也，是聖人之行也」，此皆統類二字相連而言。統者不雜，類者有理。「統」與「類」，皆有齊一、秩序、條理之義，故皆與「雜」相反。如非十二子篇云：「略法先王而不知其統，猶然而材劇志大，聞見雜博。」此即統與雜相反之證。又如性惡篇云：「齊給便敏而無類，雜能旁魄而無用。」此即類與雜相反之證。

統與類可相連而言，亦可分開而言。分開而單言時，統字亦可用於泛指禮義之統緒。但知其類，然後禮義之統緒始可理解。因爲統由理成，理由類顯，故統亦由類成。統之明不明，正繫於類之顯不顯，所以知類而後可以明統。荀子言「禮義之統」，實涵「類」而言，故或言統，或言類，或言統類。有時亦言倫類。（見上隆禮義一節。倫類，亦是就類之層次性與條理性而言。）

(2) 類與法之不同

以前訓詁家據方言「齊謂法爲類」之說，常將荀子的類解釋爲法。其實，類比法既高一層，亦深一層。所以荀子常以「類」與「法」相對而舉。如非十二子篇：「多言而類，聖人也；少言而法，君子也。」不苟篇：「君子……知則明通而類，愚則端慤而法。」王制篇：「有法者以法行，無法者以類舉。」修身篇：「依於法而又深其類，然後溫溫然。」解蔽篇：「以聖王之制爲法，法其法以求其統類。」據此引述，可以歸納而得到如下之結論：「類」與「法」是兩個不同的概念。類是法之理（精神），抽象而難明；法是類之實質，具體而易曉。類是原則性的，法是具體的。如以體用言，類是體而法是用。如以源流爲譬，則類是源而法是流。二者關係雖很密切，而層次則不同。而此與法相對而言的類，即是高於法、深於法的統類之類。

(3) 類與理

「知統類」是爲了發現禮義發展中之共理、而提供的一個原則。共理是禮義法制所共同依據的理。荀子以智識心，其心靈表現是智的形態，所以能把握共理而綜言禮義之統類。牟先生荀學大略云：每一類有其成類之理，理即成類之依據。據其理，則可以通。儒效篇所謂「法教之所不及，聞見之所未至」，皆可以類通。以類通，即以同類之理通也。故總方略，齊言行，知統類，一制度，皆荀子所雅言。——總之，理由類而見，類由理而成。非相篇云：「類不悖，雖久同理」。只要是同一類，必有一個不變的共理。因此，依類而推，必不會與理相悖（正名篇，推類而不悖）。縱然現象博雜，分類之後，則皆有理可尋，而可以「以類行雜，以一行萬」（王制），無往而不利。

荀子以略法先王，而不知法後王、一制度、隆禮義者，爲「俗儒」；以能法後王、一制度、隆禮義，而智不及於通統類者，爲「雅儒」；而能「知通統類」，舉統類以應事變者，則爲「大儒」。（見儒效篇）大儒即聖人，聖人亦即能經國定分之大政治家（聖王）。知類，則可以理通。能以理通，則可以損，可以益；既可以處常，又可以應變。而其所持以應變者，曰「原」、曰「道」、曰「道貫」，其實皆是「統類」之異名。儒效、非十二子、天論各篇所謂「有原」「宗原」「知貫」，其實義亦即「通統類」之意。通統類，即是通統類之理。故儒效篇云：「行之，明也；明之，爲聖人。」楊注：「行之，謂通明於事也。」「行之明也」一語甚精，此亦即儒效篇「舉統類而應之」的篤行；所以行之明也的行字，是兼攝著知字而說的。此即表示：知須在篤行中完成，明須在篤行中表現。舉統類以應事變，在篤行實踐中通明於事，即所謂「行之明也」。明，是由理而明，亦即由統類而明。下句「明之爲聖人」，意即知通統類者乃是聖人。能知通統類之君子、大儒、聖人，可通名爲篤行之人。篤行之人，其生命必強毅而剛健，又能依乎禮義之法度，而「以法行，以類舉」；此依於禮義之統而篤行之大君子，既爲師，又爲法，故曰「師法」。荀子「隆師法」，正是重視客觀之眞實生命。眞實之生命乃人類之精英，價値之所在，以及湧發理想之泉源，安得不加尊崇？荀子盛贊知統類之大儒，非偶然也。

4.禮與義、辨、分、羣

荀子所說之禮，是一切規範之總稱。勸學篇云：「禮者，法之大分，類之綱紀也。」性惡篇云：「禮義生而制法度。」王制篇云：「國無禮則不正。」不苟篇云：「禮義之謂治，非禮義之謂亂。」議兵篇云：「禮者，治辨之極也，強國之本也，威行之道也，功名之總也。」修身篇云：「禮者所以正身。」凡制度法律、治兵之道，都是禮；正國、正身之具，亦是禮。故禮論篇又總結之曰：「禮者，人道之極也。」荀子有時單言「禮」，有時「禮」「義」連言。大略篇云：「義，禮也，故行。」可見「禮」與「義」有同樣之功用。唯荀子所說的義，與孟子「仁義內在」之義不同。在荀子，義非內在，而由事起，著重客觀義。以義定禮，以禮表現義，而禮義連言，則通於禮憲，故言禮義之統。

樂論篇有「禮別異」之言，上引議兵篇，亦謂禮爲「治辨之極」。「治辨」意即「別異」，不作思辨解。故荀子言「辨」言「分」，實即別異定分之義。在辨、分、羣之中，「分」之義尤爲重要，荀子言之亦特爲詳備。因爲荀子所說之「人」，自始即是位於「分位等級」中的客觀存在體。（而「仁者人也」一路，則爲荀子所忽略。）茲再錄其言「分」者數條於此，以見其概：榮辱篇云：「故先王案爲之制禮義以分之，使有貴賤之等，長幼之差，知愚能不能之分。」富國篇云：「兼足天下之道在明分。」又云：「故無分者，人之大害也。」王霸篇云：「農分田而耕，賈分貨而販，百工分事而勸，士大夫分職而聽，建國諸侯之君分土而守，三公總方而議，則天子共己而止矣。……而禮法之大分也。」上引各條，既稱美「有分」之價值，亦說明「明分」之必要。而所謂「分」，包括倫常、地位、才能之分別，與社會之分工分業，以及政治之分職，總之，有異可別，即有分。故分之涵義，可謂無所不及。

正名定分，辨治羣倫，乃荀子所雅言。而重羣、重分、重義，隆禮義而殺詩書，知統類而一制度，皆是客觀精神之顯示。客觀精神亦即尊羣體之精神，而尊羣體即是尊羣體之義道；羣體之成，必以義道之分爲基礎，以義道之分，統而一之，類而應之，則羣體歙然而凝定。人由於不安於類同禽獸，不安於生命之毀滅，所以必須尊此義道。荀子之重羣、重分、重義，由百王累積之典憲，以言禮義之統，其建構之精神，實令人起莊美之感。

五、論君——荀子政治思想闡微

以上四節，已就荀子之自然論（天論）、性惡論、心論、名理論，以及禮義之統，分別略作論述。順禮義之統可以開出禮樂論、政治論、修養論等，關此，須另文專論。本節只就其政治思想，作一重點之說明。荀子之政治思想，論者多以「禮治主義」目之，此雖不錯，但禮治乃儒家之通義，不足以彰顯荀子政治思想之特色。茲僅就其論「君」之言略作解析，以見荀子在政治思想方面所觸及之關節，及其所顯示之問題與意義。

正論篇云：

> 世俗之爲說者曰：「堯舜禪讓」。是不然。天子者，勢位至尊，無敵於天下，夫又誰與讓矣？道德純備，智慧甚明，南面而聽天下，生民之屬，莫不振動從服以化順之。天下無隱士，無遺善，同焉者是也，異焉者非也，夫又惡禪天下矣。
>
> 曰：「死而禪之」。是不然。聖王在上，決德而定次，量能而授官。皆使民載其事，而各得其宜……聖王已沒，天下無聖，則固莫足以禪天下矣。天下有聖而在後子者，則天下不離，朝不易位，國不改制，天下厭然，與鄉無以異也，以堯繼堯，夫又何變之有矣？聖王不在後子而在三公，則天下如歸，猶復而振之矣，天下厭然，與鄉無以異也；以堯繼堯，夫又何變之有矣？唯其徙朝改制爲離。（離，異也。謂傳三公與傳嗣子，唯有徙朝改制之異耳。離、原作難，據劉師培說校改。）故天子生則天下一隆（統於一尊），致順而治，論德而定次，死則能任天下者必有之矣。夫禮義之分盡矣，禪讓惡用矣哉！
>
> 曰：「老衰而禪」。是又不然。血氣筋力則有衰，若夫智慮取舍，則無衰。
>
> 曰：「老而不堪其勞而休」。是又畏事者之議也。天子者，勢至重而形至佚，心至愉

而志無所詘，而形不爲勞，尊無上矣。……居如大神，動如天帝。持老養衰，猶有善於是與？……故曰諸侯有老，天子無老；有禪國，無禪天下，古今一也。

1.天子無讓說

孔孟皆稱堯舜禪讓，荀子則說堯舜不禪讓。孔孟之意，在立一天下爲公之政治理想，並從德上立一爲君之標準。荀子之意，則是欲就天子之所以爲天子的本質，建立一個純理念。無論孔孟或荀子，皆是說理，不是說事。說禪讓是肯定公天下，說不禪讓是表示天子無可讓之理。當然，如果落在具體的人上說，他具備聖德而不願爲天子，於是依其自由，脫身而去，亦非不可能。但既然爲天下之君，則其身已非其私我之身，亦不可由個人之自由而隨意來去，所以雖能去能讓而不可去不可讓，因爲理上不應該。如果不顧此不應讓之理而隨意去位，是謂不依君之理。牟著荀學大略認爲此乃荀子默定的一個普遍的原則。荀子對此一原則所作之說明，可據上引正論篇之文而歸結爲下列三點：

(1)天子無敵，無誰與讓：敵，是敵體之敵。天子之本質是純理純型，純理純型的天子，一代只有一個，他是一個絕對體，所以無誰與讓。

(2)死而有傳，無所謂讓：無敵於天下的天子，並時無兩（有兩，則是有敵而非絕對），故無所謂讓。但天子死後則有傳，傳以聖爲準，聖在子則傳子，聖在三公則傳三公。實則並非傳於某一個人，而是前聖傳於後聖——聖聖相傳，以堯繼堯。

(3)天子無老衰：天子以理言，不以氣言。看天子並不是看其體力之強弱，體氣對天子之本質並不相干。人之血氣筋力有老衰，至於智慮與取舍判斷之識度，則無老衰。且天子勢尊形佚，正宜持老養衰，故亦無所謂不堪其勞而休。

據上三義，可知荀子心目中的天子，只是一個道，其本質爲純理純型。但這個道，不是空掛的，不是概念化的道，而必須落於現實的組織中來講。道不可少，象徵這個道的具體的人（天子）亦不可少。天子以其象徵道的具體之身，與現實世界相接遇，而爲羣倫世界所仰望，故王制篇云：「君者，善羣者也。」富國篇云：「君者，所以管分之樞要也。」君（天子），是「道」與「羣」之間的媒介。有了君，纔能使「道」落實下來與現實接頭，以表現「分」「義」。所以「道」與「君」皆不可少。道是永恆常數，君是時間中的常數。道，在它尚未表現爲憲法形態或民主政治形態之時，必然是直接地以「君」這個具體的人作爲媒介。在此情形之下的君，其本質是純理純型，所以有傳而無讓；而且一旦爲君，便終身無可讓。在此一形態中表現的道，是「道的直接形態」，而憲法形態則是「道的間接形態」。順直接形態下來，就是「君主專制形態」，而間接形態則必然是「民主政治形態」。從直接形態到間接形態，是人類歷史與思想上的大進步，亦是大奮鬥。而荀子二千多年前所講的，自然還是道的直接形態。

2.君之四義與天子之道德擔負

就直接形態而言，荀子論君可引出四義：

(1)他是就君之理而言，不是就具體的人之氣而言。

(2)凡是爲君之人，他的生命（氣）總是必當順理的。（事實上順理與否，是另一事。）

(3)君雖可傳，而並無下傳之道。結果只靠自然出生或自然代替，而並沒有開出一個客觀法制之軌道以下傳。後來依宗法定爲「傳子」，即表示尚未想出「傳賢」之確切辦法。然傳子而子未必賢，未必合君德，於是便委諸天命，而取決戰爭（革命）。

(4)單就已經爲君者而言，當他理不勝氣、而失君德之時，當然就不足爲「管分之樞要」。但在理上說，天子無可讓；而不賢之君又未必承認自己失君德，因而事實上亦就沒有讓之可能。如此，勢必有「革命」之說。革命觀念之出現，正因爲沒有開出客觀之軌道以傳賢之故。——故宗法是第一步，革命是第二步，之後連革命之義亦保不住，乃有「打天下」之觀念。（革命，順乎天而應乎人，是德加上力；打天下，則只落在氣上，服從生命原則，尚力不尚德。）

孔孟之禪讓說，其「賢者爲君」，「天下爲公」之觀念，在意向上可以通過「如何使賢者爲君」「如何使天下爲公」之考慮，而向間接形態轉。而荀子之無禪讓說，則終必定著在君主專制之直接形態上。因此，禪讓說高於無讓說。但二千年來歷史發展之事實，卻只是向直接形態走，政權始終在皇帝一家，而沒有一個客觀法制的安排之道。所以在此政治形態中，昔賢一致的想法，不外下列各點：

(一)認爲「天子」神聖崇高，非有道之聖者，不能居天子之位。

(二)以聖德期望天子，注意力只集中於天子之聖德。（平常以「聖明」稱天子，即是期望之、感發之；不可以淺陋之見看做是臣下之自卑自賤。）

㈢在荀子，特別注意天子之德能：知統類，善禁令，總方略，齊言行，道德純備，智慧甚明，純依乎理，不勞而至「治辨之極」。而漢代以後，更進而以天子上同天道，負絕對眞理實現於人間之責。所以天子的言行德量必須全同於天，敬天法天，代天行道。若天子之德不能法天，便是失君之道。

以上三點，皆表示對君之期望太高，而君之道德擔負亦太重。除非君有最高之道德覺悟，能敬天畏天以自律，否則便別無有效之辦法予以限制或夾持。（犯顏直諫，是有限的，亦有時而窮。）天，雖然超越於君，但仍然要靠君自發之道德感、敬畏感，「天」始能對「君」而形成一種超越之限制。而荀子却又視天爲自然，爲被治者，於是對天之敬畏亦被拆除。——在君主專制之形態中，本來就沒有一個客觀有效之法制，對天子之權力加以安排與限制。臣下之規諫與天之超越限制所產生的作用既微乎其微，若依荀子而將敬天畏天之觀念亦予拆除，則天子便首出庶物，而成爲一個全無限制而可以自由揮灑之人。如此，則人君昏暴而天下混亂之時，以武力取天下遂成爲勢所必然之事。革命打天下在某一意義上，固然表示對家天下私天下之不合理，予以原則上之否定；但事實上隨之而來的仍然是家天下私天下。數千年來朝代更替，只成治亂相尋之局，這是一個本質的關鍵。

3.君之恰當的地位與三統並建

天子本只是一個爵稱，是政治等級中的一位。春秋公羊家如此說，孟子亦如此認爲，故曰：「天子一位，公一位，侯一位，伯一位，子男一位，凡五等。」孟子不把天子視爲超越之無限體，實比荀子所言，較合於君之本質。如今以只應負擔政治等級中一級之責的元首，而對他責望如此之高，是無異以不可能實現者責成他實現，此惡乎可？君是政治等級中之一位，是國家形式中的一個存在，不可再以道德形式中的至聖期望於他，而只能以尊尊之義道責望於君。故過高之境界與德慧，不可期之於君。前人曾有「至高者不能爲君，至低者亦不能爲君」的話，便已暗示此中消息了。

中國以往「天地君親師」並建，亦表示君師分途，而不必兼於一身。平常說政教合一，只是表示政教之理同一本原，而不是說政教合於天子一人之身。「政」由天子負責，在政治上盡外王一面的聖人之道；「教」由師儒負責，在教化上盡內聖一面的聖人之道。所以漢興以後，天子亦祭拜孔子，尊敬聖人，這是表示承認「教」的獨立之地位。可見以往君師實已分途，不過仍以聖德責望於君，此則不恰當相應耳。

期望成聖成賢而與天地精神往來，乃是道德中之事，應該由孔孟這一類型的聖賢師儒來擔負，他們的責任是在文化方面。另一面是國家政治之組織形態，這纔是君所應擔負的責任。而在今日則須轉爲憲法形態。道德文化形式與國家形式，二者兼備，文化大統乃能充實飽滿。爲此，牟先生乃有三統並建之說：

一、道統不可斷——道統是日常生活之軌道，亦是文化生命之根源與文化創造之原動力。

二、學統須重建——此所謂學統，乃別於道統而言，代表知識之學，是知性領域之開闢，是思想主體之挺立。邏輯、數學、科學，皆由此而開出。

三、政統須開出——此指民主政體之樹立，乃民族憲政建國之所繫。中國自周代貴族政治形態之建國，而漢代君主政治形態之建國，至於今，則爲民主憲政建國。此是一件大事，是全民族自盡其性的事，不只是制度形式的改變問題。

三統並建，同時俱立，這就是王船山所謂「以至仁大義立千年之人極」的事，亦是我中華民族在當前的客觀實踐中，必須奮力完成的重大使命。

附識：荀子以尊君之故，人或言其與法家同，實則似是而非。荀子尚君德而反君術，故曰：「主道利明不利幽，利宣不利周。」（正論篇）荀子之君爲神聖，以德成，故主羣（由分義以達羣居和一），而反權謀詭詐。此正與法家之尚君術（主道利周）不重君德者相反。法家之君爲不測，以術成，故主獨，而尚權謀詭詐。唯法家鄙夷生民，不信任何人之思想與行爲，則與荀子性惡之說頗有關連。然荀子謂人性惡，是要化性起僞，期望人之爲聖賢。法家視人爲性惡，則是賤視天下人，不放心天下人，進而加以利用、控御與制裁，視人民爲芻狗，爲純然之物質材料。故秦亡之後，決無用法家以建國創制，以興教化者。

附：楊著《荀子類存有論之研究》序

儒家以孔子爲開山。其後，孟子順承孔子之仁而發揮，開出心性之學的義理規模。荀子順承孔子外王禮憲之緒，彰顯禮義之統。歷來尊孟子爲儒家正宗，雖非偶然；而荀子遭長期之貶抑，卻屬儒家之不幸。

有人說，漢代儒術是荀學，非孟學。其實，漢儒既未能理解孟子學，亦未見弘揚荀子學。因爲漢儒之學乃是「經學」，而「子學」並無地位。宋明儒則以荀子言性惡，判之爲本源不透，故六百年間，幾無人論及荀子者。至於清，經子注疏之業大盛，於是治荀子者日以衆。但大體只及於荀子之書，而鮮有能論及荀子之學者；即有之，亦未能觸及荀子之學術心靈。

直到抗戰勝利，牟宗三先生在南京撰述《荀學大略》，於四十二年在台北出版（現已合編爲：名家與荀子）。書中指出：荀子尊名崇數，實具有邏輯之心智。他對名數之學的文化意義，輒能卓然識其大。他又雅言統類、禮義之統、分位之等，善言禮與王制、法之大分、類之綱紀。凡此所說，亦輒能順其理之必然而保持其系統之一貫。牟先生之書，確切抉發出荀學之眞精神。自此之後，言荀學者，亦漸能探索荀子之學術心靈，而提出有進於往昔之見解。但荀子之學豐富厚實，直至於今仍然是一有待繼續開發之學術園地。

楊君長鎭，勤學敏思，關心人文。自大學來相過從問學，已逾十年。就讀中興大學時，選修荀子專書一課，升入東海大學哲學研究所後，又從我撰寫以荀子爲題之學位論文。楊君研究荀子，別有會心，乃以「類」觀念作主線，展開其學思自得之討論，以期建立荀子在存有問題上可能的思考架構。楊君以爲，「類的存有」之理論建構，首先從「天人之分」的還原與「天生人成」的重建開始。提出「天人之分」的目的，在於批判天之超越義，並批判對世界第一因式的形上思考，由此而重建人與世界平等互依之關係；認爲世界乃互爲涵攝、互爲詮解之「人、事、物」所構成者。如此，個體物方能獲致在整體中安頓定位之可能。楊君並指出，荀子此一立場，可能是在道家對儒家心性主體的仁義觀念提出批判之後，站在人文立場所作的回應。荀子可能部分接受了道家虛靜之道對主體主義之批判，但他不接受道家超離人文的烏托邦傾向，於是提出一非主體主義、非超越形態的存有論觀念，作爲儒家的新策略。

楊君的思路與見解，詳見本書八章之討論。或有可取，或有爭議，皆全幅敞開，任由好學深思者之照察檢驗。我個人認爲，對學術從事深入之思考與客觀之探究，比結論之或同或異更爲重要。我既視荀子學之研究有待繼續開發，又稔知楊君開放論學之心態，故樂意略綴數言以爲介。世間學問，總須由累積見深厚，由發展見高明。我常以此自勉，亦持此以勉楊君。是爲序。

八十四年十月於東海大學

卷中　返本開新

壹、文化生命的坦途：返本開新

一、離根拔土三百年

大明之亡，顧亭林有「亡國亡天下」之痛。亡天下者，亡文化也。這裡所謂文化，不是指器物層的文物器用、人文景觀；也不限於生活層的婚喪喜慶之禮俗與日常生活之軌道；而是指文化理念、文化意識、文化精神而言。要想理解「華族文化隨大明之亡而俱亡」這樣一個判語，我願意採取「明、清」對比的方式，提出三點意思來作一個簡要的說明。

第一、明代以「廷杖」摧折士氣，而士氣益厲。清代則由強壓轉爲懷柔，士氣反而失去了激發點和支持點。乃漸次形成士心泯失、士氣委靡之情況。於是知識分子轉成一種「幫閒」（不是幫忙）的「清客性格」，大大地敗壞了中華民族的「士品」。

第二、明代王學（陽明學）遍天下，人人面對自己的「良知、天理」，所以能自覺自主、推己及人，關懷人世之興衰治亂。而清代則以考據爲學風，以才藝（做對聯、品字畫、玩骨董）爲雅尚，久之，乃造成生命之軟疲、荒涼，而儒聖之慧命（生命的學問）死矣。（按、考據乃爲學之方法，當然有其客觀之需要與價值，但不宜張大；文士才藝乃生活之趣味與逸樂，其間雖有美者焉，而並非所以動心忍性、敦品勵學之要。）

第三、明代政治不好，而東西廠之特務尤壞。然而，明代文化土壤中的種子，不斷發芽茁壯，文化生命也活潑有力。清代大興文字獄，士氣摧傷，接著又以懷柔籠絡，文化土壤既爲冰天雪地所籠罩，而文化種子亦疲瘺發不出芽，眞成了「無土失根的蘭花」了。

民國以還，清學之風習依然留存在士人的氣脈血液裡，加上西方強勢文化的侵襲銷蝕，文化理念模糊不明，文化意識不易激發，而文化精神也發越不起來，絕大多數的知識分子，似乎完全喪失了民族文化之自信心。這種情形，到今天依然如故。其中一個最令人痛心的原因，就是自從滿清入關以來，中華民族一直處於「夷狄入主」的狀態之中（政治、意識形態、價值標準，皆然）。我們「離根拔土」已超過三百年了。

尤其令人扼腕痛惜的，是五四以來，中國知識分子一直熱衷於意識形態之爭論，其實，這根本就是一個「永無休止，卻又並不重要」的論爭。我鄭重希望大家清醒一點，豁達一點，立即回到我們「眞實的生命、純一的心靈」，不要再死心塌地、隨著外方人的魔杖起舞了。須知華族的歷史文化與民族前途，才是「最優先」的。我們應予關切，應加珍愛，以使之「返本開新、慧命相續」。

二、什麼是儒家之本

儒家之本，實際上也即中華文化之本。因爲儒家以承續民族文化自任，而又自覺地要求不偏不倚，大中至正。所以，中華文化之本，與儒家之本，實無二致。儒家的原始經典、代表人物、基本觀念，就某種意思而言，都可以說是儒家之本。但同一個義理系統裡的「經典」、「人物」、「觀念」，事實上又皆依於一個共同的根源（根本）。

1.經典所記載的，無非就是那個根源體本所涵蘊的義理內容；

2.人物所踐行的，無非就是那個根源體本所要求的價值原則；

3.觀念所陳述的，無非就是那個根源體所欲彰顯的理論系統。

據此可知，儒家之本，和「經典、人物、觀念」雖有密切的關係，但本文所說的儒家之本，並不指說任何特定的經典、特定的人物、或特定的觀念；而是指那作爲「人文之根、價值之源」的道德主體——仁。

作爲道德主體的「仁」，並非只是一個名詞概念，而是指目那徹上徹下的「道德實體」而言之。道德實體內在於人，便稱之爲道德心性（道德主體），這是中華文化的核心所在。在孔子以前，這個核心長遠而持續地顯發在朝廷的典章制度上以及人民的生活規範上，那就是一般所說的「禮樂」。到周公作了總結，所以歷來都說周公制禮作樂。周公制作禮樂，並不是照他自己的意思來制作，而是有其客觀而普遍之根據的：一個是二帝三王（堯舜禹湯文武）繩繩相繼的政規，另一個就是人民的公意。但這裡所說的「人民的公意」，並不是由投票的票數多寡而顯示，而是指人心之同然。所以孟子說：「聖人先得我心之同然耳。」❶聖人依

❶《孟子》告子上篇第七章。按，同然，猶言共同認可，共同肯定。理、義，是人心共同認可而欣悅的。南

於人心之同然（人同此心，心同此理）而制作禮樂，而人民也就自然而然順禮樂而行。這時，外在的「文」（禮樂之形式）和內在的「質」（生命之眞誠）自然和諧，人民只覺得禮樂中的規律秩序，正是他內心所要求的、所欣悅的，而並不感到是一種外加的束縛。然而，時間長了，事情都不免會變質變樣。生活在禮樂文化中的人，感性的欲求漸漸冒出來了，心靈的純淨和生命的眞誠，也漸漸維持不住了。於是，禮樂徒成形式，不能表現意義，到春秋之時，周朝的禮樂文化終於出毛病了。缺少生命的眞誠，當然無法維繫禮樂文化的意義，也無法在禮樂中成就人生的價值和發揮政教的功效。面對這種情形，孔子有極深刻的反省，所以他說：

人而不仁，如禮何！人而不仁，如樂何！❷

禮樂是仁心的顯發，仁心（道德主體）是禮樂的基礎。「人而不仁」，就表示人的道德心靈痲木了，昏昧了，不起作用了。這樣，生命中的眞誠也將發不出來。一個人生命中的精誠不能貫注到禮樂之中，又如何能「行禮、守禮」，以善化政治、善化風俗、善化人生？

仁，是衆德之名。每一個德目，都是我們內心之「仁」對應於「人、事、物」而顯發出來的德行。無論孝弟倫常之德，立身處世之德，外王事功之德，以及狂狷之德，中行之德，

宋大儒陸象山即據孟子之意，引申爲「此心同、此理同」之說。至於「人同此心，心同此理」，則是後人歸結而成之語句。

❷《論語》八佾篇。

都是內心之仁隨宜顯發而凝成的人文價值之成果❸。社會雖然不斷演變，時代雖然持續推進，但有一點是不會改變的。是即：

> 人類的理性，永遠要求「眞的、善的、美的」文化價值之實現。

人類的理性，可以分從「純粹理性」（理解理性）與「實踐理性」（道德理性）兩面作說明。前者只對價值內容作認知、分析、理解，卻不負責實現價值和創造價值。後者才內發自發地要求價值之實現和價值之創造。孔子所講的「仁」正是後者，屬於道德理性，它能顯發價值、創造價值。這個作爲「人文之根、價值之源」的道德主體（仁），就是儒家之本、中華文化之本。所謂「返本」，就是要回歸於這個創造性的根源之地，以重新開創中華文化的浩浩前程。

三、什麼是文化之新

文化的內容，有的因襲下來，有的革而去之，有時有減損，有時又有增益。如果文化之「新」是指這些隨時出現的內容成果而言，那就只是時間流裡面很普通很自然的事實，我們只要去認知它、理解它就行了。但今天我們提出文化「開新」，卻並不是就這種實然層的事實而說話，而是從「應然」的層次，來思考文化的新道路。

---

❸ 蔡仁厚《孔孟荀哲學》（台北，學生書局，一九八四），頁八三—九九。

在人類古文明中，中華民族所開創的文化，雖不是最古老，但卻最源遠流長。關於中華文化（以儒家爲主流）最基本的宗旨原則，筆者五年前應約出席日本「東方思想前瞻年會」宣讀論文時，曾揭示八大端，以略見儒家思想之綱領。❹

1. 人性本善的「道德動源」（善出於性，理由心發）
2. 天人合德的「超越企向」（下學上達，與天合德）
3. 孝弟仁愛的「倫理思想」（敦親睦族，仁民愛物）
4. 情理交融的「生活規範」（以禮爲綱，以法爲用）
5. 生於憂患、死於安樂的「人生智慧」（以理逆勢，據理造勢）
6. 因革損益、日新又新的「歷史原則」（守常應變，與時俱進）
7. 修齊治平、以民爲本的「政治哲學」（好民所好，惡民所惡）
8. 內聖外王、天下爲公的「文化理想」（成己成物，世界大同）

文化之「新」，正是從上述基本宗旨凝成之文化原則與價值取向中，隨順事理之宜與時代要求，以決定文化生命的走向；再從新的走向中，昭顯民族文化之新生命、新精神。這才是眞正的「文化之新」。

從十七世紀中葉滿清入主，華族的民族生命遭受大挫折，文化生命遭逢大歪曲，演變至二十世紀，可以說是「混亂極矣，衰微極矣」。幾千年的文化傳統，不但不能承續光大，而

❹ 蔡仁厚《儒家思想的現代意義》（台北，文津出版社，一九八七），頁一六五—一八〇。

且根本就斷了線，知識分子已經失去了智慧的方向和義理（思想）的能力。當一個民族不會運用思想，只靠生物的本能和世俗的聰明來圖存於世界時，那就很危險了。一個失去傳統的民族，當然也就沒有文化之可言了。當前中華民族面臨的麻煩，看起來彷彿千頭萬緒，紛繁煩雜，而實質上則仍然是一個「文化問題」。無論「立己、成己」一面的內聖成德之教，或者「立人、成物」一面的外王事功之學，也都是文化中事。這是人類永恆的問題，無可躲閃。

第一、內聖成德一面，乃是永恆的人生問題。如何表現生活的意義？如何完成生命的價值？這個問題，每一代人都要面對。用西方的詞語說，這是終極關懷的問題；用中國的老話說，這是安身立命的問題。在以前、儒、道、佛三教都提供了解決的途徑，而以儒家的道路最爲平正而通達。如今，加上西方宗教的沖激，問題變得更複雜了。十年前，筆者曾就其中相關的命題，歸結爲宗教會通的六個焦點，提出來和基督教方面作過廣泛的對話。❺這和儒家內聖之學的新開展是相互關涉的。

第二、外王事功一面，實質上就是國家現代化的問題。中國的現代化，主要是集中在二個綱領上。一個是政治問題，一個是知識問題。政治方面是「民主政體」建國的問題，這是中國現代化最爲本質的一步，這一步完成了，就會有一個眞正自由開放的社會，因而科學

❺ 蔡仁厚《新儒家的精神方向》（台北，學生書局，一九八二），頁七一—九〇，〈關於宗教的會通問題〉。第二篇〈再談有關宗教的會通問題〉，編入《儒家思想的現代意義》頁三七三—三九七。

知識的問題也連帶地比較容易解決。❻而完成民主建國和發展科學知識，也正是儒家新外王的二大綱領。

文化必須通過實踐而完成。主觀面的實踐，是要求縱的提升（通天人），以成就生命之「質」的高明純一，這是內聖一面的基本目標。客觀的實踐，是要求橫的開擴（通物我），以成就生命之「量」的廣大博厚，這是外王一面的基本目標。時至今日，無論內聖或外王，都必須有進一步的充實開擴。而主觀面的新內聖和客觀面的新外王，二者融會而成的文化之「新生命、新精神」，就是中華民族開發出來的文化新機了。

四、為什麼要「返本」而「開新」

有人問，既然要「開新」，又何必再「返本」？那豈不是開歷史倒車！老實說，這樣的問話是沒有道理的。

「返本」不是復古，更不是開歷史倒車。有些人見到「本」、「根」、「源頭」一類的字眼，就感到不舒服，以為用這些字就表示頑固守舊，故步自封。這是國人喪失文化自信之後，心態失衡，所以才會有這種自卑敏感的反應。因此，我在第一節便首先解釋什麼是儒家

❻ 蔡仁厚《儒學的常與變》（台北，東大圖書公司，一九九〇）上卷，頁一——一〇〇，共六篇文字，皆討論有關儒家與中國現代化之問題，請參閱。

之「本」，以免大家望文生義，形成誤會。其實，回到本根才會滋生發芽，這應該是很普通的道理。而文化上的「返本」，就是要回歸「以仁爲中心」的文化傳統，暢通「以仁爲本根」的文化生命。如果我們不能重新開發「源頭活水」，中華文化的「滾滾江流」就將有枯竭乾涸之虞。仁，是我們鮮活的道德心靈，是我們眞實的德性生命，這是一切道德價值和文化價值的本根。❼我們如果不能回歸到生命的本根，則一切高論美談，皆將成爲空想而幻滅。

至於「開新」，倒是人人都贊成。但開的是什麼新？「新」指什麼而言？卻又見仁見智而莫衷一是了。這些，我們且不管他。如今我只就自己的理解，把當代新儒家所說的「開新」，分爲二點作一說明。

第一、所謂「開新」，是要拓展新的文化道路，使「眞、善、美」交融會通，同時予以成就。這一個原則性的說明，非常重要。有了這個原則，便可以避免宗教上的排他主義，以及學術知識上的「唯理智」「唯科學」之偏執。而「道德宗教、文學藝術、民主科學」，也因而可以同時成爲文化價值中的重要內容。

第二、所謂「開新」，是要開發新的文化內容。五四運動之同時，又有所謂新文化運動，其內容歸結爲「民主」與「科學」。❽但一個國家民族，不能僅僅重視「政治、知識」。而

---

❼ 拙著《孔孟荀哲學》卷上、孔子之部，第三四五章皆討論孔子之「仁」，請參看。

❽ 按、五四運動是愛國運動，其口號爲「內除國賊，外抗強權」。新文化運動則是散而持續的文化反省，等到歸結出「民主、科學」二個要點之後，乃被稱爲新文化運動。

且民主的實踐和科學的發展，都必須以「公益」爲目標，以完成人文世界中事業價值之多元並立。文化的內容，是多層次、多方面的。大小、高下、剛柔、動靜……皆須一一成就。這才是「乾道變化，各正性命」❾的道理。

以上兩項「開新」，都是中華民族自己的事，不能靠外國人替我們去完成。所以新的文化道路與文化內容，都必須回歸於民族文化生命的根源處，才能開得出來。這就是「開新」必須「返本」的道理了。

天地間不可能有「無本之新」。沒有本根，何來枝、葉、花、果？凡是從外面拾掇而來的，都是和自己生命不相干的。不是「根生土長」的東西，絕不可能長久。西方的近代文明，以「民主、科學」爲主綱。這是文化中間層的東西，西方先有了，我們也要有，以前沒有，現在我們決定要有。但這不能從別人手中拿過來，每一個民族都必須自己去成就，你成就它，它才是你自己的，才能成爲民族文化中的新內容。否則，便只是「稗販」而已。稗販而來的東西，既不是自己生產的，也不是自己創造的，當然更說不上是文化開新了。

五、文化生命的坦途

❾《周易》乾卦彖辭語。在乾（天）道變化生生之中，萬物得以各自正其性命，大者成其大，小者成其小，各遂其生，各適其性，各得其所。同理，文化世界的一切價值，也要一一成就，以各定其位，各安其分，各得其理，各盡其用。

在上文的敘述裡，我們已經分別提到中華民族當前的文化問題，不外下列三大綱。

第一綱，內聖成德之教，也就是心性之學。儒、道、佛三家都有其獨立的心性之學。其中儒家是道德的進路，應該是心性之學的正宗。心性之學的目標是成德、成聖賢。儒家既然認爲人人都可以成爲聖賢，就必須面對成聖成賢是否眞實可能的問題。儒家當然認爲可能，但可能的根據在那裡呢？儒家講「本體」，（道體、性體、心體、仁體、以及良知天理等）就是爲了建立道德實踐所以可能的「超越而客觀的根據」。這是人人一樣，無不具足的。在本體問題之外，儒家又講「工夫」（爲仁、守約、愼獨、求放心、明本心、致良知等），則是爲了開顯道德實踐所以可能的「內在而主觀的根據」。工夫的進路可以有共同性，但工夫的實踐則完全是各人自己的事，任何人都幫不了忙；孔子所謂「爲仁由己，而由人乎哉！」[10]便是這個意思。儒家這一套內聖成德之學，不但有久遠的傳統，而且有永恆的意義。雖然二十世紀以來，內而慘遭不肖子孫之誤解醜詆、摧殘糟塌，外而遭逢西方宗教與各種觀念系統之挑戰擠逼；但俗話說得好，「眞金不怕火煉」，而且越煉越純，越煉越亮。到底什麼樣的路道，最能使自己成爲一個「眞正的人」？在以往「儒道佛」一二千年的摩盪中，大家已經漸漸明白過來。從今以後，將轉爲「儒、佛、耶」三教的摩盪過程。結果如何，無法預知，也無須猜測。我只想在此提醒一句：相互觀摩激盪，決非拼生死、分勝負，而是分判異同，進而相互融攝，以期化其異而趨於同。到最後如果仍然有異而難以消解，我們便應該記取孔子的話：「君子和

---

❿《論語》顏淵篇。

而不同」，而千萬不可以爲了「強求其同」而成爲「同而不和」的「小人」。⑪

第二綱，開出知識之學。中華民族有很高的科學心智，而且自古以來也持續有高水準的科技發明。但我們仍然願意承認，中華文化欠缺一個「知識性的學術傳統」。以筆者之見，這是關乎民族文化心靈表現形態的問題。數千年來，華族文化心靈的表現是以「德性主體」（道德心）爲主綱，而「知性主體」（認知心）則一直在德性主體的籠罩之下。未能充分透顯以獨立起用。所以，二千年來的學術，一直是以「成德」爲中心，而從未以「成知識」爲重點。華族本來可以開出知識之學的傳統，而終於未曾開出者，非不能也，乃未嘗專力爲之而已。如今，民族文化心靈已經有了這步醒覺，以前沒有的，今後可以使它有。更何況在儒家學術中也原本就有現成的思想線索。先秦荀子和南宋朱子所講的「心」，正是作爲知性主體的認知心；只因他們持守儒家「道德的進路」，而並未以知識爲中心，所以仍然沒有發展出科學。今天我們反省文化生命的走向，既已確定知識之學的重要，自須調整文化心靈的表現形態，使中華民族能夠自本自根地開出科學。這是一步「相順的發展」，不但「理所應然」，而且「勢所必至」。若以近世儒學中的朱子與王陽明爲代表，也同樣可以疏導「開出知性學問」的理路。

1. 朱子的「即物窮理」，本是要窮究事物之超越的所以然之理（性理），以成

⑪《論語》子路篇載孔子之言曰：「君子和而不同，小人同而不和。」

就德、成就善。如今只須轉換一下，去窮究事物之內在的所以然之理（物理），也即直接窮究（認知）內在於事物本身的「質、量、關係」，就可以分別做成知識報告以開出科學。⓬（按、思想觀念疏通之後，具體落實的工作，自與西方並無二致，不過如今是華人自己來做，主動來做，不再是西方的跟班，也不屑於做別人的「買辦」了。）

2.王陽明的「致良知」，本是致吾心良知之天理（道德律則）於事事物物，使事事物物得到良知天理之貫注潤澤而得以各得其宜、各得其正、各得其成。這雖是成德成善，與成知識並不相關，但良知是個活體，它永遠在具體感應中，如今良知已感應到知識的重要與必要。當然就會要求成就知識；但良知心體「與天地萬物爲一體」，它不會把事物推出去作爲知識的對象，所以良知不能直接成就知識，而必須自覺地作一步「自我坎陷」（從「與物無對」的道德心之絕對體的地位，降到「與物爲對」的認知心之相對的地位），而後乃能以認知心之身分，在「主客對列，心物相對」的格局之中進行認知活動，以開出知識之學⓭。

據以上簡要的陳述，可以看出從儒家開出知性學問，本就是一個「相順的發展」，並沒有思

⓬ 參閱蔡仁厚《儒家心性之學論要》〈荀朱心性思想的時代意義〉（台北，文津出版社，一九九〇），頁一二三—一二七。

⓭ 參閱蔡仁厚《王陽明哲學》（台北，三民書局，一九七四），第四章〈良知與知識〉，頁五六—七六。

想上的困難，也沒有觀念上的牴觸。國人如能一念醒悟，則數十年來的糾結誤解，可以一掃而空，而民族文化心靈在通達條暢的情形下，「德性主體」與「知性主體」自能兼顧並重，相輔相成。

第三綱，政治上的「政統開新」。三百年前，華族在政治上的表現，其實是領先其他民族的。但中國傳統政治卻有三大困局，一直未能解決。⑴朝代更替，治亂相循。自堯舜禪讓，到三代世襲，又引發湯武革命，下及秦漢，竟形成「打天下」之局面。這表示，在「政權轉移」的問題上，始終建立不起客觀的法制。⑵君位繼承，宮廷鬥爭。這是從第一困局滋生出來的第二困局。君位傳嫡乎？傳賢乎？各有利弊。歷來雖以傳嫡爲常規，但也不時出現變故，而造成骨肉之相殘。⑶宰相地位，受制於君。宰相制度本是華族在政治上很光榮的成就，但那只是治權層次上的制度。而政權方面卻欠缺客觀的制度來限制君主之專制獨裁，所以宰相常常受制於君。以上三大困局，在近代西方發展完成的民主政治中卻一舉而消解了。這是民主體制最大的效益所在。但五四以來，國人只著眼於政治的活動與民主政治的「內容」（自由人權），而卻疏忽了作爲鋼架的「體制」。體制不立，內容必無保障。建立民主憲政的體制，才是建國大業的關鍵所在。只要鋼架定了，內容方面隨時都可以調節充實。

以上三件大事，乃是華族文化生命發展的坦途。因此，都必須回歸到生命的本根，才能滋生力量，開創新機。

六、由會通到達時中

文化的會通，其實並非時髦之事。人類自有文化以來，各種大大小小的文化系統就不斷有接觸、有交流，因而也必然有會通。其中的差別，不過主動與被動、自覺不自覺的不同而已。

就二十世紀的中華民族而講文化會通，一方面是「被動的」，一方面卻又是「自覺的」。中華民族是在西方的軍艦大炮和政治經濟之強力威脅下，心不甘情不願地被逼上會通之路，這當然是被動的。但等到中國人發現西方在船堅炮利之外，還有政法制度、學術思想上的優長，於是西方一下子變成上國、變成先進，而「全盤西化」或「中西會通」的論調便先後由國人自覺地提出來了。

健康正常的會通，是「體常」而「盡變」，必須常中有變，變不失常。千變萬化之後，它必須仍然是中華文化，而且必須順時合宜，以得其時中。

當代新儒家最基本的貢獻，是他們大致做到了四件事：

1.釐清了中國哲學演進發展的思想脈絡；

2.分判了中國哲學異同分合的義理系統；

3.闡釋了中國哲學的基本義旨及其價值；

4.開出了中西文化融攝會通的義理規格。

這四個問題，一直困擾二十世紀的中國知識界，而當代新儒家的努力，可以說已經為中國知識分子的「世紀困擾」提供了根本的解答。同時也爲華族文化生命的走向，確立了「返本開新」的三大綱領（詳見上文）：

第一、光大內聖成德之教，以重開「生命的學問」。

第二、開出法制化的「政道」（安排政權之軌道），完成民主政體建國。

第三、調整民族文化心靈的表現形態，以自本自根地開出知識之學。

最後，我再提醒一下：今後中華文化是否有光輝的未來，其決定性的因素有二：

一、中國傳統哲學中的義理綱維，能不能重新顯發出來？能不能重新挺立起來？

二、中華民族能不能如像當初消化佛教那樣，來消化西方的哲學和宗教？

如果能，中華民族就有前途，中華文化也將充實開擴，再顯光輝。

貳、從繼往開來看當代新儒家的學術功績

一、弁言

本論文之性質，既非一般哲學觀念之分析與詮釋，也非特定經典文獻之研究與解讀，而是對歷史大流中的文化生命，作一番適時的省察和批判。

我們認爲，從傳統到現代，不只是時間先後的推進，而更是文化的返本開新與慧命相續。所以必須通觀其全體，通貫其全程，乃能掌握文化生命的脈動。

本文論評當代新儒家的學術功績時，是以一九五八年元旦具名發表「中國文化與世界」宣言之四位學者（唐君毅、牟宗三、徐復觀、張君勱）爲主要代表❶。因爲當代新儒家的思

---

❶ 按、此宣言發表於香港民主評論月刊，現已編入唐君毅《中國人文與當今世界》（台北、學生書局）下冊、頁八六五至九二九。全文分十二節：(1)我們發表此宣言之理由，(2)世界人士研究中國學術文化之三種動機與道路及其缺點，(3)中國歷史文化之精神生命之肯定，(4)中國哲學思想在中國文化中之地位及其與西方哲學之不同，(5)中國文化之倫理道德與宗教精神，(6)中國心性之學的意義，(7)中國歷史文化所以長久的理由，(8)中國文化之發展與科學，(9)中國文化之發展與民主建國，(10)我們對中國現代政治史之認識，(11)我們對於西方文化之期望及西方所應學習於東方之智慧者，(12)我們對世界學術思想之期望。

想引起海內外普遍的注意，主要就是從這篇宣言開始；而近三十年來國際學術界提到當代新儒家思想時，也大多以上述四人爲主（尤其唐牟二氏）。爲此，本文之論評以四位先生爲主要代表（其他則隨文隨事而及之），雖非周延，但偏失也許不會太大。

本論文的撰寫，既已先作「提要」四千言寄送大會矣，故此全文之撰述，只須順此提要而補充事證與說明。在弁言中補寫兩小節，第二大段加一節以說明儒家未來發展的方向和途徑。而主幹第三大段分五點以論評當代新儒家的學術功績時，則分節標舉「提要」與「申述」，以顯示論述進行的段落順序及內容要點。這種撰寫的方式，似顯特殊，而亦頗爲自然。

二、儒家學術的回顧及其未來之發展

1.從孔孟荀到董仲舒

孔子是儒家開山。他順承古先聖王的傳統，而顯立內聖成德之教，爲中華文化開發了長江大河，原泉滾滾，相續不斷。孔子以後，孟子順承孔子之仁而發揮，開出了心性之學的義理規模。荀子則順承孔子外王禮憲之緒，而彰顯禮義之統。

自後，歷經諸子之紛亂與秦火之浩劫而到漢代，乃有董仲舒之「復古更化」。這是一個政治與教化雙管齊下的文化大運動，其基本的精神方向，可以歸結爲三點：第一、尊理性、尊禮義：這是針對法家的苛毒而發。第二、任德教，不任刑罰：這是針對黃老之術的不足而發。第三、以學術指導政治：此即所謂「通經致用」，是儒家精神。

但漢代儒學有二大缺點：一是漢光武確立君主專制的政治形態，使儒家賢者爲君（天下爲公、禪讓）的政治理念落空了。二是漢儒對孔子之仁與孟子之性善，欠缺相應的理解。他們只從「氣性、才性」看人性，認爲聖人是天生的，不可學而至；此一觀點，嚴重違失了「人人皆可爲堯舜」的儒家傳統。結果，在「人生的方向理想」和「生命的實踐途徑」上無法滿足世人的要求，終於使得儒學趨衰而造成魏晉時期道家思想之盛行。

2.宋明心性之學的意義

魏晉玄學之「無」，接引佛家之「空」，而使佛教進入中國之文化心靈。中華民族傾注數百年之心力以吸收消化佛教，足徵其文化生命浩瀚深厚，文化心靈明敏高超。而在對外的消化工作完成之後，內部的文化生命當然要返本歸位。所以，隋唐佛教的鼎盛時期過去之後，北宋儒學的復興，便成爲歷史發展中的必然。

宋明儒學復興的重大意義有二：第一、復活了先秦儒家的形上智慧：孔子講仁，孟子講心性，中庸易傳講天道誠體，都蘊含「天道性命相貫通」的義理。北宋諸儒由中庸易傳之講天道誠體，回歸於論語孟子之講仁與心性，再發展到陸象山之心學、王陽明之良知學，正是順承先秦之形上智慧而調適上遂，以達於圓融深透之境。第二、重新暢通了民族文化生命的大流：道家雖是中國根生土長的學派，但只算旁枝，不是主幹。佛家則來自印度，不是中華文化本身發出的智慧。到宋明理學出現，才完成二件大事：一是恢復道統，重新顯立孔子的地位，而從佛教手裡拿回思想的領導權。二是以民間講學的方式，掀起了持續六百年之久的文化思想活動，造成中國哲學史上極爲光輝的時代。

但宋明儒學，畢竟「內聖強而外王弱」。這一步欠缺，其實也不能責備理學家，因爲這是全民族的共同責任，是政治理念如何落實於體制，以及調整文化心靈表現形態（由德性主體開顯知性之用）的問題。

3.明清之際的大崩塌與起死回生

明代太監弄權，政治太壞，終於招引滿清入關，明朝亡了。明末三大儒顧亭林、黃梨洲、王船山，心懷亡國亡天下之痛，深切反省民族文化生命的方向和途徑，而要求「由內聖開出外王事功」。這一步反省非常中肯（時至今日，當代新儒家所宣示的文化生命之走向，也仍然是承此而來）。

可惜滿清入主之後，大漢民族受到雙重的打擊，一是民族生命受挫折（漢族喪失天下），二是文化生命受歪曲（學術轉爲考據）。在這種情形之下，顧、黃、王諸大儒的思想方向無法伸展，而導致儒學與文化生命的大崩塌。

幸而中華文化的根基畢竟廣大深厚，在接連而來的百年鉅變中，竟能歷劫不滅而終有起死回生的大轉機。此中關鍵有三：第一、顧、黃、王「由內聖開出外王事功」的思想方向，已逐漸成爲民族共識；第二、西方文明的強勢沖激，迫使華族文化心靈步步甦醒；第三、當代新儒家的孤懷弘識及其精誠努力，已解開了中華文化的學術困局。

4.儒學與中國文化之未來

當二十世紀的中國知識分子對自己的文化傳統灰心喪志、盲爽發狂之時，當代新儒家的學者在風雨飄搖中貞定心性，站穩腳跟，對數千年的文化傳統從事徹根徹底的反省（如果僅僅反省滿清三百年，則無法觸及文化心靈，上而反省宋明，也仍然不足以通觀學術與政教之全體；必須更上越漢唐而通貫三代，作全程之大反省，乃能縱貫百世之心，橫通天下之志）。他們的努力和成就，開放後的大陸學界也已加以注意，而進行了有計畫的研究和文獻的輯印。

歸總地說，當代新儒家提出文化生命之方向和途徑，不外以下三個綱領：

第一、光大內聖成德之教，重開「生命的學問」。

這是所有中國人無可閃避、必須面對的「安身立命」的問題，所以叫做「生命的學問」。幾千年來，中國人主要是以儒家的道理來做人，來立身處世。如今時代雖不同了，但人仍然是「人」，還是有做人的問題，有安身立命的問題。儒家所講的常理常道，仍是人心之同然，是最能成就生活意義和生命價值的基本依據。因此，我們要永遠守住它、延續它、光大它。

第二、開出法制化的政道，完成民主政體的建國

這是近百年來，中華民族共同的要求，要求一個合乎理性的政治體制。一方面是要消解傳統政治中「朝代更替，治亂相循；君位繼承，骨肉相殘；宰相地位，受制於君」這三大困局，改從體制（不只用仁心）來保障人民和社會的權益。另一方面則要充分實現傳統儒家「天下爲公、選賢與能」的政治理想。爲期達到這個目的，唯一的途徑就是完成民主政體的建國

大業。

第三、調整文化心靈的表現形態，開出知識之學

這是中國文化充實開擴的一大重點。簡單一句話，就是科學的問題。五四時代的人，以爲中國想要科學，就得否定傳統而「全盤西化」；現在我們確然曉知，中國如何發展科學，乃是文化心靈表現形態的問題。以往，中國文化重在「成德」，文化心靈的表現以德性爲主綱；今後必須同時重視「成知識」，使文化心靈中的「知性主體」從「德性主體」的籠罩下透顯出來，以獨立起用（在主客對列的格局中進行認知活動），如此，就可以一步步開出知識之學❷。

以上三件大事，都必須全體中國人持續不斷的奮鬥。無論你是什麼行業，什麼階層，什麼專家，什麼黨派，都應該以這三件大事作爲共同奮鬥的大綱領。而且，大家必須開誠布公、分工合作，乃能群策群力，重開文化之光。

---

❷說明從中國文化心靈開出科學知識的三個步驟：第一步，必須自覺地調整中國文化心靈的表現形態，也就是說，爲了成就知識，良知要轉換一下它的身分，從德性主體轉而爲知性主體，使認知心從道德心的籠罩之下透顯出來獨立起用，以發揮認知的功能。第二步，中國文化心靈中的知性主體獨立透顯之後，必須進行三件事：⑴要自覺地培養「純知識」的興趣，⑵要確立「重視學理而不計較實用」的求知態度，⑶要學習「主客對列」的思考方式。如此，乃能顯發科學的心智，開出知識之學，以建立純知識的學理。第三步，依據學理，而提供出「開物成務」的具體知識以及各項建設的實用技術，以滿足「利民之用、厚民之生」的要求。

三、當代新儒家的努力及其學術功績

當代新儒家，並無任何組織，也無政經勢力做憑藉，只是屈指可數的學者、思想家，數十年間持續講學、著書、寫文章，因而顯出一個大體共同的「文化理想」和「思想立場」，而成為近半世紀來唯一眞正屬於中華慧命的學術思潮。綜觀當代新儒家的學術功績，可以歸結為五點來作說明。

1. 闡揚內聖心性之學的義理

〔提要〕

二十世紀的中國知識界，瀰漫著反傳統、反儒家的風氣，「內聖成德」的學問幾乎一時歇響而成為絕學。當代新儒家的學者們，通過經典文獻的疏解，和思想觀念的詮釋，使得儒家內聖成德之教（從先秦到宋明）的義理綱領與中心要旨，全幅朗現。經過近半世紀來的持續努力，可以說已經達到客觀理解上的高峰。

而且，心性之學的疏通，又不僅限於儒家而已。道家和佛教的教義系統，也已獲致通盤的理解和相應的表述。對於「儒、道、佛」三教所開顯的智慧，以及三教所建立的安身立命之道，此時所能提供的講述，在很多方面都已「超邁前修」，只是一般庸眾俗士懵然無所知而已。

〔申述〕

儒家的內聖成德之教，有一貫的義理綱領和中心要旨。但因滿清三百年的斷隔，文化慧命與學問義法，都隨之隱沒而不彰，到五四時代，更出現反文化傳統的巨大聲勢。此時幸有梁漱溟氏出來，高舉中國文化的大旗，以鮮活清新之言，宣示孔子的人生智慧，重開「生命化孔子」的先聲。之後，又有熊十力氏以其弘深高卓之器識，光顯古今聖賢之慧命，暢通華族文化生命之大流。他指出：涵養心性不應以日損爲務，而當日進於弘實。故其論仁，特重「生生、剛建、炤明、通暢」之德，以期「敦仁」而「日新」❸。熊氏這種卓大深透的精神器識，可以視爲當代新儒家的朝日初陽。

距今四十年前，一部通論中國文化的最佳作品出版了，是即唐君毅先生的《中國文化之精神價值》。而他晚年陸續出版的《中國哲學原論》之《原性篇》、《原道篇》、《原教篇》❹，則是一廣量之大書，雖因卷帙之巨，看來只覺其渾淪一片，但讀者苟能耐心細看，亦可看出其義理觀念實前後照應，而有一自然節次貫運其間。而牟宗三先生的《才性與玄理》、《佛性與般若》、《心體與性體》三部大著❺，更分別表述了魏晉時期的「玄學」（代表道家

---

❸ 參閱梁漱溟《東西文化及其哲學》，熊十力《新唯識論》、《讀經示要》各書，台北，學生書局。

❹ 唐氏所著各書，現已編爲《唐君毅全集》，台北、學生書局出版。

❺ 牟宗三《心體與性體》，台北，正中書局出版。《才性與玄理》、《佛性與般若》與《從陸象山到劉蕺山》，皆由台北、學生書局出版。

的智慧），南北朝隋唐的「佛教」，宋明時期的「儒學（理學）」。依筆者看來，這三部書對儒釋道三教義理的疏導，可以說已經達到客觀理解的高峰。而三書的解析，都是根據原典文獻、順承義理綱維、依循思想脈絡而來。他對三教義理所作的推闡、引申、批判，都是義所應有、理所必然，並沒有隨意而爲增損，更沒有任意強加褒貶。因此，他對儒釋道的講論，只是在「舊學高量加邃密」之中，自然引發「新知培養」而更趨深厚沉穩而已。

近年來，時論常提及「終極關懷」，這正是安身立命的問題。安身立命必須歸於主體實踐，所以本體與工夫的問題不容輕忽。牟先生在《心體與性體》的序文中，自謂以八年的心血寫成這部書，只是莊生所謂「辯之以相示」而已，過此以往，則「期乎各人之默成」（爲仁由己，各正性命）。因爲實踐成德，必須效法「聖人懷之」，非筆舌所可宣也。

2.開展儒家外王學的宏規

〔提要〕

儒家仁政王道的理念，以及君主政治中的宰相制度，實比同時代世界各國的政治更爲優越。但近代西方的民主憲政體制完成之後，中國傳統政治的缺失便對顯出來。因此，當代新儒家認爲傳統的外王學必須有新的充實和新的開擴。首先，在政治方面，「仁政王道」的規模必須開顯一步，使它從第二義的制度（治道）升進到第一義的制度（政道）之建立。也即使仁政王道的政治理想，能眞正落實於客觀的法制，以完成民主政體的建國大業。這是第一點。其次，在事功的要求方面，華族的文化心靈，必須從「德性主體」轉出「知性之用」，以發展出科學知識和實用技術，如此，乃能使「開物成務」和「利用厚生」的古訓，眞正落實，以達致具體的效益。這是第二點。

這兩方面的充實開擴，即是儒家「新外王」的基本義旨。這種文化反省和學術器識，也是當代新儒家遠遠超越五四時代知識分子的所在。

〔申述〕

儒家「以內聖爲本質，以外王表功能」。在十七八世紀以前，儒家主導的中國文化，其外王事功的表現，如與西方相較，大致上超前時多而落後時少。但近三百年來，中國是逐步落後了。所以，當代新儒家認爲傳統儒家的外王學必須有新的充實和開擴，是即「民主」與「科學」兩大綱（儒家或中國文化之於民主與科學，並不是相逆的衝突，而應是相順的發展）。

張君勱氏曾說古代的中國只有吏治而無政治。因爲宰相以下，都只是皇帝之吏，爲皇家辦事而已。張氏的見解很有意義，但說得不夠妥實❻。牟宗三先生則說爲「中國只有治道而

---

❻ 按、此乃張君勱氏早年之說。後來他參與中華民國制憲而主導有成，固已表現了政治思想家之宏謨，與儒林政治家之器識。

無政道」。這樣說就觸及問題的核心了。牟先生寫《歷史哲學》，其中的重點之一，就是疏導出中國文化所以不出現科學民主之故，以及如何順華族文化而轉出科學與民主。中國的文化生命向上透的境界雖然極高，但必須補足「知性」與「政道」這中間架構性的東西，方能向下撐開以獲得堅固穩實的自立之基。另一書《政道與治道》的中心問題有二：一是政道與治道的問題，而尤著重政道之如何轉出。二是事功的問題，亦即如何開出外王的道路。這兩個問題是中國文化生命中的癥結所在。二者相連而生，亦相連而解。牟先生又指出，外王一面的政道、事功、科學，亦必統攝於內聖心性之學，乃能得其本源，以保證文化價值之安立與文化理想之繼續開發❼。

上述的意思，唐君毅先生亦有共識，他繼《中國文化之精神價值》之後，又有《人文精神之重建》與《中國人文精神之發展》兩部大著出版。這是從客觀的社會文化觀點，以通論「民主、自由、和平、悠久、科學、社會生活、社會道德、以及宗教精神」等等之問題。另一書《文化意識與道德理性》，則提出「道德理性遍運於各種社會文化意識」作爲綱領性的觀念，認爲人類一切文化活動（有如家庭、教育、經濟、政治、科學、哲學、文學藝術、宗教信仰，乃至軍事、體育的活動），都有道德理性貫注運行於其中。晚年又輯印《中華人文與當今世界》上下冊，更顯示他綿穆浩瀚的文化意識和世界情懷。

至於徐復觀先生，則是一位熱力瀰漫、風骨嶙峋的人物。在當代新儒家中，他的「現實

❼ 牟宗三《歷史哲學》、《政道與治道》，台北、學生書局出版。

感特強」，他創辦《民主評論》雜誌，成爲臺港海外文化反共的號角，也是護持自由民主、歷史文化、人文學術的重鎮。他以「抗議、批判」來體現科學的態度和民主的精神。而他那「學術與政治之間」的處境與自覺，也使他和現實政治一直關係割不斷，雖然他宣稱對政治深惡痛絕。

當代新儒家用心的重點，大體屬於文化層、思想層，至於現實層的工作（研究科學技術，投身民主政治），則須各學門之學者、各方面之專家、各階層的官員議員，乃至全體公民，人人各司其職，各盡其分，以分工合作，乃能漸著成效，漸次完成。

3. 抉發中國哲學思想中所涵蘊的問題

〔提要〕

自從本世紀中國正式使用「哲學」一詞以來，經歷「中國有沒有哲學」的疑惑，而進到「什麼是中國哲學」之考量。如今，我們已經可以明確地陳述中國哲學思想中所涵蘊的「哲學問題」，以及恰當評判中國文化在二千多年的義理開創中所引發的學術論辯。

有關這方面的問題，很多人文學者都曾貫注心血而各有貢獻，其中牟宗三先生的《中國哲學十九講》當居首功。而唐君毅先生的《中國哲學原論》與徐復觀先生的《兩漢思想史》，也卓有功績。

〔申述〕

中國有沒有哲學？什麼是中國哲學？中西哲學的特質是什麼？這三個問題曾困擾中國人長達半個多世紀。

如今，可以簡約地說出幾組意思。第一組是中西文化的對比：(1)西方文化「以物爲本，以神爲本」，中國文化「以人爲本」。(2)西方文化首先「正視自然」，中國文化首先「正視人」。(3)西方文化「以知識爲中心」，中國文化「以生命爲中心」。(4)西方文化「重客體性、重思辯」，中國文化「重主體性、重實踐」。(5)西方文化「學與教分立」，中國文化「學與教合一」。第二組從「感性、知性、德性」三方面作省察：西方文化是知性文化，中國文化則比較重德，儒家便是順道德心靈之活動，來講論內聖成德之學。1.對感性生命而言，它要求「化氣成性」，使「感性理性化」；2.對知性生命而言，它要求「攝智歸仁」，使「知性價值化」。第三組是從生命的流通來看。儒家認爲，人的德性生命可以自我提升，自我開擴，可以向各方面流通貫注，以完成多元的價值創造。首先，它可以通向人倫世界，開顯一個「天下一家」的社會觀；其次，它可以通向人文世界，開顯一個「精誠貫徹、慧命相續」的歷史文化觀；再次，它可以通向自然世界，開顯一個「天人和諧」的宇宙觀。第四組則看中國哲學的精神取向：(1)天人合一：本天道以立人道，立人德以合天德；(2)仁智雙彰：以仁爲體，以智爲用；(3)心知之用：與物無對，則上達以合天德；與物爲對，則下開以成知識。

以上的說明，很簡略，但卻是中國人經過半個多世紀的學習和省思而後才說得出來。至於中國哲學思想中所涵蘊的問題，則是由各期思想的內在義理（如魏晉時期道家的玄理、隋唐時期佛教的空理、宋明時期儒家的性理）所啓發出來。明澈地理解了固有義理的性格，就自然可以順其所啓發的問題，而看出未來發展的軌轍。唐君毅先生的「原性篇、原道篇、原教篇」，在內容之量上相當豐富；而就哲學問題的綱格而綜述之，則牟先生「十九講」的講述，尤能顯示問題的脈絡與義路。這十九講的綜述，並非一時之興會，亦非偶發之議論，而乃關乎中國哲學之系統綱格與義理宗趣者；其所釐定的諸問題，亦對中國哲學之發展具有重大的啓發性。凡書中各講之所舉述，皆有所本（即本於他所著各書之義理）。他另有一篇講詞，更簡要地舉述了在中國文化發展中義理開創的十大諍辯❽。所謂「義理開創的諍辯」，乃是從中國數千年的歷史發展中特別關注於思想方面來考察，實質上也正是屬於哲學問題的諍辯。

4. 打通「中國哲學史」開合發展的關節脈絡

〔提要〕

中國有數千年的哲學傳統，但在學脈斷隔之後，想要瞭解這個傳統已甚為不易，而用

---

❽ 按、所謂中國文化發展中義理開創的十大諍辯，一是儒墨之諍辯，二是孟子對告子「生之謂性」的諍辯，三是魏晉玄學家之「會通孔老」，四是言意之辯，五是神滅不滅的問題，六是天台宗「山家、山外」關於圓教之諍辯，七是陳同甫與朱子爭漢唐，八是王龍溪與聶雙江的「致知識辯」，九是周海門與許敬菴「九諦九解」之辯，十是中華文化如何暢通的問題，分為四目：1.破共，2.辨耶，3.立本，4.現代化。

「哲學史」的形式來表述這個傳統，則尤爲困難。因此，到目前爲止，還未見一部眞正好的《中國哲學史》。

一部好的中國哲學史，含有二個基本要求。第一、對於各家各派的哲學思想，必須有客觀相應的理解。第二、對各階段哲學思想開合演進的關節及其意義，必須有明確的辨識和衡定。如此，方能對中國哲學史作一完整而恰當的講述。而近數十年來，有關「魏晉玄學、南北朝隋唐佛學、宋明理學」的思想系統及其義理綱脈，都已有了清晰的講述和明確的分判。今後，一部像樣的、好的中國哲學史之寫成，已經是可能的了。

〔申述〕

「中國哲學史」的研究，是民國以後才有的事（在以往，並不採取這種方式講學問）。中國人講中國的哲學史，除了客觀的敘述，還有主觀的感受。個人的生命和民族的文化生命之間，有一條「精神的臍帶」，無論你喜不喜歡它，它總是把我們的生命和民族文化生命連在一起，總是把我們的心靈和民族文化心靈通在一起。因此，中國哲學史的講述，必須以民族文化生命這一條大流的航程爲線索，必須落在文化生命「開合發展的大動脈上」來講述。

這樣，才能和中國的哲學慧命有存在的呼應，有眞實的感通，因而也才能達到相應而不隔的瞭解。唯有相應而不隔的講述，才是眞正客觀的講述，才眞正能夠合乎「學問之公」和「義理之實」。

中國哲學思想有大開大合的過程。開，有破裂、歧出之意；在破裂中開出新端緒，在歧出中吸收新內容。合，有消化、融鑄之意；在消化中求量之充實，在融鑄中得質之純一。

由先秦到漢代，是中國文化第一度的開合。二帝三王是原始的諧和，孔子繼承之而賦予新意義。孔子以後，諸子百家興起，表示第一度的「開」。這是學術思想之開，乃對周文之疲弊而發。而孟子荀子之努力，是爲護持內聖外王之道，以期由開轉合。經暴秦到漢代，儒者復古更化，通經致用，以學術指導政治，而完成第一度的「合」（唯此合不夠圓滿：內聖一面落於綱常教化，德慧不透；外王一面，形成君主專制，天下爲私）。

由魏晉到宋明，是第二度的開合。漢代經教式的儒學趨衰，而魏晉玄學興起，這是第二度的「開」。這一步開還只是自本自根的初步之開（自然與名教之衝突）。接下來，玄學亦趨衰而佛教興盛，這是異質文化加進來之後，人生方向與宗教信仰之開。經南北朝隋唐而到宋明，儒學（理學）復興，才完成第二度的「合」（這步合也不夠完整：內聖強而外王弱）。

晚明以來，則是第三度的大開。晚明三大儒（顧、黃、王）由「合」中引出開，這是儒家本身之開，由內聖轉外王。但因滿清入主，民族生命受挫折，文化生命受歪曲，結果外王開不成，學風轉爲考據，遂使華族文化心靈日漸閉塞。近百年來又受西方強勢文化之沖激，文化生命更形委頓。到目前爲止，中國文化仍在大開之中。如何達到第三度的大合，就是當前的課題了。

對於數千年來這三度開合發展中的學術，當代新儒家作了全程的疏導。從「量」看，自是不夠周延；但從「質」上看，其義理綱領與思想脈絡，都有恰當相應的詮釋與分疏，而爲中國哲學史的撰寫，提供了很大的利便。

5. 疏通中西哲學會通的道路

〔提要〕

中國文化和西方文化的異同及其會通，可以說是中國知識界的「世紀困惑」。討論這個問題的人很多，而恰當中肯的講法卻非常之少。唐先生曾原則地指出：中國文化過去的缺點，是在於「人文世界」未曾「分殊的撐開」；而西方文化的缺點，則因人文世界盡量撐開而淪於分裂（今日之所謂科際整合，即是對此而發）。因此，中國文化應該「由本以成末」，西方文化應該「由末以返本」。

牟先生則以持續十四講的時間，來討論「中西哲學之會通」。其中有一個中心的意思，是借用《大乘起信論》的「一心開二門」，作為中西雙方會通的哲學間架。「真如門」相當於康德的智思界，「生滅門」相當於康德的感觸界。中西哲學同樣都是二門，但各有輕重。中國長於開真如門，西方長於開生滅門，彼此正須互補以相會通。至於順此會通而來的種種問題，牟先生也已作了層層之比對與深透之疏解（參見十四講）；其最後的融通，則見於《圓善論》一書之講述，以及關於「真美善之分別說與合一說」之疏解[9]。

---

[9] 《中西哲學之會通十四講》，講於一九八二年，八年後其錄音稿由台北、學生書局出版。《圓善論》一九八五年，學生書局出版。至於「真美善之分別說與合一說」，本欲寫成一書，後來由於陸陸續續又把康德的第三批判《判斷力之批判》漢譯出版，於是不再寫書，而改寫一長文〈譯者關於審美判斷之超越原則之商榷〉（計九十頁），置於書端，作為對此問題之綜結。

〔申述〕

中西哲學的會通，是一個大問題。牟先生指出，講這個題目，一要通學術性，二要通時代性。

關聯著時代而言，是奮鬥的方向問題。當前中國文化奮鬥的方向，就是要破解馬列主義的價值標準，馬恩列史的意識形態不瓦解，世界就很難有眞實的和平，人類也很難有康莊的前途，當然也就不可能有中西哲學之會通（譬如只承認階級性，不承認普遍的人性，如何講會通？）。可見講哲學會通，不能不通時代性，否則，生命就不能通透，不能有明確的理性的奮鬥方向。

至於學術性一面，第一步必須瞭解中西哲學及其傳統，第二步則是依於瞭解來考量中西哲學能否會通，在此必須同時明徹會通的根據和會通的限制。

照牟先生看，西方哲學的精華集中在三大傳統，一個是柏拉圖傳統，一個是萊布尼茲、羅素傳統，再一個是康德的傳統，西方哲學不能離開這三大骨幹。康德批判地消化了在他之前的西方哲學之傳統。通過康德，可以知道哲學的來龍去脈。所以牟先生認爲康德是中西哲學會通的最佳橋梁。在《現象與物自身》書中，牟先生依據中國儒釋道的傳統，肯定「人雖有限而可無限」、「人有智的直覺」。由中國哲學傳統與康德哲學之會合，而激出一個浪花，乃更能見出中國哲學傳統之意義與價值，及其時代之使命與新生。哲學家依據各聖哲之智慧方向，疏通而爲一，以成就兩層存有論（現象界的執的存有論、本體界的無執的存有論），並通而爲一個整一的系統（哲學原型）。這就是「哲學家」最積極、亦是最高的使命⑩。

康德由經驗的實在論融攝知識範圍內一切實在論的思想，由超越的觀念論融攝一切關於智思界者的思想。由經驗的實在論開感觸界，由超越的觀念論開智思界。而中西哲學對此兩界之或輕或重、或消極或積極，便正是考量中西哲學會通的關鍵所在（經過會通，中西哲學都必須各自重新調整，以展現新貌）。

至於《現象與物自身》書中的未盡之義，則由《圓善論》來圓滿。蓋哲學系統之究極完成，必須講到圓教與圓善，乃眞可說是成始而成終。如果哲學不只是純技術，而亦不同於科學，則哲學亦是「教」（足以啓發人之理性，並指導人通過實踐以純潔人的生命）。依康德，哲學系統之完成是靠兩層立法而完成，在兩層立法中，實踐理性（理性之實踐的使用）優越於思辯理性（理性之思辯的使用）。而實踐理性必指向圓滿的善。因此，圓滿的善乃是哲學系統之究極完成的標識。哲學系統之究極完成，必函圓善問題（德福一致）之解決；反之，圓善問題之解決，亦函哲學系統之究極完成。到這一步，便是哲學的終極宗趣了。

四、結論：超越與開擴

---

⑩ 按、在《現象與物自身》（台北、學生書局）最後一節，牟先生引述了康德純理批判之一段話，而又比康德更積極地舉述了「去決定哲學之所規定者」的路數（頁四六四至四六九），共有七端，可供參證。

儒家學術，可分爲三期：孔孟荀董是第一期，宋明儒學是第二期，現在是第三期⓫。第三期的儒學還沒有做出客觀具體的文化業績（此須全民實踐，分工合作，乃能成就文化之共業），但就當代新儒家的學術器識及其所開顯的義理規模而言，不但已然超越宋明，而且也使先秦原始儒家的精神方向，顯示出新的充實和新的開擴。

〔附識〕

上文三之(2)末句，說及在文化反省和學術器識上，當代新儒家遠遠超越五四時代的知識分子。在此結論中，又有「已然超越宋明」之言。這二句話，與筆者平常論學之意態似不相類。須當略作說明。

所謂「超越五四」，乃意謂：(1)對文化傳統（含儒釋道與諸子）的理解，比五四時代更能如理如實、恰當相應。(2)確認民主乃是一種政治體制，西方可施行，中國也可施行。(3)確認科學也非西方之物，而乃人類文化心靈中的知性主體進行認知活動所完成的成果。地無分東西南北，皆可產生科學。(4)確認儒家不可能反對民主與科學，由民本民貴到民主，由德性主體開顯知性之用，都是文化生命的內在要求（要求實現價值），只要「緣」齊備，便自然可

⓫ 儒學三期的劃分，是牟宗三先生在民國三十七年（一九四八）草擬〈重振鵝湖書院緣起〉時所首先提出。緣起文中明確表示，儒學第三期的文化使命，應爲「三統並建」：重開生命的學問以光大道統，完成民主政體建國以繼續政統，開出科學知識以建立學統。

以成事。而所謂「超越宋明」，主要指三個意思：⑴當代新儒家同時表述「儒、釋、道」三教的義理，不再持取闢佛老的態度。⑵當代新儒家，對儒學內部的義理系統，不再持門派之見，而能作客觀之解析與全面之表述。⑶當代新儒家承認在「道統」之外，還有「學統」（指知識之學），還有「政統」，主張三統並建。

一九九四年四月，出席日本九州「東亞傳統文化國際會議」論文

參、斯人千古不磨心

——當代新儒學的精神開展

今天這個講座，本來是請牟老師來主講。因爲十天前他老人家道躬違和，在台大醫院療養。這些天來體氣還是很虛弱，不宜於多說話，所以臨時由我來和王邦雄教授配合，共同主持這場講會。

再過幾天，第三屆當代新儒學國際會議就要在香港舉行，我們不少位朋友都要去出席。在出發之前，特別舉辦這個推廣講座，意思是想散發一些思想的空氣、文化的空氣，以烘托出一個學術的氛圍來擴大影響。我們看主辦單位所訂的題目就很有意思，叫做「斯人千古不磨心」。這是南宋大儒陸象山的詩句，是爲鵝湖之會而寫。今天，我們就從這句詩說起。

八百多年前，在江西鉛山舉行的鵝湖之會，有四個主角，就是朱子、二陸兄弟（象山與季兄復齋），以及發起這次會講的呂祖謙。二陸兄弟在出發之前有一番交談討論，討論之後，哥哥覺得弟弟講得很對，就寫了一首詩，開頭二句是「孩提知愛長知欽，古聖相傳只此心」。象山聽了，說，詩很好，但第二句「微有未安」。於是也和詩一首以申己意，頭二句云：「墟墓興哀宗廟欽，斯人千古不磨心」。陸象山是孟子學，依孟子，「惻隱之心」，仁也；

羞惡之心，義也。」心即是性。又主「仁義內在」，仁義之理內在於心。所以孟子系統中的「心」，乃是實體性的道德的本心。這是「天所與我者」，是「我固有之」、「人皆有之」的。象山頭二句詩，是說：人見到墟墓就會興起悲哀之感，見到宗廟就會興起欽敬之心。這種悲哀之感與欽敬之心，正是人人都有的千古永不磨滅的本心。聖人與凡人，同此心，同此理。東海西海南海北海以及上下古今之人，亦同此心，同此理。這人人皆同的本心，即是人之所以爲人的眞實本體。象山直接指出這千古不磨滅的心，乃是普遍而永恒的本心，本心隨時呈現，當下即是「我欲仁，斯仁至矣」，所以不必說「傳」。象山指出復齋第二句詩（古聖相傳只此心）「微有未安」，就是這個原故。

其實，只要義理透徹，說「傳心」亦未嘗不可。譬如北宋大儒程明道告神宗之言有曰：「先聖後聖，若合符節。非傳聖人之道，傳聖人之心也。非傳聖人之心，傳己之心也。己之心無異聖人之心，廣大無垠，萬善俱備。欲傳聖人之道，擴充此心焉耳。」如此說來，復齋說「古聖相傳只此心」，亦並無不妥。但聖人之心，也正是「我心之同然」，所以明道最後二句結語便說「欲傳聖人之道，擴充此心焉耳」。擴充此心，正是孟子擴充四端之意。四端之心，我固有之，人皆有之，豈不是「斯人千古不磨心」嗎？可見象山詩句實較其兄更能「當下認取」，而且直顯「警策」之意。

以上是解說詩句，以明本心。下面再就當代新儒學的精神開展說一說。

儒學的歷史，可以分爲三大階段。第一階段是先秦到兩漢，第二階段是宋明兩代，從明末三大儒顧、黃、王以來，到現在，則是第三階段。兩漢以後，千百年間，儒家雖然守住了家庭倫常、禮樂教化、典章制度，但在思想觀念上卻發不出光彩。直到北宋理學家出來，才重新復活了先秦儒家形上的智慧，暢通了民族文化生命的大流，使哲學慧命、思想系統、文教學術，都能返本歸流，光大發皇。但政治方面仍然是一家之私（私天下），尤其明代的政治，專制而慘刻，雖然有王學遍天下，雖然有東林黨人的犧牲奮鬥，仍然不免亡國亡天下。這表示其中必有問題，是即牟老師說的宋明儒「內聖強而外王弱」，或者說中國傳統政治「有治道而無政道」。所以即使顧黃王三大儒懷著亡國亡天下之大痛，深切反省文化問題，仍然對「改朝換代、君位繼承」的事情無可奈何。不過，明末三大儒的生命眞誠並未完全落空，他們「由內聖開外王」的要求，是對的，而且已經成爲今後發展的一個總綱。

如果從民族文化生命「潛移默運」的意思來看，我們可以說，辛亥革命的精神，正是顧黃王三大儒精神的繼續。可惜當時革命黨人學問工夫有所不足，思想觀念不夠透徹成熟，所以未能完成建國的工作。而五四救國運動的結局，又轉成全盤西化的思想走向。接下來，馬列共產的思想也乘虛而入，終於造成中國大陸的滔滔紅禍。幸而中華文化的根基畢竟廣大深厚，經過了雪上加霜的文革暴亂，仍然能夠起死回生。這個大轉機的關鍵有三：首先，是明末三大儒「由內聖開外王」的思想方向，已逐漸成爲全民族的共識。其次，是西方文明與馬列思想的強勢沖激，固然使中國人喪失文化自信，但也同時刺激華族文化心靈步步甦醒。再次，當代新儒家的孤懷弘識及其精誠努力，業已解開了中華文化的學術困局。

所謂解開學術思想的困局，主要是二點意思。一是重新認取內聖成德之教的價值，使今天中國人的「終極關懷」有了著落，而可以不必託身於外來宗教。二是看出傳統外王學的不足，認爲必須有二步新的充實和開擴：一步是自覺調整民族文化心靈的表現形態，由德性主體開顯知性之用，以發展出科學知識。另一步是從傳統的治道轉出法制化的「政道」，以完成民主憲政的建國大業。這是一種大的認知、大的理解。表示當代新儒家的文化反省和學術器識，已遠遠地超越五四。

五四時代的人，否定中國文化傳統的價值；當代新儒家則一面肯定文化傳統的價值，一面也省察到傳統文化的不足。五四人認爲要民主、要科學，就必須拋棄傳統，全盤西化；當代新儒家則已確知民主科學都是文化心靈創發的文化成果。西方能，中國也能。儒家與民主科學，不是相逆的衝突，而是「相順的發展」。所以，民主科學一定可以從中國的文化生命和文化土壤中生長出來。

當代新儒家之所以能夠超越五四，正是由於他能保住這「千古不磨」的「本心」，並且持續開顯「心」的功能作用，而啓導了一個眞實的思想運動，是即當代的新儒學運動。這第三期的儒學，雖然還沒有做出全面性的文化業績（此須全民實踐，分工合作，乃能成就文化之共業），但就精神器識與義理規模而言，可以說已使得先秦儒家的精神方向（內聖外王、成己成物、正德利用厚生），顯示出新的充實和新的開擴，因而在下面三個意思上，也可以說已經超越宋明儒者。

(1)當代新儒家同時表述「儒、釋、道」三教的義理，而不採取「闢佛老」的態度。這是一大進步。

(2)當代新儒家對於儒學內部的義理系統，不持門派之見。無論孟子系、荀子系、程朱系、陸王系，都能作客觀的解析和全面的表述。這是更合乎先秦原始儒家精神的一步開拓。

(3)當代新儒家，承認在「道統」之外，還有「學統」（指知識之學），還有「政統」（落實於法制化的民主政治），而主張三統並建。這樣，才眞正是內聖與外王的大統合。

最後，我要重複海報上牟老師那幾句話，他說：

> 凡是願意以平正的心懷，承認人類理性所有的價值，以抵抗非理性的東西（一切不合乎理性原則的哲學思想、觀念系統、主義學說、政經活動……），他就是「儒家」，就是「新儒家」。

牟老師的話，正好可以表出當代新儒家的精神開展，在這裡，開顯了一個等同於理性世界的儒家新天地。現在，就讓我們以「既開放而又凝聚」的精神，配合平正穩健的步代，向前邁進。

一九九四年十二月

肆、當代儒家的學術貢獻及其文化功能之省察

一、一個回顧：當代新儒家的精神開展

二十世紀是中華民族最倒運的世紀，而也是中國文化起死回生、貞下起元的世紀。而其中最具核心意義的關鍵性之大事，就是當代新儒家的崛起。

如果從民族文化生命「潛移默運」的意思來看，我們可以說，辛亥革命的精神，正是明末「顧、黃、王」三大儒精神之繼續。可惜當時革命黨人學問工夫有所不足，思想觀念不夠透徹成熟，所以未能完成建國的工作。而五四救國運動的結局，又轉成全盤西化的思想走向。接下來，馬列共產的思想也乘虛而入，終於造成中國大陸的滔滔紅禍。幸而中華文化的根基畢竟廣大深厚，經歷了雪上加霜的「文革暴亂」，仍然能夠起死回生。這個轉機的關鍵有三：首先，是明末三大儒「由內聖開外王」的思想方向，已逐漸成爲全民族的共識。其次，是西方文明與馬列思想的強勢沖激，固然使中國人喪失文化自信，但也同時刺激文化心靈而使之步步甦醒。再次，是當代新儒家的孤懷閎識及其持續貫徹的精誠努力，業已解開了中華文化的學術困局。

所謂解開學術思想的困局，主要指下面幾點意思：

一、是重新認取內聖成德之教的價值，使今天中國人的「終極關懷」有了著落，而可以不必託身命於外來的宗教（或偏狂的思想信仰）。

二、是看出儒家傳統外王學之不足，認爲必須有二步新的充實和開擴：

(1)一步是自覺地調整民族文化心靈的表現形態，由德性主體開顯知性之用，以發展出科學知識。

(2)另一步是從傳統的「治道」（治權運作的軌道）轉出法制化的「政道」（政權移轉的軌道），以完成民主憲政的建國大業。

這是一種大的認知和大的理解，表示當代新儒家的文化反省和學術器識，已遠遠地超越「五四」。五四時代的人，否定中國文化傳統的價值。當代新儒家則一面肯定文化傳統的價值，一面也省察傳統文化的不足。此其一。五四人認爲要民主、要科學，就必須拋棄傳統，全盤西化。當代新儒家則已確知民主科學都是文化心靈創發的文化成果。西方能，中國也能。此其二。當代新儒家共同認定：儒家傳統與民主科學之間，決非相逆的衝突，而應是「相順的發展」。所以，民主科學一定可以從中國的文化生命和文化土壤中生長出來。此其三。

新儒家何以能超越五四？歸總一句話，就是他們能保住「千古不磨」的「本心」，而且還能持續開顯「心」的功能作用，而啓導了一個眞實的思想運動，是即當代的新儒學運動。這第三期的儒學，雖然還沒有做出全面性的文化業績（此本是民族之共業，本需要人人參與，全民實踐），但就精神器識與義理規模而言，則當代新儒家的努力，也已使得先秦儒家的精神方向

（內聖外王、成己成物、正德利用厚生），顯示出新的理解和新的開擴。因而，在下舉三項意義上，又可以說，當代新儒家已然超越宋明儒者：

第一、當代新儒家同時表述「儒、釋、道」三教的義理，而不採取「闢佛老」的態度。這是一大進步。

第二、當代新儒家對於儒學內部的義理系統，不持門派之見。無論孟子系、荀子系、程朱系、陸王系，都能根據文獻與義理之實，提出客觀的解析和通盤的表述。這是更合乎先秦原始儒家精神的一步開拓。

第三、當代新儒家，承認在「道統」之外，還有「學統」（指希臘傳統的知識之學），還有「政統」（落實於法制化的民主政治），而主張「三統並建」。這樣，才眞正是通貫古今、會通中西，才眞正是內聖與外王的大統合。

在此，我要引述二年前第三屆當代新儒學國際會議前夕，台北所作宣傳海報上的話：

凡是願意以平正的心懷，承認人類理性所有的價值，以抵抗一切非理性的東西，他就是儒家，就是新儒家。

牟宗三先生這幾句話，正好可以表出當代新儒家的精神開展。在這裡，的確開顯了一個等同於理性世界的新儒家天地，可以促使我們以「既開放，又凝聚」的精神，來配合平正穩實的步伐，向前邁進。

二、當代新儒家的用心及其成就

誰是當代新儒家？新儒家用心的重點是什麼？他們有些什麼成就？這三句發問，都不易獲得標準的答案。但事實上，台港海外與大陸學界也已形成了一些大體共同的認知。所以，下面五點意思，雖然是我個人提出的說明，但我相信決非私見，而是具有很大的共同性的。

（下文舉述的五點成就，以牟宗三先生的講論比較全面，也比較整飭集中，故以下的說明，主要是以牟先生的學思著作爲代表。）

1. 對中國傳統學術的新詮釋

中國文化學術的內容，雖有「經、史、子、集」四大類，但就學術思想的主導性而言，則當以「儒、道、佛」三教作爲代表，而儒家尤爲主流中的主流。二千年間，儒家有一個「闢異端」的傳統，從孟子「闢楊墨」到宋明儒家「闢佛老」，皆是。但儒家之闢異端，比起世界各大宗教之對付異教徒來，算是最王道、最理性的。它只是從言語文字上發議論，從價值判斷上作批判；並沒有根據教條之類的要求，而採取拒斥異教迫害異教的做法。到了當代新儒家，雖然站在「判教」的立場仍然辨佛、辨老、辨耶，但只有「辨」而無「闢」。那只是學術思想上的「辨異同」，和價值判斷上的基本抉擇。這當然可被容許，而且是永遠需要的。

當代新儒家，全面肯定三教的智慧系統，認爲在處理「終極關懷」的問題上，三教所開顯的生命之道，不但應該持續傳揚，而且必須引申推廣，以供全人類借鏡採擇。因此，當代新儒家除了闡揚儒學，也同時講述道家和佛家的教義。從梁漱溟氏、熊十力氏以來，莫不如此。到唐君毅先生的〈中國哲學原論〉，❶則對儒道佛三家之學，都以通論通釋的方法，作了極大篇幅的講述。徐復觀先生的《中國人性論史先秦篇》與《兩漢思想史》，❷也對中國傳統的學術思想進行通貫而深入的疏解。

由此可知，當代新儒家對於傳統學術的基本態度，一方面是積極肯定，一方面是通盤反省。而在著述方式和內容上特顯謹嚴而專精的，則以牟宗三先生表述三教的幾部大著更具代表性。

他以《才性與玄理》❸表述魏晉階段的玄學。此書比湯用彤氏的《魏晉玄學論稿》提出更深切而完整的討論，可算是這方面的經典之作，而文字之美也超乎讀者想像之外。對南北朝隋唐階段的佛教，則以《佛性與般若》上下二冊❹作了通盤的講述。湯用彤氏的《漢魏兩

---

❶ 唐君毅〈中國哲學原論〉，全書分「導論篇」、「原性篇」、「原道篇」、「原教篇」。後皆編入全集，由台北、學生書局出版。

❷ 徐復觀《中國人性論史先秦篇》，台北、商務印書館。《兩漢思想史》(三大卷)，台北、學生書局。

❸ 牟宗三《才性與玄理》，台北、學生書局。

❹ 牟宗三《佛性與般若》上下冊，台北、學生書局。

晉南北朝佛教史》雖也是一部好書，但那是佛教史的立場，重在考訂，又只屬前半段。因此，從中國哲學史的立場來看，魏晉玄學之後，宋明理學之前，這五六百年間中國哲學思想的活動，仍然是荒蕪地帶。而牟先生此書，正是從中國哲學史的立場，來講述佛教傳入中國之後的發展。對於中國吸收佛教和消化佛教之過程及其意義，皆作了極其深透而相應的詮表。對宋明階段的佛學，則以《心體與性體》四大冊❺進行全面的疏導。依牟先生之分判，北宋前三家：濂溪、橫渠、明道為一組，此時未分系。到伊川而有義理之轉向，此下，⑴伊川朱子為一系（心性為二），⑵象山陽明為一系（心性是一），⑶五峰蕺山為一系（以心著性）。而當「性」為「心」形著之後，心性也融而為一，故到究極處，象山陽明系與五峰蕺山系仍可合為一大系。此合成之大系，遠紹論語、孟子、中庸、易傳，近承北宋前三家，故為宋明儒學之正宗。至於此合成之大系（縱貫系統）如何與伊川朱子系（橫攝系統）相通，❻則是另一個問題。於此，我們只能說，這三系都是在道德意識之下，以「心體」與「性體」為主題而完成的一個「內聖成德之學」的大系統。

牟先生表述三教的三大部著作，無論系統綱維的確立，思想脈絡的疏解，義理分際的釐

---

❺ 牟宗三《心體與理性》三大冊，台北、正中書局。《從陸象山到劉蕺山》，台北、學生書局。

❻ 按：關於縱貫系統與橫攝系統之解釋，請參看蔡仁厚《中國哲學的反省與新生》（台北、正中書局）一書〈朱子的工夫論〉一文註㉜，頁一五〇。又蔡仁厚《儒家心性之學論要》（台北、文津出版社）所附〈宋明理學綜述通表〉壹項之戊（頁二七三），有「縱貫系統、橫攝系統」二表，亦可參證。

清，都已達到前所未有的精透明徹。由此而上通先秦儒道二家，旁及名墨陰陽，則二千多年的中國哲學史，乃眞能得其終始條理，而可以做到眞正恰當相應的詮表與講論。

2.對中國文化前景的新設計

清末民初以來，中國人的文化自信心，實已蕩然無存。五四時代否定傳統而走向全盤西化，接下來又走上俄化之路，華族文化命脈不絕如線。其間雖賴三五賢哲孤明獨照，抉隱發微，使中國學問的眞義漸次朗現，無奈時代心靈「無體、無理、無力」，則雖聰明才智之士，也難免心志散塌，趨時流走，而不能植根立本，以識大理。

數十年間，許多深識之士，也對國族與文化之困頓，而有各種感懷與各種不同層次不同方式的反省與建言，但零零散散，綱領不顯，架構不成。所以說不上有整全的文化建設之新藍圖。直到民國四十七年元旦，唐君毅、牟宗三、徐復觀、張君勱四位先生發表「中國文化與世界」宣言，❼文中廣泛地涉及存有論、心性論、修養論、學問方法、文化哲學、歷史哲學，以及政治、科學與東西文化之相資相益等等的問題。這是一個全面性的文化大反省，而且在反省之中還指出了人類文化走向新生的路道。而剋就中國文化生命的「本性、發展、缺點」而言，當代新儒家也已做了深切而全面的省察。

❼ 按：此宣言由唐君毅先生執筆，編入其所著《中華人文與當今世界》（台北、學生書局）下冊，頁八六五—九二九。

依孔孟之教，內聖必通外王，而如何開出外王事功，實乃中國文化生命的癥結所在。而對這個大癥結而深入思考，並直接提出解決之道者，首推牟宗三先生的新外王三書：《道德的理想主義》、《歷史哲學》、《政道與治道》。❽這三部書有一共同主旨，是即「本於內聖之學以解決外王事功的問題」。歸總而言之，也即所謂「三統並建」之說，❾承認在「道統」之外，還有「學統」「政統」的問題。

(一)「道統」方面，是光大內聖成德之教，以重開「生命的學問」。這一個內聖成德之教，有久遠的傳統，它早已成爲民族文化中定常的骨幹。同時，由於心性之學著重於講論常理、護持常道，所以它所開顯的生活原理和生命途徑，不只適用於中國，也適用於全人類。近二千年來中國文化的發展是「儒、釋、道」相互摩盪的過程。今後，必將是「儒、佛、耶」三教的相互摩盪以求融通。這是歷史運會迫至的文化情勢，也是東西雙方必須面對的時代課題。

(二)「學統」方面，是調整文化心靈的表現形態，開出知識之學（吸納希臘傳統）。傳統儒家講外王，集中於仁政王道與禮樂教化，對知識技術方面則未積極正視，所以沒有開出知識之學的傳統。如今面對西方強勢的科技文明，當然要深切反省。當代新儒家認爲，我們必須自覺地調整民族文化心靈的表現形態，使「知性主體」從德性主體的籠罩之下透顯出來，獨

❽ 按：此三部書，皆由台北、學生書局印行。

❾ 按：「三統並建」之說，在民國三十七年，牟先生撰〈重振鵝湖書院緣起〉時首先提出。自此以後，常隨機申說，散見所著書文之中。

立展現認知活動，以成就知識。如此，乃能使儒聖「開物成務」與「利用厚生」❿的古訓，獲得充分的實現。

(二)「政統」方面，是開出法制化的政道，完成民主政體的建國。中國傳統的政治形態只成就了「治道」，而未能開出客觀法制化的「政道」。所以形成「朝代更替，治亂相循」、「君位繼承，宮廷鬥爭」、「宰相地位，受制於君」這三大困局。當代新儒家認爲，民主憲政的政治形態，正可消解這三大困局。由「民本」「民貴」到「民主」，乃是相順的發展，並無相逆的衝突。而推行民主政治，一須具備形式的架構（憲法所代表的體制），這是第一義的制度，也是政道之所繫。二須進行具體的實踐，也即遵循憲政的軌道，依照政治的本性，來推行各個層面的政治措施。

道統的肯定，是內聖之學的承續光大。學統的開出和政統的繼續，則表示儒家外王學一步新的充實和開擴。如此三統並建，可謂承先啓後，返本開新，是即當代新儒家對中國文化前景所提出的綱領性的新設計。

3.對西方哲學之譯解、融攝與消化

一個大的文化系統，都具有普遍而永恒的價值，它和其他同等級的文化系統之關係，是衝突對立？還是和平共存？或是消化融攝？這是世界史上可以考見的。回教傳入印度，數百

❿「開物成務」，見《周易、繫辭上》，「利用厚生」，見《尚書、大禹謨》。

年間一直與印度教對立衝突，至於今仍然相持不下，時生紛爭。回教與耶教，在中東，在東南歐，至今仍在流血對抗之中。近數百年來，耶教隨著強勢的軍事政經力量，流向非洲與南北美洲，掩滅了當地較低層次的文化。而當它流向亞洲時，便碰上回教、印度教、儒教、佛教，面對這些同等級的文化系統，耶教傳播福音的工作不很順利，而且還發生過流血的衝突。今後將如何演變，還難說難講。

我想說明的，是以儒教爲主流的中國文化，曾經做成一件人類史上功德無量的大事，是即以它非常「浩瀚深厚的文化生命」和非常「明敏高超的文化心靈」，歷經了五六百年（五世紀至十世紀）的持續努力，全面吸收而且通盤消化了外來的佛教。使佛教的智慧系統融入中國文化心靈之中，而達到「和而不同」（雖不同而能和）的境地。由於通過了歷史法庭的大考驗，所以中華民族能夠重建宋明六百年的儒學。但近代文明的烈火又酷猛地燒向中華民族。一百年來，西方的軍事、經濟、政治、外交、科技文明等等的力量，幾幾乎衝垮了中華。但我們並未倒下，終能挺立而站住。至於挺住之後，中國文化能否復興？就看：

> 我們能否像當初吸收消化佛教一樣，也能吸收消化西方哲學和西方宗教。

五四以來，學界人士一味求變而不能守常，只知「變化以求新」，不知「體常以盡變」所以無從獲致「本立而道生」的效果。尤其可怪的，是一批一批留洋的新學之士，竟無人發大心來翻譯具有代表性的西學經典。是不能？還是不爲？

當代新儒家的心力，雖以「反省文化，講論儒學」爲主，但本乎縣穆強烈的文化意識與學術意識，他們並未忽視譯述西學之重要。而牟宗三先生更在老年之時，持續而從容地把康德三大批判，全數漢譯出版。康德書出之後，陸續譯為各國文字，但從未有人全譯三書者，牟先生是二百年來世界第一人。而且，他又不只是「譯」，而且還作「註」，註文有時洋洋數千言。其疏解觀念與發明義理，實與康德原典互相印證，互相映發。牟先生指出，中國吸收消化康德之學，可以使中國文化生命開顯知性而更趨堅實；而康德之學最後的總歸趨則近於儒家，儒家可提升康德以使之百尺竿頭更進一步。因此，在譯註工作之外，他又撰著《智的直覺與中國哲學》、《現象與物自身》、《圓善論》三書，此三書加上第三批判《判斷力之批判》書前九大段之〈商榷〉長文，代表牟先生對康德學之消化。南北朝隋唐時代的中國人，歷經五六百年才完成對佛教之消化吸收，而牟先生以一人之力而能完成對康德學的吸收與消化，其學術功績，自可媲美於鳩摩羅什與玄奘之譯《大智度論》與《成唯識論》⑪當然，牟先生這步工作之得以順利完成，是因為有「儒、釋、道」三教的義理智慧作為憑藉，而牟先生又正是在以專書表述三教之後，再進而譯註康德之書。可知學術之功，非勉強可得，非僥倖可成，而必須「勿忘勿助」、「眞積力久」，⑫而後才能水到而渠成。

---

⑪ 按：牟先生在康德批判書三大部全數出版之後，特於壬申除夕，寫示數語云：「此書之譯，功不在玄奘、羅什之譯唯識與智度之下，超凡入聖，豈可量哉，豈可量哉！然眞正仲尼臨終不免嘆口氣，人又豈可妄哉，豈可妄哉！牟宗三自題。諸同學共勉。」

⑫ 「勿忘勿助」乃孟子之語，見《孟子、公孫丑上》。「眞積力久」乃荀子之語，見《荀子、勸學篇》。

另外，牟先生在《認識心之批判》重印之際，又漢譯維特根什坦之《名理論》出版，這是在康德哲學之外，對另一系西哲思想之消化。

4.對中國哲學史上哲學問題之省察

自從「哲學」此一名詞傳入中國，便引發中國有沒有哲學的質疑。中國有五千年的歷史文化，有儒道佛三家的智慧系統，何以會有人致疑於中國有沒有哲學？此無他，以西哲爲標準，故鄙視中國自己之傳統耳。此乃一時之陋識，勿足深怪。如今已經歷了半個多世紀之「學」與「思」，中國人終於可以——

就中西哲學的特質，提出正確恰切的比對；
就中國哲學的精神取向，提出簡明扼要的說明；
就中國哲學之現代化與世界化之問題，提出相應中肯的省思。

同時，中國人也已有了能力，可以——

釐清中國哲學演進發展的思想脈絡；
分判中國哲學異同分合的義理系統；
闡釋中國哲學的基本旨趣及其價值；

而且，也已能夠衡定中西文化融攝會通的義理規路。

對中國哲學作反省，其實就是進行全面性的學術批判。無論是縱向度的省察，和橫向度的比對，都是必要而不可少的。由於中國文化和中國哲學的世紀境遇，是前古未有的複雜和艱困，所以對於哲學的省察，不但要有慧識、睿見，而且還要有學力（質的意義之學養）。否則，他的省察便只是一些浮泛的意見而已。自五四以來，眞正致力於中國哲學之反省，眞能爲中國文化之新生貫注精誠而殫思竭慮的，還是當代新儒家的前輩學者。從梁漱溟氏、熊十力氏，到唐君毅先生，都有極大的貢獻，而牟宗三先生則更集中而通貫地作了專門的省察和疏導，是即《中國哲學十九講》。[13]這部講錄的主要內容，包括下列諸問題：中國哲學的特殊性、普遍性，中國哲學之重點，先秦諸子之起源，儒家系統之性格，道家玄理之性格，玄理系統之性格：縱貫橫講，道之作用的表象，法家所開出的政治格局，先秦名家之性格，魏晉玄學之課題與玄理之內容與價值，緣起性空所牽連的哲學理境，二諦與三性：如何安排知識之問題，起信論之一心開二門，佛教中圓教的意義，分別說與非分別說以及表達圓教之模式，圓教與圓善，宋明儒學概述，縱貫系統之圓熟。另外，還有一篇講錄，是指出中國哲學在義理開創中的十大爭辯：[14]儒墨的爭辯，孟告生之謂性的爭辯，魏晉玄學之會通孔老，言意之辯，神滅不滅的問題，天台宗山家山外辯圓教，陳同甫與朱子爭漢唐，王學的致知議辯，天泉四無九諦九解之辯，以及中國文化的暢通問題（含破共、辨耶、立本、現代化）。

---

[13]《中國哲學十九講》，乃牟宗三先生在台大哲研所之講錄，台北、學生書局出版。

[14] 參蔡仁厚《中國哲學的反省與新生》（台北、正中書局），頁二七至三二。

中國哲學智慧的表現，主要集中於儒道佛三方面。然而此一東方老傳統，自明亡以來，久已衰微，尤其近百年來遭受西方文化之衝擊，知識分子對於中國哲學的精神面目，乃益形模糊，甚且業已遺忘。牟先生在台大哲學研究所講述中國哲學所涵蘊的問題，並不是他一時的興會，也不是他偶發的議論，而是切關於中國哲學之系統綱格與義理宗趣者。其中所釐定的各種問題，也對中國哲學之發展具有重大的啓發性。所以十九講中所舉述的問題，皆有所本。通過這一步通貫性的綜述，各期思想的內在義理可得而明，而其所啓發的問題也義旨確切而昭然若揭。於是，固有義理的性格，未來發展的軌轍，皆已不再隱晦；而繼往開來的道路，也確立了指標而有所持循。到此方知，文化慧命之相續不已，固可具體落實，而並非徒託空言。而一部像樣的、好的中國哲學史之寫成，已經是可能的了。

5.對中西哲學會通之路的疏導

文化必須交流，思想應求會通，這種話人人會講。數十年來，也已有不少人提過不少意見。但那些意見，也只是意見而已。浮光掠影，泛而寡當，很少有學術性的價值。而一些所謂比較哲學的論著，又常隨意比附，鮮能有眞知灼見者。可見欠缺孟子所講的「知言」工夫，是很難平章天下學術的。

在講罷中國哲學十九講之第四年，牟先生又應台大與聯合報文化基金會之聯合邀請，假台大講堂講述「中西哲學會通之分際與限度」，後來整理成書，名爲《中西哲學之會通十四講》，由台北學生書局出版。牟先生指出，中國哲學和西方哲學的會通，乃是一個大題目，講這樣的題目——

一要通學術性

二要通時代性

關聯著時代而言，是奮鬥的方向問題。當前奮鬥的方向，就是要瓦解共黨的馬列主義之標準。（按、當時，作爲共產天堂、共產帝國之「蘇聯」，尚未解體。）若不能瓦解馬恩列史的意識形態，世界就不能和平，人類就沒有前途，當然也就不可能有中西哲學之會通。可見講哲學會通，不能不通時代性。否則，生命就不能通透，不能有明確的奮鬥方向。至於通學術一面，第一步是要了解中西哲學及其傳統，第二步是依於了解來考量中西哲學能否會通：明徹其會通的根據與會通的限制。

哲學有其普遍性，也有其特殊性。由普遍性可以講會通，由特殊性可以說限制。普遍性是由觀念、概念來了解，特殊性則是由生命來講的。普遍性的觀念必須通過特殊的生命來表現，此即表示普遍性的眞理要在特殊性的限制中表現。以是，哲學雖是普遍的眞理，但哲學也同時有其特殊性。由於有特殊性，所以有中國的哲學，也有西方的哲學；由於有普遍性，所以中西哲學可以會通。

牟先生認爲，西方哲學的精華集中在三大傳統，一個是柏拉圖傳統，一個是萊布尼茲、羅素傳統，再一個是康德的傳統。此三大傳統可以窮盡西方哲學，西方的哲學大體不能離開這三大骨幹。康德批判地消化了在他以前的西方哲學之傳統。在康德哲學裡，一切哲學的問題和哲學的觀點都有談論，他對哲學的概念，哲學的論辯，以及哲學性的分析，全部都提到。通過康德，可以知道哲學的來龍去脈。康德對反於「經驗的觀念論」與「超越的實在論」，而建立了他的「經驗的實在論」與「超越的觀念論」。由經驗的實在論融攝知識範圍內一切實在論的思想，由超越的觀念論融攝一切關於智思界者的思想。由經驗的實在論開「感觸界」，由超越的觀念論開「智思界」。而中西哲學對此兩界的或輕或重，或消極或積極，則正是考量中西哲學會通的關鍵所在。經過會通，中西哲學都要各自重新調整：

(1)在智思界方面，中國哲學很清楚而通透，而在西方則連康德也不能夠通透，故必須以中國哲學通透的智慧照察康德的不足，而使之百尺竿頭更進一步。

(2)在知識方面，中國哲學傳統雖言見聞之知，但究竟沒有開出科學，也沒有正式的知識論，故中國對此方面是消極的。然則西方能給中國多少貢獻，使中國也能積極地開出科學知識？這樣來考量中西哲學的會通，才能使雙方更充實，更能向前發展。

在此，牟先生借用佛教大乘起信論的「一心開二門」以爲說，認爲這是中西雙方共同的哲學間架。依佛教本身的講法，所謂二門，一是眞如門，一是生滅門。眞如門就相當於康德的智思界，生滅門就相當於康德的感觸界。中西哲學雖然同樣都是二門，但二門孰重孰輕，或是否已充分開出來，則彼此實有不同。順此而涉及的中西哲學之種種問題，在十四講中皆已作了層層之比對和透闢深細之疏解。（其詳，請參閱其書）

另外，近一年來，在鵝湖月刊連載的《四因說演講錄》（共二十講），則主要是從亞里斯多德的「四因說」，以對顯出儒釋道三家哲學之要義及其精采。這是牟先生針對中西哲學之會通，再一次提出他深刻的思考。（按、此講錄已於八十六年三月由鵝湖出版社印行。）

三、義理上的具足與功能上的限制

以上分五小節，以說明當代新儒家對文化學術的貢獻。第一點是關於「儒、釋、道」三教的表述，這是中國文化最為核心的智慧系統。經過當代新儒家的努力，可說已使三教義理，煥然復明於世。第二點是對中國文化傳統中「政道、事功與科學」的問題，進行深入的疏解，並提供中肯的解答（三統並建）。這是真能順承明末「顧、黃、王」三大儒由內聖開外王之心願遺志者。[15]第三點是對西方哲學重要典籍的翻譯與融攝消化，重現了晉唐高僧翻譯佛經的風範。而且另有專門著作出版分別消化西哲所講「真、善、美」的文化真理。第四第五兩點，是關於中國哲學所涵蘊的問題，以及中西哲學會通的分際與限度，當代新儒家皆以系統性的講錄，作了全盤的疏導和衡定。其透闢深徹，實已開啓文化「返本開新」之善端。

然而，文化學術之復興或重建，並非少數學者思想家的努力即可竟其全功。而且文化傳統也本有系統上的限制，以及在演變發展過程中帶出來的問題和流弊。這些問題已經歷了長

---

[15] 按：關於儒家「由內聖開外王」的問題，牟宗三先生在《人文傳習錄》（蔡仁厚輯錄，台北、學生書局新近出版）第二十一至二十四講，論之最為順通暢達，精當中肯。請參閱。

時期的省察，也一直有著激烈的爭議。在此不能一一縷述。現只提出二點，作一說明。

第一、「理」上無侷限，「事」上有侷限

中國的傳統文化，當然不可能盡美盡善。但僅就儒家爲中心而顯示的文化理想與精神方向而言，基本上可以看出中國文化能夠「通物我、合天人、貫古今、徹幽明」。由此四語而顯示的，實乃一個寬平融通充實飽滿的文化系統。在五千年的演進發展中，中國文化可以順時制宜，以得「時中」；可以「守經通權」，體常道以盡變化之用。因此，我曾經一方面提揭「仁智雙彰、天人合德、因革損益、據理造勢」四義，以指出儒家義理在人類世界中所含具的普遍而永恆的價值；一方面又就「倫理的實踐、政治的開新、經濟的發展、學術的推進」四目，以申述儒家對現代社會所可昭顯的時代意義與適應功能。⓰而我昔年所綜括的儒家思想基本旨趣八大端，⓱也可證實儒家學術足以作爲「人類生活的基本原理」和「人類文化的共同基礎」。

我並無意於把天下一切美好的字眼，都堆到儒家和中國文化頭上；但我也不認同專挑一

⓰ 參蔡仁厚《儒學的常與變》（台北、東大圖書公司）頁二二至四一，〈孔學精神與現代世界〉。

⓱ 同上，頁四六。所謂八大端，即：1.「人性本善」的道德動源。2.「天人合德」的超越企向。3.「孝弟仁愛」的倫理思想。4.「情理交融」的生活規範。5.「生於憂患，死於安樂」的人生智慧。6.「因革損益、日新又新」的歷史原則。7.「修齊治平、以民爲本」的政治哲學。8.「內聖外王、天下爲公」的文化理想。

些非本質性的流弊而坐實為儒家和中國文化的過罪。我不屑於自誇自大，更不忍心自賤自貶。因此我要求自己也希望別人都能說實話。先儒常有「吾性自足」之言，心性是道德價值的泉源，人文世界中一切道德價值的成果，都是本乎道德心性「不安不忍憤悱不容已」的要求而一一成就的。(此所以中國文化不走宗教的路，也不必上仰一個人格神的上帝作為一切價值的根源。)據此可知，所謂「吾性自足」乃屬實話，並非空言。從「質」上來看，儒家之教的道理，內聖外王，修己治人，成己成物，天人內外，可謂無所偏失。(此之謂義理上的具足。)但從「量」上看，則許許多多理所當為的事，卻常有遷延而未能實行，或行之而不夠圓滿，(此之謂功能上的限制。)可知在絕對普遍的「理」(理一)上並無偈限；但一落到現實(分殊)之「事」上來，則由於客觀條件之不充備與主觀人為之不得法，而顯示出各種各類的侷限性。這種情形，不止儒家如此，一切文化系統，莫不皆然。當然，知識之學與民主體制之未能開出，確屬傳統儒家之欠缺，必須補足之。不過，以往沒有，今後可以有。這二大侷限皆可以突破。所以不能視為中國文化本質性的限制。

第二、就理而言，新儒家必須通觀並顧；就事而論，新儒家不能也不必包辦一切

傳統儒家的不足，當代的新儒家必須通觀並顧，以補其缺失。但作為當代儒家的學者思想家(其代表人物，可屈指而數)，實不可能也無必要包辦一切。因為文化是整體的、全面的。實務層次的工作，分門別類，需要各種專門知識也需要各種專門人才。儒家學者如能在「文化的反省、觀念的疏通、思想的架構、理想的開顯、價值的取向、實踐的進路」這些理念層上

盡心盡力，便可算是克盡職分，功在文化。（但一個儒者本於不安不忍憤悱不容已之心，他永遠不可能淺薄地居功自滿。他仍然希望在研究與講學之外，也有精力參與其他實務的工作。）

理想是奮鬥的目標，本不容易即時達到。但理想也終須落實，虛層（理念層）的原則方向，總該對實層的事物發生主導規範的作用；這就必須擔當實層工作的人，也能對虛層的原則方向產生「共識」。這是否可能呢？當然可能。因爲本乎「人心之同然」而顯示的原則方向，自必爲人所認同而漸次形成共識。倒是實層上許多必要的知識條件和技術條件，乃屬專業專技之性質，並非人人都能具備。而新儒家的學者思想家們，也大體無法直接講論「專業知識之學」和處理「專家專技之事」。因此，凡是實用性的知識，以及處理實務的具體方案，都要仰仗學者專家，以及政府機構來盡其職守。新儒家謹守分際，「不敢強不知以爲知」，對於自己不知不能之事，必然是：尊重客觀的學術，尊重分門別類的專業專技的知識，尊重政府官員和民意機構的職權，尊重各行各業的正當利益。

第三、致望學界分工合作、相與爲善，共創文化之輝光

總之，順就中國文化的充實發展，而言「民主建國」，而言「科學發展」，都必須植根於中華民族的生命，植根於中華文化的鄉土，經由中國人自己的努力來完成。所以，沒有一個中國人能夠自外於中國文化的復興大業。全世界的華人子孫，都必須「人各盡其才，才各盡其用」，乃能使中華民族的諸多問題漸次解決，以臻於「社會安和，國族雄健」之境。我尤其盼望學界之「分工合作，相與爲善」，如此，才有希望共創文化之輝光。

八十五年七月，出席中研院「儒學在現代世界國際會議」論文

伍、當代新儒學的回顧與前瞻

一、當代新儒家的成就——以牟宗三先生的著作爲主線

當代新儒家的學術活動與著作出版，已逾半個世紀。上二代前輩先生的學術功績，可以從各方面作衡量。今天，我是以自己較爲熟悉的牟宗三先生爲主線，順就他的著作，約爲五點：「闡明三教、開立三統、暢通慧命、融攝西學、疏導新路」，提出說明。❶

1.闡明三教：儒釋道三教義理系統之表述

自古以來，有人講儒家，有人講道家，有人講佛教，各有立場。而當代新儒家雖然持守儒家立場，但同時也肯定佛老二氏，認爲在處理終極關懷的問題上，儒釋道三教開顯的生命之道，都可以提供全人類來借鏡和採擇。所以從梁漱溟氏、熊十力氏以來，除了闡揚儒家之道，也同時講述道家和佛家教義。唐君毅先生更以通論通釋的方式，對儒釋道三家之學，作了極大篇幅的講述。歸總而言，當代新儒家對於傳統學術的基本態度，一是積極肯定，二是

---

❶ 按、這五點說明，雖以牟先生爲主線，而其他前輩先生也同樣有貢獻，請大家各就所知，如實宣揚。

通盤反省。而在著述的方式和內容上特顯謹嚴而專精的，則以牟宗三先生表述儒釋道三教的幾部大著作，具有更大的代表性。

他的《歷史哲學》是要建立華族歷史的精神發展觀。上自夏商周，春秋戰國秦，下及西漢東漢，認爲中國的國家政治之規模，至東漢而大定，後代政制的改革，皆屬第二義以下的枝節。所以魏晉以後，不再講政治，轉而論學術。

他以《才性與玄理》表述魏晉階級的玄學，以《佛性與般若》表述南北朝隋唐階段的佛教。前者比湯用彤氏的《魏晉玄學論稿》更完整，更深切，可以說是講魏晉玄學的經典之作。後者則是唯一以中國哲學史的立場，來講述佛教傳入中國之後的發展。對於中國吸收佛教和消化佛教的過程及其意義，都作了非常深透而相應的詮表。這部書的成就，也應該是空前的。對於宋明階段的儒學，則以《心體與性體》四大冊❷進行全面的疏導。從北宋以來，宋明理學講了八九百年，但其中系統分化的關鍵，以及本體的體悟與工夫的進路，一直互有偏頗，泛泛不切。到牟先生，才以八年的心血，通盤而徹底地作了釐清和衡定。宋明清楚了，先秦儒家也可以隨之而清楚。同理，魏晉清楚了，先秦道家也可隨之而清楚。以此之故，原先規劃要寫一部「原始典型」以講述先秦儒道二家的學術，便自然擱置了。（當然，後人還是可以而且必須接下去研究講論。）

牟先生這三大部著作，無論思想綱脈的疏解，義理分際的釐清，以及系統綱維的確立，

❷ 按、《心體與性體》三冊，加上《從陸象山到劉蕺山》，合爲四大冊。

都已達到前所未有的明透。如果套用一句古話，我們眞可以說：儒釋道三教的義理，到此已「煥然復明於世」。

2. 開立三統：文化生命途徑之疏導

儒家有深厚強烈的文化意識，也同時凝爲道統意識，這是從孔子孟子而下及韓愈朱子，都有所表示和論說❸。而內聖必通外王，也是儒家的通義。但如何開出外王事功，則一直未能落實於體制。而且傳統儒家的內聖通外王，也只通向政治，講求仁政王道，至於「開物成務」、「利用厚生」❹的知識條件和技術條件，則一直未予直接之關心和積極之講求。數千年講學，也是以「道統」涵蓋「學統」，聖人之道與聖人之學通而爲一，這雖然也很好，但知識性的學問未能透顯獨立，總是文化上的大缺失。

民國以來，學界深識之士，也對文化問題有所反省，但多半是零零散散的意見，說不上是文化建設的藍圖。直到民國四十七年元旦，唐君毅、牟宗三、徐復觀、張君勱四位先生的文化宣言，才算是對中國文化生命的「本性、發展、缺點」作了一個全面性的大反省。其中

---

❸ 儒家的「道統」之說，雖到韓愈、朱子始言之明確，但孔子盛贊二帝三王的話，散見論語各篇，而孟子盡心下最後一章，更已說到聖道之統的傳承。請參閱蔡仁厚《孔孟荀哲學》卷上、孔子之部第九章第三節之一「傳道之儒」，頁一六〇至一六三。

❹ 「開物成務」，語見《周易、繫辭傳上》。「利用厚生」，語見《尚書、大禹謨》。

最爲中心的癥結就是「如何開出事功」？面對這個大癥結作深入思考，並直接提出解決之道的，首推牟先生的新外王三書：《道德的理想主義》、《歷史哲學》、《政道與治道》。這三部書有一個共同主旨，是即「本於內聖之學以解決外王事功的問題」。歸總而言之，也就是所謂「三統並建」，承認在「道統」之外，還有「學統」「政統」的問題。

「道統」方面，是要光大內聖成德之教，以重開「生命的學問」。道統所函的常理常道，不只適用於中國，也適用於全人類。在以往，儒釋道三教相互摩盪一二千年，今後，必將是「儒佛耶」新三教相互摩盪以求融通。這是歷史運會迫至的文化情勢，也是東西雙方必須面對的時代課題。「學統」方面，是要調整文化心靈的表現形態，開出知識之學。以往沒有開出，今後必將開出。其中的關鍵是要自覺地調整文化心靈表現的形態，使「知性主體」從德性主體的籠罩之下透顯出來，獨立展現認知活動以成就知識。如此，乃能使儒聖「開物成務、利用厚生」的古訓，獲得充分的實現。「政統」方面，是要開出法制化的政道（安排政權的軌道，也即政權轉移的制度），以完成民主政體的建國。中國傳統的政治形態，只成就了「治道」（宰相制度可爲代表），而未能開出「政道」，所以「朝代更替，治亂相循」，「君位繼承，宮廷鬥爭」、「宰相地位，受制於君」。這三大困局二千年來一直無法解決，而民主政治的政治形態，正好可以消解中國傳統政治的三大困局。而由儒家「民本」「民貴」的思想，

❺ 按、「三統並建」之說，在民國三十七年牟先生撰〈重振鵝湖書院緣起〉時首先提出。自此以後，常隨機申說，散見所著各書之中。

落實爲「民主」的體制，也本是順理成章的發展，並沒有本質上的困難。

上述「三統」代表文化生命的三個方面。而三統的同時並建，也確實可以打開華族文化生命的癥結，而開顯一條順適條暢的新途徑。個人認爲，今後數百年中華民族奮鬥的總綱領已然確立，未來的成敗得失，就看朝野上下的中國人如何分工合作齊心努力了。

3.暢通慧命：抉發中國哲學所涵蘊的問題

在二十世紀，中國文化和中國哲學所遭逢的境遇，其複雜和艱困都是空前的。而五四以來，眞正致力於中國哲學之反省，眞能爲中國文化之新生貫注精誠而殫思竭慮的，還是當代新儒家幾位前輩先生。從梁、熊二氏到唐君毅先生都有很大的貢獻，而牟宗三先生則更集中而通貫地作了專門的省察和疏導，是即《中國哲學十九講》。

在十九講的講述，並不是他一時的興會，也不是他偶發的議論，而是切關於中國哲學之系統綱格與義理宗趣者。其中所抉發和釐定的各種問題，也對中國哲學今後的發展具有重大的啓發性。所以十九講所舉述的問題，皆有所本（即，本於他的「才性與玄理、佛性與般若、心體與性體」各書所表述的義理）。通過這一步通貫性的綜述，中國固有義理的性格，未來發展的軌轍，皆已不再隱晦，而繼往開來的道路，也確立了指標而有所持循。到此方知，文化慧命的相續不已，固可具體落實，而並非徒託空言。

由於國人對自己文化傳統的隔閡與無知，常以爲中國文化是一個停滯不進的封閉系統。其實，在二千多年大開大合的發展中，中國文化本就不斷有義理的開新。牟先生曾列舉中國哲學史上的十大諍辯，每一次諍辯都含有義理的開創性。❻一爲儒墨的諍辯，二爲孟子對告子「生之謂性」的諍辯，三爲魏晉玄學家之會通孔老，四爲言意之辯，五爲神滅不滅的問題，六爲天台宗山家與山外關於圓教之諍辯，七爲陳同甫與朱子爭漢唐，八爲王龍溪與聶雙江的「致知議辯」，九爲周海門與許敬菴「九諦九解」之辯，十爲當前中國文化如何暢通的問題（此中含有四件事：破共、辨耶、立本、現代化）。這十大諍辯的舉述，不只是反省地述古，而更是前瞻地開新。如何暢通中國哲學的慧命，使之能眞正進入世界哲學之林，爲人類的人文世界盡其主導性的貢獻，都可以從十九講和十大諍辯的省察中開啓新路。

4.融攝西學：康德三大批判之譯註與消化

中國曾經融攝印度傳來的佛教，這是文化生命浩瀚深厚的徵驗，也是文化心靈明敏高超的表現。今後我們能否像當初吸收消化佛教一樣，也能吸收消化西方哲學和西方宗教？這其中有一個重要的關鍵，就是現代的中國人能否像晉人唐人一樣，也有意願有能力來翻譯具有代表性的西學經典。

當代新儒家的心力，雖然以「反省文化，講論儒學」爲主，但也並不忽視譯述西學的重

---

❻ 民國七十五年十二月，牟先生在中央大學講「中國文化發展中義理開創的十大諍辯」，講詞發表於中國時報與鵝湖月刊。蔡仁厚《中國哲學的反省與新生》（台北、正中書局），頁二一七至二三一，曾加介述，可參看。

要，而牟先生更在老年之時，從容而持續地將康德三大批判翻譯出版。以一人之力全譯三批判，這是二百年來世界第一人。而且，他又不只是翻譯而已，同時還作「註」。一條註文有時洋洋數千言，無論疏解觀念或發明義理，都可以和康德原典互相印證，互相映發；如此「精誠貫注、譯解雙行」的工作，實可媲美於玄奘、鳩摩羅什之譯唯識論與大智度論。當然，牟先生這步工作之得以順利完成，是因爲有「儒、釋、道」三教的義理智慧作憑藉，而牟先生又正是在他以三部專著表述三教之後，再進而譯註康德之書。可知學術之功，非勉強可得，非僥倖可成，而必須「勿忘勿助」，「眞積力久」❼，而後乃能水到渠成。

尤有進者，牟先生不但「譯、註」三大批判，而且還特別撰寫專書來消化三大批判：以《智的直覺與中國哲學》、《現象與物自身》消化第一批判，以《圓善論》消化第二批判，以一百頁之長文〈眞美善的分別說與合一說〉消化第三批判。這裡所顯示的智思與學力，自康德書出以來，也鮮有比倫。

此外，牟先生在《認識心之批判》重印之際，又漢譯維根斯坦的《名理論》出版，這是在康德哲學之外，對另一系西哲思想之消化。

5.疏導新路：中西哲學會通的道路

人人都會說，文化必須交流，思想必須會通。但一般的意見，多屬浮光掠影，泛而寡當。

---

❼ 「勿忘勿助」乃孟子之語，見《孟子、公孫丑上》，「眞積力久則入」乃荀子之語，見《荀子、勸學篇》。

而所謂比較哲學，又常隨意比附，很少眞知灼見。可見欠缺孟子所說的「知言」工夫，是無法平章天下學術的。

牟先生指出，中國哲學和西方哲學的會通，乃是一個大題目。講這個題目，一要通學術性，一要通時代性。關聯時代而言，是奮鬥的方向問題。當前人類奮鬥的方向，就是要解消馬列唯物的意識形態，否則，世界就不能和平，人類就沒有前途。這樣，當然也就不可能有中西哲學的會通（當馬列的意識形態是個絕對標準時，你將如何講會通）？可見講文化會通，不能不通時代性。至於通學術一面，第一步是了解中西哲學及其傳統，第二步是依於了解來考量中西哲學如何會通？即，必須明徹其會通的根據和會通的限制。

牟先生指出，西方哲學發展到康德，是一個大的綜結。康德批判地消化了在他以前的西方哲學之傳統。通過康德可以知道哲學的來龍去脈。康德建立了他的「經驗的實在論」和「超越的觀念論」，由前者而融攝知識範圍內一切實在論的思想，由後者而融攝一切關於智思界者的思想。由經驗的實在論開感觸界，由超越的觀念論開智思界。而中西哲學對此二界的或輕或重，或消極或積極，則正是考量中西哲學會通的關鍵所在。經過會通，中西哲學都要各自重新調整。(1)在智思界方面，中國哲學很清楚而通透，而在西方則連康德也不夠通透，故必須以中國哲學通透的智慧照察康德的不足，使之百尺竿頭更進一步。(2)在知識方面，中國哲學傳統沒有開出科學，也沒有正式的知識論，那末西方能給中國多少貢獻，使中國能積極地開出科學知識？這樣來考量中西哲學的會通，乃能使雙方更充實，更能向前發展。

於此，牟先生借用佛家大乘起信論的「一心開二門」以爲說，認爲這是中西雙方共同的哲學間架。中西哲學都是二門（眞如門相當於康德的智思界，生滅門相當於康德的感觸界），但二門孰重孰輕，或是否已充分開出來，則彼此實有不同。順此而涉及的種種問題，在《中西哲學之會通十四講》裡，皆已作了層層之比對與透闢深細之疏解。（其詳請參閱原書）另外，在鵝湖月刊連載的《四因說演講錄》（共二十講），則主要是從亞里斯多德的「四因說」，以對顯出儒釋道三家哲學之要義及其精采。這是牟先生針對中西哲學之會通，再一次提出他深刻的思考。

※　　※　　※

中國文化發展到今天，不但原先的儒釋道三教和諸子之學要融通，而且更要和西方文化傳統相結合，要求一個大綜和，這是中華民族自覺要做的一件大事。所以必須根據自己文化生命的命脈，來跟西方希臘傳統所開出的科學、哲學，以及西方由於各種因緣而開出的民主政治，來一個大結合（跟基督教沒有綜和的問題，而是判教的問題。判教，是對不同的系統提供妥當的安排。）先把自己民族文化生命的命脈看清楚，然後了解西方的傳統，也即從希臘的科學傳統、哲學傳統，一直到現在的自由、民主政治，這不就是一個大綜和嗎？

四年前，牟先生在第二屆新儒學會議作主題演講時，曾特別指出，科學與自由民主乃是理性上的事，是人類理性中所共同固有的。既然是人類理性上的事，怎麼能單單屬於西方呢？可見這不是西化的問題，而是現代化的問題。他又說，科學和自由民主不是哲學家一個人的事情，這是大家的事情。大家肯定科學、肯定自由民主，自然就可以一步步開發出來。這裡所謂「大家」，台灣、大陸，都在內。大陸和台灣都走科學和自由民主的道路，我們不就可以自由講學了嗎？而當代新儒家就是要在自由民主政治的保障之下，在學術自由的開放社會之中，來擔當歷史運會中這個大綜和的必然性。

二、未來中國文化的走向

前節五大端的說明，其實已經顯示中國文化未來的走向。現在換個方式，分別從「重開生命的學問」、「貫徹現代化的道路」、「落實人文教化」這三方面，提出比較具體的說明。

1.重開生命的學問

中國哲學的傳統，基本上就是生命的學問，生命的學問以心性義理爲核心。但儒釋道三教的心性之學已成散場之勢，所以時代心靈「無理無體無力」，而安身立命之道也無法豁顯挺立。然則，我們將如何正本清源，以疏通「源頭活水」，這就不能不重開生命的學問。如何重開？表述三教的智慧系統，暢通內聖外王之道，融攝西方哲學宗教的精華，這都是應有之義。（略見上節）。在此，另提三點意思：

第一點是文化心靈的凝聚

文化心靈是文化學術的源頭活水，它必須淵渟深涵，而後乃能「原泉滾滾，不舍晝夜，盈科後進，放乎四海。」❽然而民國以來，上承清代之餘勢，學風卑陋，士品猥雜。抱殘守

❽ 語見《孟子離婁下》。

闕者，固然學無義法，言失宗趣；而醉心西化者，尤其淺慧小識，浮囂歧離。所以二十世紀的中國心靈，呈顯散馳流走，而不見凝聚貞固。

在如此情形之下，人將無法理解「生命的學問」之意義，也無法肯定「聖、賢、君子」的價值。順這個意思來想，我們可以發現當代新儒家之所以如此寂寞，如此難得解人，皆非偶然。不過轉過來看，當代新儒家精誠弘毅、堅苦卓絕的精神，也已在時風的對顯中，漸漸明朗出來，人們也終於感受到：唯有凝聚而不散馳的心靈，才有可能理解眞理，貫徹理性，以成就人文世界的諸多價值。

第二點是文化精神的開放

心靈要凝聚，精神要開放。中土三教的精神，基本上都是開放的。道家反對人爲造作，要求清靜無爲，要求無待消遙，這是開放的精神。佛家要觀空破執，要出離生死苦海，也是解脫開放的精神。儒家是道德的進路，道德實踐要人從感性欲求的制約中超拔出來，以表現生命的善和完成人生的價值。人生的價值不只立己成己，也要立人成物，這種積極的精神更是開放的。有人說，先秦儒的精神是開放的，宋明儒的精神是內斂的。其實，先秦儒的精神也同時是內斂的，宋明儒的精神也同時是開放的。凡是有所嚮往，有所擔當，都必須向內收斂，同時又向外開放。如果不能內外相通，又如何能成己成物？我用「文化心靈的凝聚」和「文化精神的開放」來講「重開生命的學問」，正以此故。

「生命的學問」講求成眞人、成佛、成聖賢，那是理想、目標。就這套學問本身而說，則是要人通過自覺，肯定生命中的心性本體，肯定人人都能通過他自己的工夫方式，以表現生活的意義。只要人的生活行爲沒有負面的罪惡而有正面的意義，那就是生命價值的昭顯（價值大小，非所計較）。因此之故，士農工商，都可以踐行聖人之道，都可以成君子、成聖賢，武訓就是一個例證。陸象山說「我雖不識一字，亦須還我堂堂地做個人」。武訓不識字，吃了虧，但他「不怨天，不尤人」，而以一念眞誠，推己及人，他希望世間人都能識字，所以用他乞討的錢來辦義學。學生不用功，他向你下跪，請你好好讀書，老師不盡心，他也向你下跪，請你好好教書。唐君毅先生說：當武訓向人下跪時，就彷彿上帝化身爲乞丐，匍匐於人的面前，而要求人的人格上升。唐先生的話說得深切感人。武訓表現的精神，正爲生命的學問作了最眞切的見證。

2.貫徹現代化的道路

「現代化」，不只是一個時間觀念，也不只是一種生活方式，而是一個有價值內容的觀念，現代化的眞實意義，是指近代西方文明的成就而言，其基本的內容有三：一是民族國家的建立，二是人權運動的展開，三是知識的獨立發展。一二兩點合起來，成就了民主政體的政治形態，和（有法律秩序的）自由開放的社會，第三點則是科學的發達。科學的學理發展爲實用的技術，再下來便是「產業革命」、「工商發達」、「自由經濟」，這三者都是知識獨立以後的成果。

當代新儒家對中國文化問題，比五四時代的人作了更徹底的反省和更深入的思考，確認儒家思想與民主科學並無相逆的衝突，而是相順的發展。所以當代新儒家在貫徹現代化的道路上，業已建立共識。簡括而言，即是下列兩個綱領性的重點。

第一是支持民主政體的建國

由貴族政治形態（春秋以前），到君主政治形態（秦漢以後），再發展到建立憲政體制以完成民主政治的形態，這是歷史發展的必然，無有別路。而由儒家民本民貴的思想，進一步落實而為民主政治的體制，也本是義理上應然而必然之事。當代新儒家之所以支持民主政體的建國，並不只是看做政治上的事，而認為它是「為生民立命」「為萬世開太平」的盛德大業。

在以往，講到生命的安頓和貞定，總以為是個人安身立命的問題，是心性修養的問題，這是從內聖方面去想。而一個民族乃是一個集團，集團生命的安頓和貞定，不同於個人的立己成德。它必須向客觀制度上去想，這就是所謂「外王」。以前，由內聖通外王，是直接的方式，所以稱呼王與君為「聖王、聖君」。雖然說，外王事功不應割斷內聖之德，但內聖之德畢竟不等於外王事功，外王也不應只是主觀之德的發用，而必須建立客觀的體制，才算是開顯政治的宏規。而民主政治這一套體制，正就是這個宏規。它不但可以保障權利和義務的公平運作，而且可以使個體和群體的生命，同時獲得客觀的安頓和貞定。這種意義的安頓，不是內聖的安頓，而是外王的安頓；這種意義的貞定，也不是人品性情的貞定，而是客觀體制上的貞定。由此可知，廣義的政治乃是民族生命客觀實踐的大事，它的意義非常正大，非常莊嚴。（當代新儒家比較重視客觀的學術和客觀的事業，而不像傳統儒家那樣直接立志做聖賢。這是精神表現形態上的一步調整，也正合乎「聖之時者」的道理。因此，十幾年前有一個美國人說「梁漱溟是最後一個儒家」，那種話並沒有眞實的意義。而鄭家棟博士最近論及當代新儒家時，曾感歎說這是一個「沒有聖賢的時代」。這句話也是不需說的。儒家本來就要「明明德於天下」，本來就肯定人皆可以爲聖賢，並不一定要從形式上突顯特定的個人，說某某人是這個時代的聖賢。」

第二是建設學術自由的園地

民族生命要安頓，要貞定；文化生命則要開顯，要放光。所謂文化生命要「開顯」，是指「由德性主體開知性」。中國傳統文化所開顯的是德性文化的光輝，而民族文化心靈中的知性主體，一直未能從德性主體的籠罩之下透顯出來。今後必須自覺地調整文化心靈的表現形態，使德性主體開顯知性之用，使知性主體也能大放光明。如此，知性之光與德性之光，交光互映，乃能重新開顯中華文化的光輝。

儒家的心性之學，雖以道德心性爲主綱，但認知心的觀念線索也自古有之。先秦時期的荀子和南宋時期的朱子，他們所講的心都是認知心。只因爲他二人的學術目的，仍然定在內聖成德上，所以並沒有開出知識之學的傳統。但「非不能也」，「是不爲也」。順儒家思想來發展知識之學（科學），可以有二條路：一條是良知（德性主體）自我坎陷，轉而爲認知心（知性主體），以展開認知活動，成就知識。一條是順荀子和朱子所講的心（認知心）直接用於認知事物，在方式上這仍然是朱子所謂「即物而窮其理」（但必須是窮究事物本身的形構之理：性質、數量、關係），如此也自然能夠開出知識之學。可見由德性主體開顯知性之用，在儒家也可以是順理成章之事。問題在於我們能不能提供「學術自由」的園地。

學術自由，聽起來很普通，但眞要建立起「學術自由的園地」，卻並非容易之事。在中國歷史上雖然沒有宗教教條控扼學術思想的自由，但從黨錮之禍以下，歷代「禁僞學」、「文字獄」的事件，也一樣是對學術自由的壓制和迫害。如今，大陸上固然還有意識形態的籠罩，在台灣也偶而還會有一些無謂的干擾和限制，而近年來普遍「泛政治化」的情形，也不利於學術。我們覺得與其提倡「校園民主」，不如強調「校園自由」（研究的自由、思想的自由、講學的自由）。校園之所貴，不在行使公民權利，而在創發學術眞理。所以校園之內，理當根絕政治活動的干擾。一入校門，便是學術的獨立王國。校園之內，學術高於一切，甚至是價值唯一的標準（有人品的人應受尊敬，但有品無學，校園不宜）。一個國家，必須具備獨立自由的學術王國，使人人可以理所當然地自由講學。這樣，才能發展學術，培養人才，以完成現代化的文化使命。

儒家的孔子、孟子，都曾建立思想自由、講學自由的學術王國（讀論語、孟子，便見分曉）。歷代儒者的民間講學，也是要在官學系統之外，建立學術自由的王國。而當代新儒家在抗日戰爭時期創辦三大書院❾，大陸變色之後，又在香港創辦新亞書院，這都是爭取學術自由的

❾ 抗日戰爭時期，有四川樂山之「復性書院」（馬一浮主持，熊十力曾任主講），重慶之「勉仁書院」（梁漱溟主持，熊十力一同主講）、大理之「民族文化書院」（張君勱主持）。此三書院就講學之實務而言，

具體實踐。我們希望國人正視「學術自由」對「中國現代化」的重要性，來共同爲建設「學術自由的園地」而努力。

3.落實人文教化

我一貫認爲，儒家的義理，不但亙古常存，事實上也時常顯露於人的存心動念之間，表現於人的生活日用之中，即使在中共文化大革命之時，也仍然隱伏於人的心靈之內而不時躍動，所以儒家永遠是「鮮活的」❿。但儒家的禮樂教化，卻已鬆塌散落了。教化層的散塌，形成儒家的無力感，隨時隨事都感到有心無力。而如何振衰起弊，又很難有具體對症的有效藥方。這是當前的實情，無庸爲諱。

人文教化，應有三個層次：一爲器物層，二爲生活層，三爲理念層。

(1)器物層：

器物層包括文物器用，人文景觀，以及各種工程建設。就文物器用而言：在圖書文獻方面，如何保藏，如何管理，如何影印重版，如何發行流通，都必須運用現代的技術和設備，

效果不大，但就儒者之精神企向而言，實顯巍然高卓之象，故大陸學界習稱此爲「抗戰時期新儒家三大書院」，此一稱說，饒有意味。

❿ 蔡仁厚《儒學的常與變》（台北、東大圖書公司），頁九至十二，有〈儒家的鮮活之氣〉一節，可參閱。

來作妥善的處理和有效的利用，使知識的寶藏，發揮教育的功能。在器物方面，諸如禮器、樂器、祭器、酒器、茶具、服飾，以及玉石、象牙、陶瓷、金屬等等的古玩手飾，還有醫卜星相、農漁工商各行各業日用的器皿，這些器物，都是祖先的心血，應該珍惜。除了保藏複製，還可以用仿古的方式，使它的手工之精、技能之巧、藝術之美，復現於世。

就人文景觀而言，主要是建築之美，以及由建築景觀所顯示的歷史文物之意義，有如宮殿、城堡、園林、祠堂、廟宇、亭台、樓閣，以及佛教的寺院，道家的道觀，其他宗教的教堂，還有名勝、古蹟、寶塔、華表、碑碣……這些都是人文景觀。我們除了要保存它歷史的價值，並要使它顯發人文的意義和教化的功能。譬如攝影印成畫冊，或者拍成錄影帶，使人在觀賞之時有身歷其境的感覺，再加上文字旁白的說明，效果就更佳了。通過人文景觀的遊歷和觀賞，它所代表的精神就能通貫到現代人的生命之中，和現代人的心靈融合而爲一，使古人今人的精神血脈交感相應。

至於工程建設，似乎無關於人文教化，其實不然。工程建設雖是科學的成果，但卻常常由於「不同的歷史背景、不同的文化傳統、不同的生活方式、不同的風俗習慣、不同的宗教信仰」，而染上文化的特質和種族的色彩。中國是歷史悠久之國，在我們從事現代化的建設時，是否曾想到在現代化的形式外觀上，同時也賦予它歷史文化的意涵和人文傳統的風格呢？是否也想到在科學化的功能運作上也能恰切地貫注一份人文的精神，使它處處蘊含人文的質素，隨時顯發文化的氣息呢？我認爲這是很有意義的一層考慮。

(2)生活層：

現代化的眞諦，是要使人的生活更有意義，使文化的活動更有價值。在此，無暇舉述生活的種種規範，而只能就生活意義的實踐，提出三點意思：

(a)禮讓與公益：禮讓與爭競是相對的。好爭競的人常損人以利己，而禮讓則能舍己而從公。可見禮讓和公私之辨是直接相關的。禮讓不是爲了私己的利便，而是爲了成全公益。所以禮讓的精神，是「讓利不讓義」。利之所在，可以讓；義之所在，則當仁而不讓。因此，急公好義，見義勇爲，正可視爲禮讓精神的積極表現。其實，禮讓也並非只是古風。譬如民主國家的政黨競選，是爭；但執政者的政策不能取信於民時，則主動潔身而退，這就是讓。兩黨政見不同，但在野黨基於國家利益，襄贊執政黨共成國家之治，這也正是「成功不必在我」的禮讓精神。由此可知，現代化不一定要反古道，古道中的精神也常能有助於現代化之完成。

(b)信義與功利：現代化不能不發展工商業，而工商社會必然崇尚功利。功利之習與信義之風，雖然互爲反對，但相反者未必不能相成。譬如工商社會也同樣要求人信守諾言，履行義務。但如果人不崇信，不尙義，則法律和契約的效能也將難以發揮。反之，如果國民以信義爲重，以背信不義爲恥，則必不會爲了利而背信，也不會見利而忘義。這樣，就可以轉化功利之習爲「急公好義」之風。因此，培養國民崇尙信義的價値觀念，不但可以救濟功利之弊，而且可以使現代化的發展，導向健康正常的道路。

(c)敬業與效率：現代社會，人人定時上班下班，看起來好像都能克盡職守，但究竟算不算「敬業」呢？如果他的工作目標只是爲了得到一個好的職位和一份優厚的薪資報酬，那麼他勤奮工作便只是爲了個人的利益，而不一定算是敬業。不敬業的員工，不可能有凝聚的向心力，也很難持續發揮工作效率。敬業樂群，本是儒家倫理的精神，而日本企業界拜儒家之賜，充分發揮了敬業精神，所以人人「以工作爲事業」而全力以赴，他們對事業成敗的關心，超過對職位高低的計較；對整體利益的關切，也超過對待遇厚薄的要求。所以他們的企業單位能夠凝聚不散，持續發揮工作的效率。

(3)**理念層**：

理念層所顯示的是原則和方向。原則是一種運用，而運用之妙，存乎一心。這樣說，好像很空洞，因爲原則本就是虛層的宗趣。但虛層上的原則，卻能顯發眞實的智慧，決定實踐的方向。前面說過，中國現代化的主綱是完成民主建國和開出知識之學。對儒家而言，這是外王之學的充實和開擴。但外王之學不能和內聖之學（文化精神）脫節，尤其不容許和內聖之學相衝突。而生命的原則和實踐的方向，又正是內聖之學的血脈所在。茲陳三義，略作提揭：

(a)倫理本位，天理中心：一般而言，中國文化可以說是「人本」的文化，和「神本、物本」有所不同。進而就文化的內涵宗趣而言，又可歸結地說，中國文化以倫理爲本位，以天理爲中心。天理，即是仁，即是良知，即是本心善性。因此，凡是「抹煞人性、傷天害理、忤逆倫常」的思想理念，都是和中國文化的原則精神相牴觸、相違背的。

(b)天人合德、物我相通：以儒家爲主流的中國文化沒有走宗教的路，而是道德和宗教通而爲一；也沒有走征服自然的路，而是人生和宇宙通而爲一。因此，儒家的天人關係是和諧相通的。天命天道下貫而爲人之性，人盡心盡性以上達天德，天德和人德，天道和心性，是上下相通、相互回應的。凡是「只講天道而不講人道（心性）」或者「只講心性（人道）而不講天道」，都不合乎文化生命的原則方向。同時，儒家的仁道，內以成己，外以成物。它是一個感通的活體，不但與家國天下相感通，也與天地萬物相感通，而且還貫通時間之流而與歷史文化相感通。因此，凡是「只求自己解脫，只救自己靈魂，而不救國家民族，不救歷史文化」的宗教、思想、主義、學說，都不合乎中國文化的精神方向，都是我們所不取的。

(c)報本返始，守常應變：儒家同時肯定天地是宇宙生命之本始，祖先是個體生命之本始，聖賢是文化生命之本始，所以主張三祭（祭天地、祭祖先、祭聖賢）以報本返始。儒家看生命，從來就不採取「小我、個體我」的觀點，而是貫通民族文化生命，把人看做一個源遠流長的生命體。所以，凡是「拉掉民族生命之常道，割斷文化生命之本根」的言行，儒家都認爲是忘本、忘恩（忘懷天地生化之恩，忘懷祖先生養之恩，忘懷聖賢教化之恩），這種敗德之行，不可饒恕（但可悔改）。同時，儒家認爲文化的演進發展，必然是前有所承，後有所開，所以揭示「時中」之義。「中」是不變的常道，是經；「時」是應變的原則，是權。儒家之學，有經有權，有常有變，「守經以通權，守常以應變」，所以能與時俱進，萬古常新。

以上三個層次的說明，是從器物層、生活層，說到理念層。其實，就中國現代化的理序而言，三者的順序正好應該倒轉過來。首先，必須依據理念以顯發原則方向，這是理念層；順從原則方向以表現生活的意義，這是生活層；進而創造各方面具體的文化成果，則屬於器物層。

三、結語：一心璀璨，萬樹競榮

黃梨洲寫《明儒學案》序，開端第一句便說：「盈天地，皆心也。」心是萬化之本，是道德價值的總根源，人文世界中「眞、美、善」的價值，都是心靈創發的成果。雖然在心靈活動以及心靈創造價值成果之時，也需要物質性的配合，但人類文化的創發開展，其主動力並非來自物質，而是來自精神。所以持唯物論的觀點來講論文化歷史，乃是一種偏執之見。堅持這種偏執之見是不合乎理性的。排斥理性所造成的偏執，不但是「偏」，而且是「僻」，所以牟先生說他們是「僻執」。⑪

僻執者必不理性，所以不能走入坦途。而當前這個時代是最需要理性的。今天中華民族的「文心」（文化心靈）既要凝聚，又要開放。凝聚，始能貞固自立而有所守；開放，始能感受因應而有所爲。能守其所當守，爲其所當爲，此便是理性的坦途。從今以後，當代新儒家

⑪ 見牟宗三〈僻執、理性與坦途〉，編入《時代與感受》（台北、鵝湖出版社），頁九七至一一八。

允宜循行兩條路線：

第一是從相對走向融通：儒家的基本精神歷來都是以「相通」代替「相對」。但二十世紀的儒家，一直處於受貶挨打的地位，它不能不把非儒家的觀念系統看做是相對的彼方，而彼此之間也不免有衝突，有激盪，經過半個多世紀的努力，當代新儒家認識了老傳統，也認識了新思想，認識了東方的儒釋道三教，也認識了西方的哲學和宗教。其中的異中之同，同中之異，也已有了確切的分判，彼此相資相益的切要之點也有了明透的辨識。如今，時間上的古今新舊之不同，空間上的中土西方之差別，都已有了溝通融和之道。而孔子「和而不同」的話，也可以順其意而改說爲「雖不同而能和」了。融和，乃是人類文化的大通之道，我們深信不疑。

第二是從顯立理想落實到分工合作：孔孟所印證的「怵惕惻隱之仁」乃是價值世界的根源，也是儒家建立人性論的根核。而人性論的時代意義與文化意義，首先是對治唯物論與馬派的人性論。這是怵惕惻隱之仁第一步的衍展。再進一步便是「踐仁」的過程。在踐仁的過程中，含有「家、國、天下（大同）與自由、民主、道德、宗教」之重新肯定。因此，一個文化運動的推展，除了提揭理想、顯立理想，也必須同時想到具體落實的問題。無論家庭倫常、國家政治、世界大同，以及自由人權、民主法治、道德實踐、宗教活動等等，都應該基於怵惕惻隱之仁而交感相通。大家化疏隔爲融通，異地同心，分工合作，各學派、各宗教、各民族、各國家，都在理性的道路上自由自律來行走，使人的仁心，都能隨其生活，隨其工作，隨其思想，隨其信仰而具體的踐行，眞實的表現。於是，人文世界中一切「眞的、善的、美的」價值，皆得以隨時創發，一一成就。是之謂「一心璀璨，萬樹競榮」。天地貞觀，嘉善吉祥。豈不渏歟盛哉！

（八十五年十二月講於第四屆當代新儒學國際會議開幕式）

陸、當代學術界的大豪傑：徐復觀先生

「豪傑」和「狂狷」一樣，是中國文化特有的人品名目。豪傑與聖賢相通，所以古賢有言：「有豪傑而不聖賢者，未有聖賢而不豪傑者」。儒家的聖賢人物，都是豪傑之士，都能顯發豪傑精神。而徐復觀先生，便正是當代中國學術界的大豪傑。

一、由權力中心走向學術王國

在徐先生八十年（一九〇三至一九八二）的歲月裡，自始至終，都顯露他的豪傑氣性。他從武昌第一師範畢業之後，在三千考生中以第一名考入武昌國學館，受到黃季剛氏的賞識。隨即他又經由中山之書進而接觸馬恩唯物之論。於是，他開始由傳統而走向時代新潮。

二十八歲赴日，先入明治大學，因潛心於河上肇之著作而拓展了思想的視野，但學費無以為繼而改入日本陸軍士官學校。次年，九一八事變，他因抗日而入獄，遭退學，於明年回上海，從此歷任軍職而投身抗日聖戰。

四十歲，奉派到延安任聯絡參謀，與中共高層多所接觸。次年（民國三十二年）回重慶，與兩位重要人物初次見面。一是晉見蔣委員長，從此開始參與樞密。二是拜謁熊十力先生，熊先生的印象是「這個人可以讀書」。這句話隱隱然爲徐先生中晚年的學術生命開啓新機。

抗戰勝利，人人向權勢謀發展，徐先生卻以少將退役。次年，在南京主辦「學原月刊」，邀請持平守正的學者撰稿，希望通過學術之導正，以護持國族之文化命脈。繼而，感到國事日非，緩不濟急，又抱持「由救國民黨來救中國」之心願，於三十八年應蔣公之召，住溪口四十日，提出對國民黨之改造方針。是年六月，在香港創辦「民主評論」，高擎文化反共之大纛。而也因辦雜誌而與權力中心日漸疏遠，終於完全脫離現實政治。於五十之年而改弦易轍，任教於與大前身之台中農學院。又二年，東海大學創辦，即應聘爲中文系教授。從此，進入學術王國，大展鴻圖。

二、豪傑性情與豪傑境界之昇華

由以上的簡述，可知徐先生從早歲之才慧穎露，棄舊求新，而忠憤慷慨，獻身報國，都是走的直接投入的奮鬥之路。及抗戰勝利，國家未見興復光暢之象，而社會民心反而有散塌之勢。他滿懷憂患，以久歷軍政職事之身，憬悟學術思想之重要。而在香港創辦「民主評論」，尤大具意義。牟宗三先生曾說：

> 民四十至民五十，十餘年間是民主評論之時代。吾與唐君毅先生許多有關中國文化之文字皆在民主評論發表。去障去蔽，抗禦謗議，皆徐先生之力。那時新亞書院初成，

極度艱難，亦多賴民主評論社之資助，此亦徐先生之力。

所謂「去障、去蔽，抗禦謗議」，以及資助新亞書院，激揚新亞精神，這都是徐先生豪傑性情之具體表現。而「民主評論」與「自由中國」二大刊物，從初期之相通相輔，而漸次引發許多恩恩怨怨，風風雨雨，其實都是少數人的偏激淺視所釀成。在雙方論辯的過程中，徐先生雖然筆鋒如刀，犀利辛辣。但他那始終一貫的思想立場，以及表裡如一的精誠熱力，最後終於獲得對手的信諒。可見正學正論終不泯滅，豪傑性情也自能與人相感相召，而通達於理性世界。

再者，他晚年在東海校園撻伐文化漢奸，雖然引發他「無慚尺布裹頭歸」的孤憤，但他在謝世詩中有句云：「莫計平生傷往事，江湖煙霧好相忘」。這時，他心境完全放平，所以特能顯現溫厚深醇之致，而希望那些如煙如霧的傷感平生的往事，隨風消釋，一起相忘。相忘，不只是私己的恕諒，而更是直接面對莊穆的國家民族、浩瀚的歷史文化，而進到道術層次上的相忘。此時，徐先生執持正義公理的豪傑性情，已昇華而爲「聯屬天人民物而爲一體」的宇宙情懷了。

三、文化脈動與學術器識

徐先生認爲，道德、藝術、科學，是人類文化的三大支柱。中國文化具備了前二者，而以自然爲對象的科學知識，則未能得到順利的發展。徐先生的《中國人性論史》是關於中國文化中「道德」這一支柱的基本疏解，而《中國藝術精神》則是對「藝術」這一支柱的深入探究。

徐先生本乎強烈的文化意識，透入文化命脈而發言，故能顯發明通深透的學術器識。譬如他指出中國的人性論有三個層次：第一個層次，是通過自覺反省和生活體驗的工夫，而開發出來的人性論，像孔子所講的仁，孟子所講的心性，老莊所講的虛、靜、明，以及後來宋明理學家的人性論，都屬於這個層次。第二個層次，是從思想概念上加以陳述的人性論，像漢儒所講的心善性惡、性善情惡、陽善陰惡、善惡混、性三品等等的說法，就是屬於這個層次的人性思想。第三個層次，是文字訓詁上的人性論，那只是字義解釋，根本和人的生命不相干，像清代乾嘉學派所講的就屬於這一層。徐先生認爲，講人性的目的，是要肯認先天本有的道德心、道德性，以挺顯道德實踐的根據；進而自覺地顯發出來，以表現生活行爲的意義，和創造道德文化的價值。而第二層次的人性論只是「非實踐、非存在」地講，是「與生命相隔」的一種講法；而第三層次的人性論，則根本沒有什麼意義。徐先生這種分別，簡要而清新，透脫而中肯，很不平凡。

至於中國文化中的藝術精神，若窮究到底，徐先生認爲，最後只有孔子和莊子所開顯的兩個標程。而中國文化的藝術精神，主要是表現在繪畫和文學上。文學是儒道二家的心靈和後來佛教所共同活動的領域，而繪畫則可以說是莊子藝術精神的獨生子。徐先生對莊子的藝術精神有特爲深刻相應的體會，他那以討論中國繪畫爲主的《中國藝術精神》一書，不但是一部名著，而且是一部超邁古今的不朽之作。

四、鹽鐵論：一個深透研究的例證

徐先生對專家專題的研究，是多方面的。其中對董仲舒的研究，對《史記》的研究，都能顯示大見識、大功力，而達到卓越超常的成就。在此，我想另舉台港海外不甚注意的《鹽鐵論》（官方與學界辯論國家財經政策的實錄）來印證徐先生在學術研究上的特識。

在大陸批孔揚秦的時候，四人幫認爲《鹽鐵論》是儒法鬥爭的樣版。他們以桑弘羊代表法家，而誣責賢良文學代表地主富豪的利益，進而更厚誣孔子爲地主階級的代言人。徐先生在香港看見這種報導，大爲憤恨。乃依據《鹽鐵論》的原文進行深入的探究，發現桑弘羊只代表官僚利益和自己的權勢說話，那裡是什麼法家？而賢良文學卻能正視國家法度而爲民請命，他們才是代表社會大衆說話的。因此，徐先生認爲凡是附和四人幫的那些說法，全都是「是非的大顚倒」，都是喪失學術良心的敗種。

同時，從桑弘羊敢於貶視和曲解孔子看來，漢代的帝王也並不眞正尊孔尊儒。尊孔尊儒乃是社會人心的反映，是那些眞正感受到孔子救世精神的賢良文學之呼聲。所以，漢代的儒者乃是在權力的夾縫中，來伸張儒家之政治理想的。他們的奮鬥很艱苦，但也極其勇敢。

其實，二千年來的儒家，一直都是在君主專制的限制之下從事艱苦的奮鬥。即使在號稱儒學昌盛的宋明兩代，程伊川、朱子、王陽明，都遭受「僞學」之禁。因爲眞正的儒家思想，是「以人性爲根基，以道義爲血脈，以民爲本，以民爲貴」的，它根本不利於專制獨裁。而一個眞正的儒者，必永遠站在正義公理的立場，針對專制權勢的泛濫而提出嚴正的批評。因此，那些向權勢靠攏的假儒、奴儒們，自然就千方百計要來打擊眞儒家。

人，本是一個感通的生命，感應面越大，感觸度越強，則其人格精神也越顯偉大。徐先生的學術研究，都和往古賢哲以及時代社會，有生命的感通，有存在地呼應。所以，他的文字著述，不但眞實無妄，而且熾熱炙人。

五、對歷史文化的大見識

徐先生對中國思想史的研究，從《中國思想史論集》到《兩漢思想史》三大冊，其成就之卓然傑出，學界早有公論。這裡不擬介述這幾部書的內容，而是綜述他對歷史文化的大見識。

第一、他對周秦漢三個朝代的政治社會之結構，作了謹嚴而深入之研究。譬如左派學人判認西周時期是奴隸社會，一般自由學者雖不認同，卻也未能糾其謬誤。徐先生指出，西周政治社會的主要成分有三：(1)宗法制度中的貴族；(2)住在都邑和城郊的「國人」（他們對政治措施常能顯示發言的力量）；(3)散居鄉野的農民（大致上是半自耕農的身分）。至於「奴隸」，不過是宗法貴族家中服役當差和侍奉生活的角色，根本說不上是階級，更不必說是奴隸社會了。對於左派的胡說，這是最有力的駁斥。

第二、徐先生認爲從先秦到兩漢，是中國學術史上一個鉅大的演變，而此演變是積極有所成的。他首先指出，中國二千年來政治社會的格局，奠定於兩漢；而經學、史學、文學的骨幹，也是由兩漢樹立起來的。其次，漢代的學術生命，不在博士系統，而須從博士經生之學以外的那些思想家所顯示的「義利之辨」（含淑世用世關切民生疾苦之情懷，以及以學術與君權相抗爭之精神），才能看出漢代學術生命的血脈。復次，徐先生認爲，宋明理學和漢代學術思想，義理宗趣雖然不同，但宋儒修己治人之基本用心和漢儒通經致用的精神是相通的。至於清代的乾嘉學派，雖高舉「漢學」旗幟，卻只在文字訓詁上用心，既不能持守民族大義，又不能判斷政治是非。無論精神面貌和氣象規模，都和漢儒天壤懸隔。

第三、是對「姓氏」的說明。據徐先生的研究，西周以前，「姓」是血統的象徵，「氏」則由賜土而來。姓一定而不易，氏遞出而無窮。氏統於姓（小宗統於大宗），氏爲姓之分支，姓乃氏之宗主。戰國以後，姓與氏失去政治意義，二名一實，但順傳統之習慣，仍保留二個名稱，故太史公稱某人「姓某氏」，姓與氏並用，便正是歷史的實錄。

春秋以前，平民無姓。戰國以後，游士商賈漸漸自標姓氏，演變到西漢中晚期，天下百姓便都有姓氏了。有姓氏，就有宗族，故漢代的社會力量，實以平民宗族爲凝聚的中心。從中國式的姓氏、宗族，到中國式的生活意義與生活形態，便是異族漢化的內容主線。胡人一旦改用漢人姓氏，言語文字及生活方式也隨之而改變，而華夷的界限自然歸於泯消。漢末魏晉以來，「姓氏」對異族漢化所發揮的功能和力量，可以和文化思想的力量相提並論。

此外，徐先生最先用「憂患意識」這個詞語來指點中國人文精神的根核。這四個字一提出來，就非常快速地得到普遍的認同，大家都認爲這個詞語的確可以代表我們祖先在憂患之中「啓發智慧，砥礪道德，創造文化」的偉大精神。至於他用「爲己之學」來通貫孔孟、程朱、陸王，這看似很平常的道理，而徐先生乃鄭重表示「此乃余最後體悟所到，惜得之太遲，出之太驟，今病恐將不起，以未能繼續闡述爲恨」。可見其學術精誠，終身不衰。對於這樣一位嶙峋崢嶸、正大剛方，而又元氣淋漓的生命，是令人永遠仰念不置的。

一九九五年四月

柒、徐復觀先生的學術通識與專家研究

香港新亞文商與新亞研究所關心文化學術的朋友，組成「毅社」，共同讀書講學，並創辦《毅圃》雙月刊，現已發行五期。日前，劉國強先生把五期刊物一併寄給我。連日拜讀，心生感動。《毅圃》的基本用心，是想通過研習唐君毅先生，牟宗三先生、徐復觀先生的思想著作，來弘揚儒學與中國文化。相信積以時日，必能日起有功。這四十年來，我從牟先生游，也同時常聆教音於唐先生、徐先生。為了表示心志相通，精神相感，特將此文寄請《毅圃》發表。此本是去年八月武漢「徐復觀學術會議」之論文，該會議論文集不知何時出版，而《毅圃》各期尚未見有文講論徐先生之學，故特寄此稿，以期抛磚引玉。

作者敬識　一九九六年五月十八日

徐先生的學術成就，一方面顯發了弘博的「學術通識」，一方面又在「專家研究」上獲致了超邁前修的成績。而且這兩方面又是彼此涵攝而相互融通的。（無學術通識則專家專題的研究往往流於瑣屑，無專精工夫則學術通論又不免流於浮泛。故必兩者相融，而後為佳。）

一、學術通識方面

徐先生認爲，人類文化有三大支柱，一爲道德，二爲藝術，三爲科學❶。中國文化具備了前二者，而以自然爲對象的科學知識，則未能得到順利的發展。徐先生有兩部大著以闡述中國文化精神：《中國人性論史》是關於中國文化中「道德」這一支柱的基本疏解，而《中國藝術精神》則是對「藝術」這一支柱的深入研究。

專業之事，雖有精粗之別，但人人皆可爲之；而通識大慧，則世所稀有，故尤爲可貴。一些窄而深的問題，只要專心從事，時日一到，自能取得一定的成果。而對於文化學術的大綱脈、大關節，則非有閎識深慧，固不足以通內外、貫本末、而徹始終。徐先生所顯發的學術通識，可由下列各點，以見一斑。

1. 對人性論的大分別❷

人性問題的內容非常複雜，其層次也有各種不同的劃分。徐先生在《中國人性論史》書中，有一個簡要的歸結，認爲中國的人性論有三個層次：

❶ 見徐復觀《中國藝術精神》（台北，學生書局），自敘。

❷ 本小節所論，參見徐復觀《中國人性論史・先秦篇》（台北，學生書局）。

第一個層次，是通過自覺反省和生活體驗的工夫，而開發出來的人性論。像孔子所講的仁，孟子所講的心性，老莊所講的虛、靜、明，以及宋明理學家的人性論，都屬於這個層次。

第二個層次，是從思想概念上加以陳述的人性論。像漢儒所講的心善性惡、性善情惡、陽善陰惡、善惡混、性三品等等的說法，就是屬於這個層次的人性思想。

第三個層次，是文字訓詁上的人性論。那只是字義解釋，根本和人的生命不相干，像清代乾嘉學派所講的就屬於這一層。

徐先生指出，講人性的目的，是要肯認先天本有的道德心、道德性，以挺顯道德實踐的根據；進而再自覺地顯發出來，以表現生活行爲的意義，和創造道德文化的價值。這是第一層次的人性論之所長。而第二層次的人性論，卻只是非實踐地、非存在地講，乃屬「與生命相隔」的一種講法。而第三層次的人性論，則只在文字上搬弄，對人的生命根本沒有什麼意義。

徐先生對人性論所作的大分別，透顯出他的大見識，既簡要而清新，又透脫而中肯。很不平凡。

2.對中國藝術精神的特識❸

徐先生並不研究一般所說的美學，但他的《中國藝術精神》，卻是一部超邁古今的不朽

---

❸ 本小節所論，參見徐復觀《中國藝術精神》。

之作。此書共十章，前兩章講論孔子與莊子的藝術精神，其餘八章則專門談畫。因爲中國文化的藝術精神，主要是表現在繪畫和文學上。文學，是儒、道二家之心靈和後來的佛教所共同活動的領域；而繪畫，則可以說是莊子藝術精神的獨生子。徐先生認爲，如果窮究到底，中國文化中的藝術精神最後只有孔子和莊子所開顯的兩個典型。

由孔子而顯出的「仁與音樂合一」的典型，乃是「道德與藝術」在窮極之地的統一，可以作爲萬古的標程。但在現實中，孔子所顯示的終極典型，乃曠千載而一遇者。至於由莊子所顯出的典型，則徹底是純藝術精神的性格，而且又主要是結實於繪畫上面。而宋瓷素樸柔和的形象和淡雅簡素的色澤，在精神上也是和當時的水墨山水畫相通。

徐先生自己並不擅繪事，但他論釋「氣韻生動」，討論「魏晉玄學與山水畫之興起」、「唐代山水畫之發展及其畫論」、「荊浩之筆法記與山水訣」、「逸格地位之奠定」、「郭熙的林泉高致」，以及「宋代的文人畫論」與「環繞南北宗之諸問題」，皆能在宏大處著眼，於深細處著力，其見解超衆拔俗，不同凡響。而附論「中國畫與詩之融合」，也識解超卓，非比一般。

說到「書法」與「繪畫」，徐先生以爲，從筆墨上說，書法在技巧上的精約凝斂的性格，以及由此性格而來的趣味，可能高於繪畫。但從精神活動的範圍上說，則恐怕書法不及繪畫。換言之，筆墨的技巧，書法大於繪畫；而精神的境界，則繪畫大於書法。徐先生這個說法非常簡明，卻也甚爲平允而中肯；與一般隨一己主觀之好惡或氣性之偏向而作輕重褒貶之論者，不可同日而語。

3. 對古代社會結構與姓氏之辨察❹

徐先生對周代秦代漢代的政治社會之結構，作了謹嚴而深入之研究。一般左派學人判認西周時期是奴隸社會，自由派與海外學人雖不認同，卻也未能糾其謬誤。徐先生則做出明確地衡定，認爲西周政治社會的主要成分有三：

1.宗法制度中的貴族；

2.住在都邑和城郊的「國人」（左傳等古籍中常有「國人」如何如何之記載，他們對邦國政事常能顯示發言之力量）；

3.散居鄉野的農民（大致上是半自耕農的身分）。

至於「奴隸」，不過是宗法貴族家中服役當差和侍奉生活的角色，根本說不上是「階級」，更不必說是「奴隸社會」了。對於左派的說法，這應該是最有理據和最有力量的駁斥。

其次，對於「姓氏」的說明，也顯示徐先生對歷史文化的通識。據徐先生的研究，西周以前，「姓」是血緣的象徵，「氏」則由賜土而來。姓一定而不易，氏遞出而無窮。氏統於姓（小宗統於大宗），氏爲姓之分支，姓乃氏之宗主。戰國以後，姓與氏失去政治之意義，漸成二名一實之情形。但順傳統之習慣，仍然保有二個名稱，故太史公稱某人「姓某氏」，姓與氏並用，便正是顯示歷史事實的實錄。

---

❹ 本小節所論，參見徐復觀《兩漢思想史》卷一（台北，學生書局）。

春秋以前，平民無姓。戰國以後，游士商賈漸漸自標姓氏，演變到西漢中晚期，天下百姓便都有姓氏了。有姓氏，就有宗族。故漢代的社會力量，實以平民宗族爲凝聚的中心。從中國式的姓氏宗族，到中國式的生活意義與生活形態，便是異族漢化的內容主線。胡人一旦改用漢人姓氏，言語文字及生活方式也隨之而改變，而華夷的界限也自然歸於泯消。因此，徐先生特爲指出，「姓氏」對於異族漢化所發揮的功能和力量，實在可以和文化思想的力量，相提並論。

4. 衡定兩漢學術在歷史上的地位⑤

從先秦到兩漢，中國學術史經歷了一個鉅大的演變，而此一演變是有積極性之成就的。依徐先生之研究——

(1)中國二千年來政治社會的格局，奠定於兩漢時期。

(2)中國的經學、史學、文學的骨幹，也是由兩漢時期樹立起來的。

徐先生的說法，我們也認爲很對，但我們卻無法說得如此扼要而中肯。由於徐先生是通過全面而深入的研究之後，而說這樣的話，所以足資徵信。

至於漢代的學術生命，徐先生認爲不能從朝廷的博士系統看，而應從博士經生之學以外的那些思想家所顯示的精神來看。這種精神，一是淑世用世、關切民生疾苦的情懷；一是以

⑤ 本小節所論，參見徐復觀《兩漢思想史》卷二（台北，學生書局）。

學術與君權相抗爭的士人精神。合起來也就是「義利之辨」。這才是漢代學術的血脈所在。因此，徐先生認爲，清朝人以「漢學」對抗「宋學」，是沒有根據的。宋明理學和兩漢的學術思想，雖然義理宗趣有所不同，但宋儒修己治人的基本用心和漢儒通經致用的精神，是相通而不相異的。而且宋儒在思想上所涉及的問題，也和兩漢的學術有前後連續的脈絡可尋。

徐先生能通觀學術之大體，表示他是以通貫文化生命的態度來看學術之發展的。而清代的乾嘉學派，雖然高舉「漢學」的旗幟，卻只落於文字訓詁上用心（這並非不對，而是不夠），既不能發揚民族大義，又不能明辨政治是非。所以，無論從精神面貌或氣象規模上看，清代之學與漢儒之學，皆如天壤懸隔。

徐先生在《兩漢思想史》卷二之附錄〈清代漢學衡論〉文中，曾對清學與漢學之大疆界，作了八點比較。❻我認爲這一步學術思想上的釐清工作，實有極爲重大之意義。

5.「憂患意識」與「爲己之學」❼

❻《鵝湖月刊》八十二期，蔡仁厚〈敬悼徐復觀先生〉一文之第三節，曾加約述，亦可參閱。這八點是徐先生對兩漢學術作過深入研究之後所提出的結論。在清學餘習依然盪漾的今天，徐先生的分辨，很值得好學青年深切認取。

❼「憂患意識」一詞，首見於《中國人性論史》第二章之三，頁二十。「爲己之學」之論，見〈程朱異同〉一文，編入《中國思想史論集續編》（台北，時報出版公司。）

除了上述四點，徐先生所用的兩個詞語，也顯示了他的眞知與通識。

徐先生用「憂患意識」這四個字，來指點中國人文精神的根核。這個詞語一經提出，就非常快速地得到普遍的認同，海內外的知識界都認爲這個詞語的確可以代表我們祖先在憂患之中「啓發智慧、砥礪道德、創造文化」的偉大精神。而中華民族今後的發展，也仍然要秉持憂患意識以激發文化意識，來重開光輝的未來。

另外，徐先生又用「爲己之學」來通貫「孔孟、程朱、陸王」，並鄭重表示：「此乃余最後體悟所到，惜得之太遲，出之太驟，今病恐將不起，以未能繼續闡述爲恨。」據此話語，除了使我們感受徐先生終身不衰的學術精誠之外，還有一個重要的意思，就是他對儒家學術的本質得到一個終極性的體悟，即：無論先秦時期的孔孟，或宋明時期的程朱、陸王，不管他們在「本體」「工夫」上有何差異，卻都要求回歸生命主體以「立己、成己」，都是安身立命的「爲己之學」。從孔子說「己欲立而立人」、「修己以安人」（皆見論語）開始，儒家便一貫地先立根於「爲己」（立己成己），再隨之而推己及人、推己及物，以淑世安民、康濟天下。道本平常，而世人往往捨近求遠，結果成爲「捨己從人、捨己從物」。既已內失其主，當然不能「本立而道生」。以是，徐先生於臥病臨終之時，猶然殷殷致望於世人返本歸根，鄭重自己。

二、專家研究方面

徐先生對中國思想史的研究，從《中國思想史論集》到《兩漢思想史》，其成就之卓然傑出，學界早有公論。兩漢思想史三大卷中，第一卷是背景篇，第二卷首先說明呂氏春秋對漢代政治學術的影響，然後對陸賈、賈誼、淮南子、董仲舒、揚雄、王充等各家的學術思想，都依原典而作了有系統的討論。第三卷是第二卷的延續，內容包括有韓詩外傳、劉向新序、說苑，還有鹽鐵論、原史、論史記，以及史記漢書之比較研究。

徐先生對專家專題的研究，是多方面的。在此，只能綜述四家，以見其概。

1. 對董仲舒的研究

四十年前，徐先生就曾寫過一篇有關董仲舒的大文章❽，當時唐君毅先生看了，大為讚佩，說徐先生是董仲舒的大功臣。而《兩漢思想史》卷二，〈董仲舒春秋繁露的研究〉（章節標題為：先秦儒家思想的轉折及天的哲學的完成），共計一百四十五頁。其分量足以印成單冊的專書。

首先，徐先生衡定《春秋繁露》這部書，「只有殘缺，並無雜偽」，是一部可靠的文獻。

---

❽ 民國四十四年，《民主評論》第六卷二十期起，連載徐復觀〈儒家對中國歷史命運爭扎之一例：兩漢政治與董仲舒〉。後編入《學術與政治之間》乙集（台中，中央書局），頁六十六至一一七。

其次，徐先生扼要而中肯地指出董氏春秋和公羊春秋之間，不是傳經的關係，而是有思想之推進的。董氏春秋學中含有兩大特性：

第一、是董仲舒倡說的大一統，雖是通過公羊傳來建立，但董生所講的大一統是「集權的大一統」，和公羊傳「分權的大一統」不同。二者的不同，是由於客觀的時代情勢而出現的演變。徐先生指出這個事實，而並不提出是非得失的評論。在此，可以看出他討論學術的公正和通達。

第二、是董仲舒提出「春秋無達辭」的說法（後世又有「詩無達詁」、「易無達占」、「春秋無達例」之說），其用意是要突破經傳文字的藩籬，以便注入新的內容。因此，董生強調了「權變」和「微眇」的觀念。

(1)以權變的觀念建立了他的歷史哲學。其中含有三正、三統、質文遞嬗、春秋三世之進化的歷史觀，以及關聯於五德終始的禪讓觀念。

(2)以微眇上接天意，而建立了天人感應的哲學。「天人相與」或「天人感應」，是董生學說中的基本觀念。「道之大原出於天」，而天志（天意）天道皆由陰陽五行四時之運行中見。董生認爲，天道之大者在陰陽，陽爲德，陰爲刑，刑主殺而德主生。天任德不任刑，人（王者）承天意而從事，亦當重德教而輕刑罰，故曰「天人一也」。天人交通之道，以類相應云。（依董生之說，天可感人，人也可感天。四時之氣，在天也在人，以類相感應。）

2.對王充的評價

民國以來，對王充《論衡》一書的評價，太過誇大。在徐先生做過精審的研究之後，認爲王充雖然很能表現理智主義的批評精神，在反經生博士系統的立場上也表現了「疾虛妄、貴博通」的器識，但他的識見和理解力並非很高。

第一、重知識而不重倫理道德：對於五經，王充只當作歷史材料看，而不了解經過孔子整理和儒門傳承的五經，不再只是史料，而已經成爲社會政教的常道和人倫道德的規範。漢代經學雖有駁雜，但經過儒生之努力，五經實已成爲規範朝廷政治的大經大法。當時大臣對政事提出「不合經義」之諫爭，就如同今日所謂「不合憲法」。而王充卻不了解漢儒「通經致用」的精神，也不了解先秦儒家「知識必歸於人倫道德」的總立場，而採取了重知識而不重倫理道德的態度。

第二、否定行爲與結果之因果關係：王充認爲「人之生死，在於人之壽夭，不在行之善惡；國之存亡，在於期之長短，不在政之得失」。他將一切歸之氣命。他的理智主義，居然與命定論相結合，可見王充這個人的憂患意識與道德意識，非常薄弱。

因此，徐先生認爲，就東漢的思想而言，王充的代表性不大，應該讓他回到原來的位置。這個結論，對於五四以來淺薄的理智主義之學風，也是一個有力的針砭。

3.對鹽鐵論的辨識

在大陸文革批孔揚秦的時候，四人幫認爲《鹽鐵論》是儒法鬥爭的樣版。他們以桑弘羊代表法家，而誣責賢良文學代表地主富豪的利益，進而更厚誣孔子爲地主階級的代言人。徐先生在香港看了這種報導，大爲憤恨。乃依據《鹽鐵論》的原文進行深入的探究，發現桑弘羊只代表官僚利益和自己的權勢說話，並不是什麼法家。而賢良文學卻能正視國家的法度而爲民請命，他們才是代表社會大衆說話的。因此，徐先生認爲那些附和四人幫的說法，全都是「是非的大顚倒」，都是喪失學術良心的敗種。

同時，從作爲高級官員的桑弘羊敢於貶視孔子曲解孔子看來，漢代的帝王也並不眞正尊孔尊儒。尊孔尊儒乃是社會人心的反映，是那些眞正感受到孔子救世精神的賢良文學之呼聲。所以，漢代的儒者乃是在權力的夾縫中，來伸張儒家之政治理想的。他們的奮鬥很艱苦，但也極其勇敢。

其實，二千年來的儒家，一直都是在君主專制的限制之下，從事持續性的不同方式的艱苦奮鬥。即使在號稱儒學昌盛的宋明兩代，程伊川、朱子、王陽明，都遭受朝廷的「僞學」之禁。因爲眞正的儒家思想，是「以人性爲根基，以道義爲血脈，以民爲本，以民爲貴」的，它根本不利於專制獨裁。而一位眞正的儒者，必永遠站在正義公理的立場，針對專利權勢的泛濫而提出嚴正的批評。因此，那些向權勢投靠的假儒、奴儒們，就千方百計要來打擊眞正的儒者了。

4.史記與漢代精神

三十多年前，我去看望徐先生，言談之間他問我一個問題，說你認爲誰最有資格代表「漢代精神」？我舉出董仲舒和司馬遷，徐先生說，應該是太史公司馬遷。

徐先生在兩漢思想中，以一百四十頁的篇幅討論史記。綜結起來，他認爲《史記》的基本精神有三：

第一、太史公認爲，孔子作《春秋》，是繼王道之統，救政治之窮。這表示文化的意義，高於政治。所以《史記》也秉承春秋「貶天子，退諸侯，討大夫」之大義，發揮春秋精神，以與專制權威相抗衡，（而漢儒「通經致用」，也正是認定：政治困局之解決，必須以文化層面上的義理作爲指導的原則。）

第二、太史公堅決地反對刑治，而要求德治，主張以禮樂陶養人的人格，他是一位人格主義者。他信守「天下爲公」的原則，認爲君臣只是相對的關係（此亦本是孔子傳統），故對君主專制極爲不滿。

第三、太史公的學術主張，是以儒家爲本而網羅諸子百家，很能顯示博通的精神。他要「究天人之際，通古今之變，成一家之言」，使《史記》像《春秋》一樣，成爲「禮義之大宗」，以建立價值的標準；並從古今之變中找出不變的常理，以安立生活的常道。

以上這些意思，在徐先生的史記研究裡面，都有精闢的分析和發揮。

本文簡述徐先生的學術通識與專家研究，未能周備，暫止於此。

乙亥年季夏於台中市

捌、牟教授的生平及其學術貢獻

㈠

牟宗三先生是東海創校時期的元老教授。東海成立哲學系所之後，又應聘爲榮譽講座，經常到大度山作公開學術演講。近年來體氣虛弱，於本月十二日病逝台大醫院，走完了他高狂光輝的一生。享壽八十七歲。

他的生平，我們有一份學行事略，大家可以看一看。在這裡，我只簡要地作個報告。爲了愼重，這份報告也寫出來了，下面就順文字線索來作說明。

牟先生出身北大，是熊十力先生特別器重的學生，他認爲北大自有哲學系以來，只有牟宗三一個人可以造就。熊老夫子的確有知人之明，而牟先生也眞能以他的學術成就，來報答他的老師。

牟先生在他八十大壽的壽宴上，說他從大學讀書以來，六十年中只做一件事，就是反省中華民族的文化生命，以重開中國哲學的途徑。他認爲學術生命的暢通，象徵文化生命的順適；文化生命的順適，象徵民族生命的健旺；民族生命的健旺，象徵民族魔難的化解。牟先生一生的奮鬥，也正是要蘇活中華民族的文化生命。文化，不只是一些古蹟文物，也不只是一些典籍書冊。文化是一個活活潑潑的生命，其中有文化意識的顯發，有文化心靈的活動，有文化生命的實踐和創造。所以文化永遠是活的，不會死。除非這個民族被消滅了。

不過，文化生命雖是活的，但有時候它會昏昏沉沉、迷迷糊糊。所以一個國家的知識分子，必須常常警惕、自覺。沒有自覺，就不可能有思想，有哲學、有文化。因此，心靈的豁醒，主體的呈現，乃是文化復興的第一步。由主體感通出去，親親、仁民、愛物，才會是眞的；齊家、治國、平天下，也才會是可能的。

(二)

牟先生是大學者，但他沒有獨立的書房，家裡也幾乎沒有藏書（一則他很少買書，二則看過的書，都送給學生了），他要看的書都從圖書館借出來。他在北大讀書的時候，天天都在圖書館裡，持續有恆地讀他認爲値得讀的書，不管是東方的，西方的，都認眞地讀。由於他用功、用心，所以在大學畢業之前，就寫成一部講易經的大書，出版之後，當時的天才哲學家沈有鼎大加讚賞，說是「化腐朽爲神奇」。到三十出頭，又出版一部講邏輯和邏輯哲學的書，書名叫做《邏輯典範》。從這個書名，可以看出牟先生的自負。他性情高狂、才品俊逸，自負是應該的。但他絕不自滿，而且進步很快。在八年抗戰期間又開始撰寫《認識心之批判》。這部書一方面扭轉羅素的歧出，一方面也照察康德的不足。這樣一部顯發哲學器識的大著作，對於長久以來失去文化自信的現代中國知識分子而言，那眞是莫大的鼓舞和激勵。

牟先生四十歲的時候，大陸變色，他來到台灣。他來台灣是有生命原則、有文化使命感的。在中美斷交那一年，他對我們說，三十八年他來台灣，有三個原則默存於胸：第一是文化反共。視中共持守的馬列唯物意識形態爲中國文化之頭號大敵。第二是孔子立場。凡尊重孔子的皆可合作以相與爲善，凡貶抑孔子、醜詆孔子的，必反擊之。第三是支持中華民國，反對中共篡改國號。對於國民政府，要督促、要檢討，但不取「訐以爲直」的態度。牟先生說他三十年來，對這三點原則持守甚緊，無稍改變。

他一到台灣，就從事歷史文化的大反省。反省文化生命的本質，它的發展，它的缺點，以及它今後應走的道路。所以他一方面寫《歷史哲學》，這是專著。一方面也隨機寫文章發表於報刊，後來輯印爲《道德的理想主義》。另外又反省外王事功不足的關鍵所在，結果寫成《政道與治道》。這三部書合起來，可以稱爲新外王三書，是眞能順成晚明「顧、黃、王」三大儒由內聖開外王之心願遺志者。

外王事功必須以內聖爲根基，儒釋道三教都屬內聖之學，而儒家尤爲典型。（因爲儒家是道德的進路，它自覺地要求實現主觀面和客觀面的一切價值。所以內聖與外王是相通的。）牟先生先後寫了三部書，以《才性與玄理》表述魏晉玄學，這屬於道家的智慧。又以《佛性與般若》上下冊來表述南北朝隋唐佛學，這是佛教的智慧。再以《心體與性體》四十冊，來表述宋明理學，這是儒家的義理。自古以來，學者對於儒釋道三教的講論，都是個別的、局部的，即使同時涉及三教，也只是通論的性質。像牟先生這樣正正式式對三教的義理系統，分別以專著加以講論的，自古以來，還未見第二人。

(三)

六十歲以前，牟先生已完成道家和儒家的講論，六十以後，他的著述工作，分爲二線進行。

一方面撰寫《佛性與般若》，他是站在中國哲學史的立場，來講論中國吸收佛教、消化佛教的過程。這樣的全程疏導，是從般若系開始，先講大智度論、大般若經，再講龍樹中論的思想；接下來疏解大涅槃經的佛性義，然後從前期唯識地論師、攝論師與成唯識論的妄心系統，再到起信論與華嚴宗的眞心系統。最後是天台的圓教。這部書牟先生自己最感滿意，事實上也是前古所未有的大著作。

另外一方面是重新講康德。牟先生四十歲完成的《認識心之批判》，是就康德哲學向邏輯數學方面伸展的一套作疏導，現在再就康德哲學向形上學方面伸展的一套作疏導，他先後寫成二部書，一是《智的直覺與中國哲學》，一是《現象與物自身》。這二部書，代表牟先生對康德「純理批判」的吸收和消化。康德依據西方的傳統，認爲智的直覺屬於上帝，人類沒有智的直覺。那是因爲西方文化沒有「天命之謂性」的觀念，沒有本心善性的觀念，西方人講的心，是心物相對的「有限心」，而不講攝物歸心、心與萬物通而爲一的「自由無限心」。所以沒有儒家所講的良知、德性之知，沒有道家講的道心，也沒有佛家講的般若智心和如來藏自性清淨心。牟先生認爲，根據東方儒釋道的智慧傳統，是可以肯定人有智的直覺的。這個問題也許永遠有爭議，但牟先生所作的疏導和討論，並不是一時的興會，而是有幾千年的東方智慧傳統做憑藉，有文獻義理做根據的。

（四）

七十歲以後，牟先生有二部重要的講錄出版，都是根據他在台大講學的錄音整理而成。一部是《中國哲學十九講》，這是對中國數千年的哲學思想所涵蘊的哲學問題，提出來比對、討論。其重點有二個，一是講明中國哲學固有義理的性格，一是顯示中國哲學未來發展的軌轍。有了這一步通貫地綜述，才可以經由哲學問題的共同性、客觀性，而使中國哲學進入世界哲學之林。

另一部是《中西哲學之會通十四講》。牟先生既已依於中國儒釋道的哲學傳統，肯定人類心靈可以開出兩層存有論（本體界的存有論，現象界的存有論），如今又借取大乘起信論「一心開二門」的架構，來綜括這兩層存有論。他融攝儒釋道三教的精髓，打通中西哲學的隔閡，再以創闢性的詮釋，賦予「一心開二門」以新的意義和功能。這一步工作，可以說已經爲中西哲學開顯了一條交會融通的坦途。

另外，在七十七歲那年，他又出版了《圓善論》，這是牟先生經過思想的長途跋涉、披荊斬棘，而依於義理的必然而達到的。牟先生自己表示，他不能像康德那樣「四無依傍，直接就理性之建構性以抒發其批判的哲學」，但他由於持續積學運思的學知工夫，亦不期然而終於能夠達到「消融康德」而使之「百尺竿頭，更進一步」。

牟先生認爲，中西會通的最佳橋樑，是康德。儒釋道的智慧可以提升康德，康德的哲學可以充實中國文化。所以他在年過古稀之時，仍然綿綿穆穆、奮勵不懈，把康德三大批判全套翻譯出來，最後一本（第三批判下冊）出版時，牟先生已經八五高齡。自從康德的三批判書問世以來，從來沒有以一人之力全譯三大批判的，牟先生是世界第一人。同時，他不只是翻譯而已，還認眞地作詳實精確的譯註，而且又分別寫專書來消化三大批判；以《現象與物自身》消化第一批判（純粹理性之批判）；以《圓善論》消化第二批判（實踐理性批判）；以專論長文〈眞美善之分別說與合一說〉消化第三批判（判斷力之批判），並對眞善美提出周全融通的說明。

(五)

最後，我們可以把牟先生的學術貢獻再簡括爲五點：

1. 他以三部專書表述「儒、釋、道」三教的義理系統，這是學術上的大功績，前無古人。
2. 他的新外王三書，開顯了儒家外王學的新途徑。這裡顯示的學術器識及其思理之精透，亦不作第二人想。
3. 他以一人之力全譯康德三大批判，是二百年來世界第一人。
4. 他不但翻譯康德，也積極地以專書消化康德，這也是中外翻譯家難與比倫的。
5. 他對中國哲學思想的省察疏導，和對中西哲學會通的途徑，也提供了全面性的恰當而中肯的講論。

因此，我們用了四句話，作爲對牟先生的論讚：

光尼山之道統，弘黃岡之慧命，

擴前哲之器識，發儒聖之光輝。

民國八十四年四月二十五日講於東海大學牟教授追悼會

玖、牟宗三傳（國史擬傳）

一、家世與簡歷

牟宗三（西元一九〇九～一九九五年），字離中，民國前三年（清宣統元年）夏曆四月二十五日，生於山東省棲霞縣城南四十華里之牟家疃祖宅。民國八十四年四月十二日，病逝於台北市台大醫院，享壽八十七歲。

棲霞牟氏，係明太祖洪武年間自湖北遷來。經數百年之繁衍，遂爲縣內最大姓族。宗三系出老八支中之第四支，世代耕讀相續，至宗三祖父之時，家道極爲衰微貧窘。父蔭清初營一騾馬店，後改營纜織業副助農耕，克勤克儉，始稍足溫飽。蔭清公喜讀曾文正公家書，夜間亦常諷誦古文，聲調韻節，穩健而從容。爲人剛毅守正，有令譽於鄉里。妻杜氏，有懿德。生子三，長宗和，次宗德，宗三其季也。

宗三先娶王氏夫人，生子二，長伯璇，次伯璉，孫四人，孫女五人，曾孫三人。皆在山東故里。民國四十七年與趙惠元女士締婚，生子元一，留學美國，寓居香港。乃子若孫，皆各自成立，克紹家聲。

民國十二年，宗三入棲霞縣立中學。十六年，入國立北京大學預科，兩年後升哲學系二十二年畢業。在大陸時期，先後任教於華西大學、中央大學、金陵大學、浙江大學，以講授邏輯與西方哲學爲主。三十八年來台，任教於台灣師大與東海大學，講授邏輯、中國哲學史與人文課程。四十三年，受聘爲教育部學術審議委員。四十九年應聘赴香港大學，主講中國哲學。五十七年由港大轉香港中文大學新亞書院，任哲學系主任，先後講授魏晉玄學、南北朝隋唐佛教、宋明理學，以及康德哲學、知識論等課程。六十一年赴檀島出席東西哲學家會議。六十三年自中文大學退休，任教新亞研究所，爲哲學組導師。六十五年應教育部客座教授之聘，先後講學於台灣大學哲學研究所、台灣師大國文研究所，並應聘爲東海大學、中央大學榮譽講座教授。七十三年，榮受行政院國家文化獎章。七十九年，香港大學特授予名譽文學博士。八十四年逝世，總統特頒褒揚令，並由歷任教育部部長與國史館館長覆蓋中華民國國旗。安葬於台北新店竹林路長樂景觀墓園。

二、北大求學、化腐朽為神奇

宗三在北大預科時，因讀《朱子語類》而引發想像式之直覺解悟，對抽象玄遠之義理極具慧解。而當時流行之西方觀念系統，如柏格森（Henri Bergson, 1859－1941）之創化論、杜里舒（Hans Driesch, 1867－1941）之生機哲學、杜威（John Dewey, 1859－1952）之實用主義、達爾文（Charles Robert Darwin, 1809－1882）之進化論，皆吸引宗三之注意，而引發其思想之興會。

升入哲學系後，一方面隨課程而接上羅素（Bertrand Russell, 1872－1970）哲學、數理邏輯、新實在論等；一方面自闢蹊徑，遍讀易書，以及英哲懷悌海（Alfred North Whitehead, 1861－1947）之著作。

宗三讀易，採大規模之方式。先整理漢易（如京氏易、孟氏易、虞氏易等），進而講晉易、宋易，然後是清人之易學，如胡煦之《周易函書》，與焦循之易學三書（易圖略、易通釋、易章句）。宗三讀易乃屬私下用功，既無教授指導，學校亦無人開此課程。他隨讀隨抄，隨抄隨案，漸漸形成條理。在大學畢業之前，即已完成《周易的自然哲學與道德函義》一書。但此書之運道並非順利，首先厄於當時文學院院長胡適之偏見與壓抑，再次厄於數理邏輯受業師張申府之漫忽與不省。唯當時在北大講中國哲學之老教授，如李證剛、林宰平，則對此書稿大爲稱讚，而甫自杭州返回北大之熊十力先生，更對胡煦一章特爲嘉許，認爲發掘胡氏其人其書，乃對學術大有貢獻之事。另有自美學成歸國之沈有鼎，則更盛讚此書是「化腐朽爲神奇」。

宗三指出，漢易通過卦爻象數之路，以觀陰陽氣化之變。至清初胡煦仍走此路，但其講說已更爲自然、更爲妥貼、更爲通貫。胡煦所展示之理境，是卦爻象數下中國式的自然哲學，而又兼帶表示出人事方面的許多道德函義。而焦循則直接由卦爻象數之關係，而建立其「旁通情也」之道德哲學。若就易經之卦爻象數而言，漢易與胡煦所達成之自然哲學，乃爲正宗。而焦循所達成之道德哲學，只能算是工巧之穿鑿，並不能夠契入道德心性，以上企高明。

宗三之意，就易經之卦爻象數而講成自然哲學，是往下講。必須就經文正視易傳，視易傳爲孔門義理；能就此作爲孔門義理之易傳而講述儒家的道德形上學，方是往上講，方是

「絜靜精微」之「易教」。（此往上講之一路，乃宗三五十以後之工作。）

三、從美感直覺到架構思辯（扭轉羅素、提升康德）

大學三年級以後，宗三之學思，形成雙線並行之歷程。第一、是從美的欣趣與想像式的直覺解悟，轉入「爲何、如何」之架構思辯。（以後撰著《邏輯典範》與《認識心之批判》，即是順此線索而發展。）第二、是從外在化提升一步，而內轉以正視生命，契入儒聖之學（是即熊十力先生啓廸振拔之功也）。

先說第一點，從美的欣趣與想像式的直覺解悟，轉入架構思辯。

宗三之大學時期，正是英哲懷悌海抒發其宇宙論的玄思之時。著作絡續而出。早出之《自然知識之原則》、《自然之概念》二書，精練簡要，是觀念之發端；一九二五年出版之《科學與近代世界》，是其思想由蘊蓄而發皇之時；接著一九二九年又出版《歷程與眞實》，則代表其宇宙論系統之大成。

懷氏之美感欣趣與直覺解悟，皆甚強。直覺的、美感的，直說而中。其運用之言辭，是描述式的，而「爲何、如何」之邏輯技巧、嚴格思辯，則不甚顯。而宗三在讀懷氏著作之同時，卻因共黨大肆攻擊思想律而引發他對邏輯之興趣。他學習邏輯，是直接從羅素與懷氏合著之《數學原理》入手。經過步步之審議，認爲表達邏輯自己的推演系統，只是「純理自己之展現」，並不代表任何東西。此「純理自己」一詞之提出，一方面保住了邏輯之自足獨立性，一方面亦保住了邏輯之必然性與超越性。

由於扭轉對邏輯數學之解析，歸於「知性主體」，敲開「認識主體」之門，建立「超越的邏輯我」，乃使宗三眞正進入哲學之域，而獲得在哲學上獨立說話之思辯入路。在宗三自己之生命中，已確然湧現「安排名數、說明知識、進窺形上學」的全部哲學系統之架構。是即所謂「架構的思辯」。

康德的《純理批判》以及羅素與懷氏合著的《數學原理》，乃西方近世學問之兩大骨幹。宗三常自慶幸能夠出入其中，得以認識人類智力的最高成就，得以窺見西方學問的廟堂之富。

一、《數學原理》的內在結構與技巧，由於中國學術傳統欠缺此一面，一時還產生不出此類之偉構。宗三亦自歎有所不及；但在哲學器識上，則自覺並無多讓。

二、《純理批判》是由西方哲學傳統而發展出來的高峯，其工巧之架構思辯，極爲難能可貴。宗三正視其價值，彌補其不足，而復活了康德批判哲學之精神。

宗三指出，人類原始的創造的靈魂，是靠幾位大聖人：孔子、釋迦、耶穌。但大聖人之風姿並無典要，其豐富不可窺測，其莊嚴不可企及，唯有靠「實感」以遙契之。而知識學問之骨幹則有典要，典要之豐富可以窺見，其骨幹之莊嚴可以企及。通過學問之骨幹以振拔自己，乃眞能盡己以自立，進而承擔文化學術與家國天下之責任。宗三以十餘年之奮勉，鍥而不捨，出入其中，並以「究竟了義」爲依歸，以扭轉羅素之歧出，照察康德之不足，進而予以融攝與證成。其《認識心之批判》一書所顯示的哲學器識，正足以使失去獨立精神之中國知識界，獲得莫大之鼓舞與激勵。

四、回向生命、契入儒聖之學

宗三在學思上雙線並行之第二點，是從外在化提升起來，向內以正視生命，而契入儒聖之學。此中最大之機緣，是大學三年級時遇見熊十力先生。在熊先生身上，宗三立即嗅到「學問與生命」的意味，而照察出一般名教授「隨風氣、趨時式、恭維青年、笑臉迎人」那種標格之卑陋與庸俗。同時，一個自己未曾企及而「須待向上企及」之前途，亦隨之而顯示出來。從此開始，宗三對熊先生顯發的原始生命之風姿與光輝，以及熊先生「直通華族文化生命與觀念方向所開顯的人生宇宙之本原」而「抒發義理與情感」的人格風範，皆在十餘年的薰炙之中而獲得眞切而且親切的感受。（在熊先生方面，亦確認宗三乃北大自有哲學系以來，唯一可造之才。）❶

不打落到「存在的」領域，即無法接觸關於生命的學問。存在的領域，一是個人的，一是民族的。西方學問以「自然」爲首出，以「理智」把握自然；中國學問以「生命」爲首出，以「德性」潤澤生命。從自然到生命，既須扭轉，又須向上。如此方能以存在的現實契悟生命的學問。而宗三之正視生命，並不同於文學家或生命哲學對自然生命之謳歌讚歎，而是由一種「悲情」而引起：國家何以如此？時代精神與學術風氣何以如此？凡此種種，豈不都是生命之表現？但何以表現成如此之樣態？宗三認爲，時代精神與學術風氣，確屬生命之表現。

❶ 牟宗三：《五十自述》（台北：鵝湖出版社，民國七十八年一月，初版），頁九二、九三。

但吾人不能只看生命本身，而必須透到那潤澤生命之「德性」，以及那表現德性或不表現德性之「心靈」上。在此，乃有學問可以講，而且亦唯有此處才是一切道德宗教之根源。

自抗戰軍興，宗三自北平南下，經南京，過長沙，由桂林而昆明，而重慶，又轉大理，再返重慶而至成都。此段時間，宗三之道德感特別強，正氣特別昂揚。他眼看時代要橫決，劫難要來臨，客觀的悲情一直抑揚著。這客觀的悲情不只是情，同時亦是智，亦是仁，亦是勇。這是生命之源、價值之根的精神王國，亦即孔子所印證的「滿腔子是惻隱之心，通體是德慧」的慧命。中年以後，宗三或表述儒家以弘揚內聖成德之教，或反省歷史文化而從政治形態與知識之學以開展儒家新外王之道路；兩者皆是基於熊先生之提撕啓發，而在「回向生命」此一脈絡上之蘊蓄與發皇。

五、新外王與外王三書

民國三十八年，宗三自廣州渡海來台。當時，他有三大原則默存於胸：一爲文化反共。視中共所持守的馬列唯物之意識形態，爲中國文化之頭號敵人。二爲孔子立場。凡尊重孔子者，皆可合作以相與爲善；凡貶抑孔子詬詆孔子者，必反擊之。三爲支持中華民國。反對中共篡改國號。對於國民政府，則期盼其有爲，樂觀其有成；願作善意之督責，不取「訐以爲直」之批評。看在中華民國之份上，朝野上下皆須風雨同舟，和衷共濟。

當時之台灣，風雨飄搖，而國家民族與歷史文化之前途，已到最後徹底反省之時。宗三由客觀悲情之昂揚，轉而為對歷史文化之具體的解悟，乃發憤疏導中華民族文化生命之「本性」、「發展」與「缺點」，以及今後所當表現之形態，進而決定民族生命之途徑。此乃由「大的情感」之凝斂，轉而為「大的理解」之發用。

宗三一方面寫《歷史哲學》以專其心，一方面隨機寫文以暢其志（後來輯為《道德的理想主義》一書），接下來再寫《政道與治道》。此三書有一共同之基本用心，是即：本於中國內聖之學，以解答外王事功之問題。宗三以為：

一、在政治方面，必須在治道（安排治權之軌道）以外，再開出政道（安排政權之軌道），以完成近代意義的民主建國之大業。必須如此，乃能補足中國傳統政治之缺失，以樹立國家民族足以真正自立之鋼骨。

二、在學術方面，必須疏通中國文化生命之發展，透顯知性主體，開出知識之學（邏輯數學與科學）；文化中的知識條件與技術條件充備之後，乃能極成「開物成務」、「利用厚生」之外王事功。

從義理上說，孔孟所印證的「怵惕惻隱之仁」（不安、不忍、憤悱不容已的道德心性），即是價值之根源、理想之根源，而「道德的理想主義」一詞，正是直就此義而說。❷此怵惕惻隱之仁，亦是了悟性命天道之機竅，儒家之人性論即直接由此建立。而人性論之時代意義

❷ 若干大陸學者，或以為劉少奇講共產黨員之修養，而毛澤東亦大力宣揚共產主義的理想天堂，於是便指稱毛、劉為道德的理想主義。如此望文生義，比附拉扯，誠令人啼笑皆非。

與文化意義，則從對治共黨之唯物論與馬克思之人性論而顯出。此是怵惕惻隱之仁第一步之衍展（由遮撥反人性之思想而顯出）。

由此再進一步，即是「踐仁」之過程。在踐仁之中，有「家、國、天下（大同）」，以及自由、民主、道德、宗教」之重新肯定。此一肯定，一方面是對治共黨（反理性）之邪僻，一方面亦爲當前「無理、無力、無體」的虛無低沈之時代，樹立一個立體性的義理綱維。（人類文化不能只是平面的剖析與認知，而必須是生命的實踐與價值的縱貫創造。）在綱維樹立之後，即可「隨時照察，隨時對治」，進一步還須「隨時提撕，隨時調適」，以極成此一綱維。以是，「道德的理想主義」又必然涵著「人文主義之完成」。

依據此一極成之義理綱維，以充實民族文化生命之內容，開出文化發展之途徑，宗三乃提出三統之說：

一、「道統」的肯定：是即儒家內聖成德之教的承續與光大。
二、「學統」的開出：由民族文化生命透顯知性，以開出知識之學，來融攝希臘傳統。
三、「政統」的繼續：確認政體發展之意義，以肯定民主政治之必然性。

二、三兩項，即是儒家新外王之主要內容，亦即中國現代化之兩大綱領。

六、表述儒釋道（從魏晉到宋明）

《歷史哲學》等三書，既是本於內聖之學以解決外王問題，則其所本的內聖心性之學的義理，自須重新表而出之。是即所謂「徹法源底」，以見其究極，明其旨歸。

宗三認爲，先秦諸子是中國文化學術發展之原始模型，其中以儒家爲正宗。從此以後，無論是引申（如魏晉玄學、宋明理學），或是吸收（如南北朝隋唐之佛教），皆不能不受此原始模型之籠罩，如佛老二氏始終不能取代儒家在中國文化中之正宗地位。

對於儒釋道三教之表述，宗三是先講魏晉玄學，再講宋明理學，然後講南北朝隋唐之佛學。在民國四十九年赴香港講學之前，已在東海大學開始撰著《才性與玄理》，以展現魏晉一階段之玄學系統。抵香港之次年，全書完稿。在此之前，湯用彤氏曾有《魏晉玄學論稿》，但只能算是一個開端；而湯書講得不夠明確，不夠深透，及其未曾論及之問題，宗三皆作了深切而完整之討論。此乃講述魏晉玄學的經典之作，而文字之美亦超乎讀者想像之外。

之後，又以八年之心血，在六十花甲之年完成《心體與性體》三大冊出版。宗三嘗謂，此是他一生寫作之高峯，幾乎耗費他一半生命力。而其中最困難之部分，一是二程文獻之分疏，二是朱子義理之衡定。此二步工作完成之後，宋明理學之「思想脈絡、義理綱維、系統分判」，乃能獲得理解之根據與表達之線索。十年後，又撰成《從陸象山到劉蕺山》（實即「心體與性體」之第四冊），更使宋明理學之疏解，達於完整而融貫。

魏晉玄學屬於道家之智慧，宋明理學屬於儒家之義理，而南北朝隋唐之佛學，雖來自印度，但經過中國人之吸收消化，亦已融入「中國文化、中國哲學」之中矣。但千百年來雖有高僧大德弘揚各宗之佛法，卻從未有人站在中國哲學史之立場，說明佛教傳入中國之後，中國人如何吸收佛教、如何消化佛教？至於吸收消化之過程，與過程中不同之義理分際，以及其中既不相同而又互相關聯的關節，更無人加以審視比對以見出其中相續發展的線索。湯用彤氏之《漢魏兩晉南北朝佛教史》雖是一部佳作，但其價值主要在考訂方面。同時，他是中國佛教史的立場，而不是中國哲學史的立場。因此，在魏晉玄學之後、宋明理學之前，此五、六百年之間中國哲學思想的活動，竟成空白地帶，而一直無法提出一套完整相應之論述。

宗三從熊十力先生游，早已薰習佛學，來台後又常讀印順法師之經論講記而獲得利益。但數十年中，從未寫文談論佛學。花甲以後，方著手撰著《佛性與般若》，以詮表南北朝隋唐之佛教。此一千二百餘頁之大書，乃宗三自己最感滿意之作。而客觀地看，用「佛性」與「般若」兩個觀念爲綱領，以疏導中國吸收佛教之過程，並詮表中國融攝佛教之意義，亦確實最爲精透而允當。

此三階段之學術思想既已疏解清楚，中國全部學術之綱脈亦隨之而通體明朗，而儒釋道三教之義理價值，以及中國哲學史演進發展之關節脈絡，亦可據之而獲得相應之瞭解與通貫之講述。後來又有《中國哲學十九講》一書，簡述中國各階段之哲學思想及其所涵蘊之問題，對於中國哲學固有義理之性格，以及中國哲學未來發展之軌轍，皆有明徹通達之提示與說明。而依於哲學之共同性與客觀性，遂使中國之哲學思想，得以眞正進入世界哲學之林。

七、一心開二門：兩層存有論（漢譯三批判）

在《佛性與般若》持續七、八年之撰著期間，宗三又先後寫成《智的直覺與中國哲學》、

《現象與物自身》二書出版。二十年前所寫之《認識心之批判》，是就康德哲學向邏輯方面伸展的一套，予以修正與改造。而《智的直覺與中國哲學》，則進而對康德哲學向形上學方面伸展的一套，再重新加以疏導。至於《現象與物自身》，則可視爲宗三一生學思之綜結。

康德認爲，人所知的只是現象，而不是物自身；現象是感觸直覺之對象，物自身是智的直覺之對象，而智的直覺只屬於上帝所有。康德又說，上帝只創造物自身，而不創造現象。康德此一點示，當然有一種洞見在內。宗三以爲，在西方傳統的限制中，能有如此之洞見，已屬非常卓越。洞見之發，是他個人靈光之閃爍，而一旦發出來，它就成爲一個「客觀的義理問題」。宗三根據中國的哲學傳統，肯定「人雖有限而可無限」、「人可以有智的直覺」。由中國哲學傳統與康德哲學之會合，而激出一個浪花，以見出中國哲學傳統之意義與價值，以及康德哲學之不足，因而寫成《現象與物自身》這部書，藉以陳述其完整而通透之系統。

宗三順依中國哲學傳統之智慧，先由人之道德意識，顯露「自由無限心」，由此說「智的直覺」。自由無限心是道德的實體，由此而開「道德界」；它又是形上的實體，由此而開「存在界」。

(一)先由自由無限心開存在界，而成立一個「本體界的存有論」(無執的存有論)。在此，是以儒家之正盈教，會通佛老之偏盈與西方之離教，建立上達天德之路，以成聖、成佛、成眞人。

(二)再由自由無限心(知體明覺)之自我坎陷而開出「知性」(認知心)，由「知性之執」(識心之執)而執成現象，而成立一個「現象界的存有論」(執的存有論)。在此，是以佛家「執」的觀念來融攝康德所說的現象界，並以康德之學（純理批判分解部）充實這個「執」，來突顯知性主體（識心、有限心），以開出科學知識。

宗三指出，現象與物自身，只是一物之兩面，只是兩種不同之表現而已。人之行動，是現象，也可以是物自身。但康德一說到行動，就把行動歸屬於現象；而忘懷行動本身除了現象之身分，同時亦有物自身之身分。康德說得太快，一下子就滑到現象界，因此，其哲學體系只能說是「一心開一門」，他只開感觸界的生滅門，而未能開出智思界的眞如清淨門。

依於中國的哲學傳統（儒、釋、道），宗三肯定人類心靈可以開出兩層存有論；又借取佛教《大乘起信論》：「一心開二門」之架構，來綜括兩層存有論。他融攝儒釋道三教之精髓，打通中西哲學之隔閡，再以創闢性之詮釋，賦予「一心開二門」以新的意義與功能。此步工作，實已爲中西哲學開顯一條交會融通之坦途。❸而宗三八十二歲出版之《中西哲學之會通十四講》，更爲中西文化之融和，提供系統之解答，而另一講錄《四因說演講錄》，則是再一次對中西哲學之會通提出深刻之思考。

宗三一貫認爲，通中西文化之郵，以使雙方相資相益，康德實爲最佳之橋樑；故雖老年

---

❸ 有人以爲「一心開二門」還不夠，要「一心開多門」。其實，這個提議是多餘的。因爲二門中的「眞如門」相當於本體界，「生滅門」相當於現象界，第一門是「一」，第二門便是「多」，多元價値正可從第二門中開出來。因此，無須畫蛇添足，再說「一心開多門」。

而猶鍥而不捨，以一人之力，將康德三大批判（純粹理性之批判、實踐理性之批判、判斷力之批判）全部漢譯出版，此乃二百年來世界第一人。宗三自謂：此書之譯，功不下於玄奘、羅什之譯唯識與智度。超凡入聖，豈可量哉，豈可量哉！然眞正仲尼臨終不免嘆口氣，人又豈可妄哉，豈可妄哉！

八、圓善論：哲學系統之究極完成

純就學思而言，《現象與物自身》之講論實已通達究竟；但就實踐之嚮往與修養之境界而言，則可以從圓教看圓善，而將圓滿的善套於無執的存有論中來處理，以使「無執的存有論」更爲眞切，亦即使哲學原型那整一的系統之圓成，更爲眞切。因此，宗三又在七十六歲之高齡，寫成《圓善論》一書，象徵其哲學系統之究極完成。

宗三寫《圓善論》，乃由講天台圓教而引發。當時，在台大哲學研究所講授天台宗，因講天台圓教而提及道德與幸福一致之問題，因而表示：《現象與物自身》書中之講法，還有未盡之義，必須再寫一書，方爲圓滿。同時，哲學系統之究極完成，亦必須講到圓教與圓善，方可說是成始而成終。

將圓滿的善（德福一致）視爲一個問題，是來自西方，而正式提出解答，則始自康德。但康德之解答是依於基督教之傳統而作成；即，由肯定一個人格神之上帝，再由上帝懲罰與酬報之平均分配，來保證宇宙之公道（德福一致）。但此一解答不能算是圓滿而眞實之解決。用佛家詞語來說，康德之解答只是別教中之解決，還不是圓教中之解決。

宗三依於圓教之義理，以天台判教之智慧爲準，首先疏通向秀、郭象注莊而確立道家之圓教。其次，疏通儒家發展到王學之四有四無，再回歸程明道之一本論與胡五峯之同體異用，而確立儒家之圓教。圓教確立，用於圓善，則可獲得「圓善問題」之圓滿而眞實之解決。《圓善論》書中之講說，乃宗三經過長途跋涉，披荊斬棘，而依於義理之必然性而達到。其中主要是經過《才性與玄理》、《佛性與般若》、《心體與性體》、《從陸象山到劉蕺山》各書對儒釋道之詮表，用來與康德哲學作比對，方能達到此步義理必然之消融。

宗三在此書自序文中，說到他雖不能如像康德「四無依傍，獨立運思，直就理性之建構性以抒發其批判哲學」，但他「誦數古人已有之慧解，思索以通之」；由於持續積學運思之學知工夫，亦不期然而能達到「消融康德」之境，而使之「百尺竿頭，更進一步」。於此可知，經由「概念之分解、邏輯之建構」；與通過古人文獻「誦數以貫之，思索以通之」；此二種「絕異」之途徑，實又可以趨於一種「自然之諧和」。

當然，在學思過程中，必須時時有批判、有抉擇，乃能使每一概念得其正位。以此之故，宗三在八十之年，又感覺康德第三批判之問題並未得到恰當之解決，而宣稱還要寫一部「眞美善之分別說與合一說」之書，以提供妥善之處理。❹

❹ 在牟氏八十五歲出版之《康德判斷力批判》譯註本前端，有〈商榷〉之專論長文（近一百頁），對眞美善之分別說與合一說，以及分別說的眞美善與合一說的眞美善之關係，而加以疏導融通，是即牟氏消化康德而超越康德處。

九、一生著作、古今無兩

宗三嘗云：從大學讀書以來，六十年中只做一件事，是即「反省中華民族之文化生命，以重開中國哲學之途徑」。蓋學術生命之暢通，象徵文化生命之順適；文化生命之順適，象徵民族生命之健旺；民族生命之健旺，象徵民族魔難之化解。無施不報，無往不復，文化慧命與哲學義理之疏通闡發，既已開啓善論，則來日中華文化之光大發皇，正乃理所當然而勢所必至之事，可預卜矣。

綜觀宗三一生，無論講學論道，著書抒義，莫不念念以光暢中國哲學之傳統、昭蘇民族文化之生命爲宗趣。其學思之精敏，慧識之弘卓，直至耄耋之年，猶然神明不衰，精進不已。而其「氣性之高狂，才品之俊逸，學思之透闢，義理之深澈」，方之時流之內失宗主而博雜歧出者，夐乎尚矣。

宗三逝世前數月，垂示門弟子之語，有云：

> 你們這一代都有成，我很高興。
>
> 我一生無少年運，無青年運，無中年運，只有一點老年運。無中年運，不能飛黃騰達，事業成功。教一輩子書，不能買一安身所（按：此指居所，亦指講學之所）。只寫了一些書，卻是有成，古今無兩。
>
> 你們必須努力，把中外學術主流講明，融和起來。我作的融和，康德尚作不到。

「古今無兩」，談何容易！然宗三以平常心自然信筆而寫出，卻是本本分分，說得如理如實。焉能不信？茲略加說明，以爲註腳：

㈠對儒釋道三教之義理系統，分別以專書作通盤之表述者，宗三實乃古今第一人。（以《心體與性體》四大冊講儒家，以《才性與玄理》講道家，以《佛性與般若》上下兩冊講佛教。）

㈡宗三所著新外王三書：《歷史哲學》、《道德的理想主義》、《政道與治道》，乃眞能貫徹明末「顧、黃、王」三大儒之心願遺志，而開出外王事功之新途徑者。自古迄今，亦不作第二人想。

㈢以一人之力，全譯「康德三大批判」，宗三乃二百年來世界第一人。其所作之譯註，尤其慧識宏通。而又履及劍及，隨譯隨消化：以《現象與物自身》消化第一批判，以《圓善論》消化第二批判，以〈眞美善之分別說與合一說〉之專論長文消化第三批判。此亦中外譯書家所未能也。

㈣宗三對中西哲學會通之道路，亦已達到前所未有之精透，並持續從事基本之講論與疏導。（見《中西哲學之會通十四講》，以及《四因說演講錄》二十講。）

㈤對中國哲學所涵蘊之問題，進行全面而通貫的抉發與討論，（見《中國哲學十九講》）使中國哲學得以眞正進入世界哲學之林。此項工作，亦未見其匹。

㈥宗三在北大畢業之前，寫成周易哲學書稿，至八十五歲而出版漢譯康德第三批判下冊，其正式著作之歲月逾一甲子，此亦古今稀有者也。

至於最後提到他所作的會通融和，康德尚作不到。此亦屬老實話，並非要與康德爭高低。

康德之智思，高矣強矣。但他爲西方傳統所限，欠缺從事文化融和之憑藉。而宗三則有東方智慧傳統（儒、道、佛）作爲憑藉，所以既能讚賞康德之不凡，又能看出康德之不足。而康德之不足，實即西方哲學之不足（傳統的限制）。所以必須與東方文化相摩相盪、相資相益，方能百尺竿頭，更進一步。

民國肇造，國步維艱。幸有哲儒，應運而生。光尼山之道統，弘黃岡之慧命，擴前哲之器識，發儒聖之光輝。中華民族剝極而能復，賴衰世猶有鉅人耳。

民國八十四年（乙亥）六月十二日宗三先師辭世兩月之期完稿。
此乃國史擬傳，依體例，直書名諱，不用敬詞。

卷下　理學新詮

壹、宋明理學與當時的世界思潮

去年（一九九六）七月，我參加台北中研院文哲所的國際儒學會議，宣讀題爲「當代新儒家的學術貢獻及其文化功能之省察」的論文，文中曾提到在宋明理學的時代，正是人類世界文化衰微之時，從十一到十六世紀，整個地球上就只有宋明理學獨能顯揚人類理性的光輝。

當我發現這一個歷史事實時，內心非常激動。因爲二十世紀的中國知識分子，一向對宋明理學極盡譏諷嘲弄之能事。如今發現宋明理學在人類文化全面衰頹僵化之時，獨能彰顯人類的理性，獨能爲人類揚眉吐氣。他們不但是中華民族的孝子賢孫，也是獨能爲人類出頭露臉的天地之肖子。這一番認知，實在歡悅無比。❶

以是，當我獲知新加坡將以「儒學與世界文明」爲主題而召開一次國際學術會議時，便決定以「宋明理學與當時的世界思潮」爲題，提供一篇論文與各方學者共同參證。

---

❶ 按、一九八七年三月七日，台北《中國時報》人間副刊〈大俠金庸答客問〉有云：「宋朝是中國最興旺的時代。無論生產、技術、文化、藝術，都是全世界最好的。當時英、法、俄各國，比宋朝差得遠。」這幾句話很有見識。但這個意思，史家卻從來沒有明白地告訴世人，不知何故。

一、宋明理學是什麼類型的學問

宋明二代的儒學，通常稱之爲「理學」。宋明理學是什麼性質什麼類型的學問呢？我想可以用三句話來說。一是生命的學問，二是道德的形上學，三是顯發理性之光的學問。

1.是生命的學問

中國傳統的文化思想，很明顯的不是「物本」，也不是「神本」，而是「人本」。物本，首先正視自然，而導出以知識爲中心的文化思想，如像希臘。神本，首先正視上帝，而導出以神爲中心的文化思想，如像希伯來。人本，首先正視人，而發展出以生命爲中心的哲學智慧，如像中國。

中國文化以儒家爲主綱。儒家的學問，不同於純知識的學問，它所面對的以及所處理的，主要是生命的問題。人的生命，可以從正負兩面去說。正面的是德性生命，負面的是氣質生命或情欲生命。對正面的德性生命，要求涵養充實，發揚上升，以求得最後圓滿的完成。對於負面的氣質生命或情欲生命，則須予以變化和節制：⑴變化，是對氣質而言，化掉氣質中的偏與雜，使生命變得中正合理而無所偏，變得清澈純一而無所雜。⑵節制，是對情欲而言，使情欲納入軌道的限制中而不放縱，不泛濫。這種從負面說的變化氣質和節制情欲的工夫，固然爲儒家所重視，但儒者用心著力的重點，則集中在正面的積極的德性實踐方面。

就正面的道德實踐而言，又可以分為主觀面的實踐和客觀面的實踐。⑴主觀面的實踐，以完成德性人格為目標，這是各歸自己，以要求生命內部的合理與調和，亦即調和「天人、理欲」的關係。⑵客觀面的實踐，以淑世濟民、成就天下事物為目標。這是由自己出發，而關聯社會人群與世間事物，以要求己與人、己與物之間的合理與調和，亦即調和「群己、物我」的關係。無論主觀面與客觀面的實踐，要想得到合理與調和，都必須從內省修德做起，以培養德性的主體。所謂德性主體，就是內在的道德心性，亦就是孔子所說的「仁」和孟子所說的「本心、善性」。

但仁心善性這個道德的心性，又不只是內在的，它同時也是超越的。譬如《中庸》所謂「天命之謂性」，是天道天命貫注到我們生命之中而成為我們的性，這是由上而下，由超越而內在。而孔子所謂「下學而上達」❷，《易傳》所謂「與天地合德」❸，以及孟子所謂「盡其心者知其性也，知其性則知天矣」❹，則是表示，有了天所賦予的仁心善性，再通過盡心盡性的工夫，上達天德，以與天道天命相合，這是由下而上，由內在而超越。由天而人，由上而下，是來；由人而天，由下而上，是往。在這一來一往之中，主觀內在面的心性

---

❷《論語·憲問》。

❸《周易·乾文言》。

❹《孟子·盡心上》。

與客觀超越面的天道天命，便通貫而爲一，此即所謂「天道性命相貫通。」❺儒家就是根據這個「既內在而又超越，既主觀而又客觀」的心性本體，來進行學問的講論，來展開人生的實踐，來完成價值的實現和創造。

總括而言，儒家「生命的學問」有二個矢向：

1.由主觀面的縱的實踐，要求與天道天命通而爲一（上達天德，與天合德），這是成就生命之「質」的純一高明。

2.由客觀面的橫的實踐，要求與天下民物通而爲一（聯屬家國天下而爲一體，與天地萬物爲一體），這是成就生命之「量」的廣大博厚。

由純一高明以配天，由廣大博厚以配地。當我們通過實踐而把縱橫兩面的意義通合於一身時，人的莊嚴高貴與充實飽滿的生命，即可以得到眞實的完成。

2.是道德的形上學

人自覺地做道德實踐，本乎仁心善性以徹底清澈自己的生命，這是一個無限的工夫過程，一切道德的奧義都含在其中，一切關於內聖之學的義理亦全部由此而展開。

❺在宋儒文獻中，首先直接表出「天道性命相貫通」之義理者，當推張子《正蒙·誠明篇》之言：「天所性者，通極於道，氣之昏明不足以蔽之。天所命者，通極於性，遇之吉凶不足以戕之。」

這套內聖成德之教，並不是宋明儒者的憑空新創，而是先秦儒家本有的弘規。宋明理學家所講習的，正是順著這個弘規，而引申發揮，而調適上遂。（牟宗三先生《心體與性體》四大冊，即是以此爲主綱而展開其全面的講論。）

依牟先生的分疏，在儒家，「仁心無外」與「天道無外」是同一的。因此，儒家所講的本體不但是道德實踐的本體，同時亦必須是宇宙生化的本體，是一切存在的根據。而且，不但在「仁心無外」之理上，是如此；由「肫肫其仁，淵淵其淵，浩浩其天」❻的聖證之示範上，亦可以驗證它是如此。由於這一步徹至和驗證，便決定了這「道德哲學」函著一個「道德的形上學」。

「道德的形上學」，意即由道德的進路來接近形上學。或者說，形上學是由道德的進路來證成，所以它的重點在形上學。（這和重點在道德，重在說明道德之先驗本性的「道德底形上學」有所不同。）西哲康德建立起一個「道德的神學」，而並沒有提出「道德的形上學」這個名稱。（道德的形上學，是相應於儒家「道德的宗教」而成立。）但康德由意志之自由自律來接近「物自身」，並由美學判斷來溝通道德界與自然界（存在界），這一套規畫卻正是「道德的形上學」之內容。只是他沒有充分做得成。因爲：

(1)意志自由自律，是道德所以可能的先天根據（本體），這並不錯。但這個本體是否能達到「無外」的絕對的普遍性？康德沒有明確的態度。

---

❻《中庸・二十二章》，以此三語爲聖人之寫照。

(2)「物自身」這個概念是就一切存在而言，並不專限於人類（或有理性的存在）。但自由自律之意志是否能普遍地相應於「物自身」這個概念？康德亦沒有明確的態度。

(3)以美學判斷來溝通道德界與自然界，只是旁通曲徑，而不是康莊大道；只能作輔助的指點，而不足以作爲擔綱。所以兩界合一的問題，康德並沒有充分解決。

總合這三點，便表示康德所規畫的屬於「道德的形上學」的一套，並沒有充分作得成。他只順著西方的宗教傳統而意識到一個「道德的神學」，而並不能積極地意識到一個「道德的形上學」（雖然他已有這一套屬於「道德的形上學」的規畫）。如果這一套規畫能充分作得成，則「道德的神學」便融入這「道德的形上學」中而失去獨立的意義。（中國文化不採取宗教的路，而攝宗教於人文，便正是這個走向的典型。）反之，如果維持康德的「道德的神學」，則「道德的形上學」這一套規畫便沒有積極的意義。而中國的宋明理學依於先秦儒家的弘規，卻是能將「道德的形上學」充分作得出者。

對宋明儒而言，這「道德的形上學」，亦就是在成德之教下、相應其道德的宗教之「道德的神學」。但依照儒家的義理，在這「道德的形上學」之外，並沒有另一套「道德的神學」之可言。所以，宋明理學家依據先秦儒家成德之教的弘規，所弘揚的「心性之學」，實就是「道德的形上學」。這套學問業已超過康德而比康德更圓熟。傳統的儒家雖然未曾使用「道德的形上學」這個名稱，但依藉康德「意志自由、物自身、道德界與自然界合一」這一套規畫，便正可驗證宋明理學家的「心性之學」即是今語所謂的「道德哲學」，而儒家這一套「道德哲學」（天道性命相貫通的內聖之學、成德之教），實又函著一個「道德的形上學」之充分完成。

附識：康德的智思極強，他智思之所及已經走向「道德的形上學」之規畫，但限於西方哲學宗教之傳統（西方沒有「天命之謂性」的觀念，也沒有性命天道相貫通的義理），所以他雖已提出規畫而卻無法充分作得成。他必須融攝資取東方儒釋道（特別是儒家）的智慧，乃能百尺竿頭，更進一步。

3.是顯發理性之光的學問

儒家的學問，從本體到工夫，都要求平正通達，不偏不滯。儒家的道理都是發自人性人情，發自人心深處，根據心同理同而秉持忠恕之道，所以最合乎理性的原則。而理性表現的方式，有是「運用表現」，有是「架構表現」。❼中國文化表現理性的方式，乃是理性的運用表現。所以喜歡講情理、事理，這是活的，理和情和事，渾融在一起。理性的運用表現是生活，是智慧，也是德性，才情和性理都在內。這種方式，說好，是通達圓融，智慧高，境界高；說壞，則渾沌，拖泥帶水，落於情識而自以爲妙道，違禽獸不遠而自以爲率性、率眞。可見這個地方正是善與惡、誠與僞的界頭。所以陸象山說：「這裡是刀鋸鼎鑊的學問。」❽

❼ 牟宗三《政道與治道》（台北、學生書局，一九八〇年增訂新版）第三章〈理性之運用表現與架構表現〉頁四四—四六。

❽ 《陸象山全集》卷三十四、語錄。

如果欠缺一番工夫的鍛鍊，便很難立得住。這種實踐理性的表現，是作用見性。但作用見性並非「玩弄光景、簸弄精魂、氣魄承當」❾，它還是要見性作主。若是這裡不眞切，一有差錯便落於狂蕩，肆無忌憚。（儒者之所以重視工夫，正以此故。）

若關聯文化問題，則理性之運用表現，還可以從三方面作一說明。❿

㈠從人格方面說，聖賢人格之感召是理性之運用表現。這不同於宗教上的奇蹟、神通，它不需要一個媒介，一個橋樑，它是不可測度的聖德功化之妙，莫之爲而爲，莫知其所以然。⓫在這裡，完全是理性的運用表現，不需要藉助於架構表現。

㈡從政治方面說，則理性之運用表現便是儒家德化的治道。中國傳統政治，有治道而無政道。政權在皇帝一人，根本不合理，而政權的移轉又沒有客觀法制化的軌道，所以儒家只好「以治道之極來濟政道之窮」，是即所謂仁政王道。這是聖賢人格在政治領袖身上用，這種應用不但是一時的權法，也實在是一種委曲（因爲政道不立，不得已而爲

---

❾ 這三句，乃明代王學容易帶出之問題，所謂王學末流之弊是也。

❿ 同註❼，頁四七—五一。

⓫ 《論語·子張》載子貢贊孔子曰：「夫子之得邦家者，所謂立之斯立，導之斯行，綏之斯來，動之斯和。」《孟子·盡心上》「君子所過者化，所存者神，上下與天地同流。」《孟子·盡心下》「大而化之之謂聖，聖而不可知之之謂神。」《中庸·二十六章》言及聖人之德，有云：「博厚配地，高明配天，悠久無疆。如此者，不見而章，不動而變，無爲而成。」凡此所說，皆可證驗聖賢人格的感召，乃是莫知其所以然的神化境界，是理性之運用表現。

之）。由此可知，理性之運用表現，在聖賢人格方面是恰當的，順直的；而在政治方面，則不恰當，而有委曲。（近代西方發展出民主政治，這個架構，正好可以充實儒家外王之學。）

㈢從知識方面說，則理性之運用表現，乃是心之智用收攝於德性而轉成一種德慧。德慧（性智）的表現不經由經驗，不經由邏輯知識，所以是理性之運用表現。正如上帝的神智並不需要邏輯，也不需要數學。在上帝那裡，沒有邏輯數學科學，並不算是缺憾。但中國文化的主要心靈（德性主體）若不能自覺地作調適，以轉出邏輯數學科學，便是一大缺憾。這樣的缺憾是仁心（良知）所不能安的。所以中國文化必須採取理性之「架構表現」，由德性主體開顯知性之用，以解決科技的問題。

理性的表現，無論運用表現或是架構表現，都是會「放光」的。十七八世紀以來，西方文化發展出民主、科學，是人類理性在放光。而它的前一階段，十一至十六世紀的宋明理學，則是理性之運用表現，那也是人類理性在放光。

二、略說十一至十六世紀的世界思潮

關於十一至十六世紀這六百年間的世界思潮，在此只作一提要式的敘述。

1.中國和朝鮮日本的性理學

中國從北宋、南宋、元代、明代這六百年的學術思想，自是以理學（心性之學）為主潮。

北宋的儒學，上承先秦儒家的本旨原義，以開展他們的義理思想。其步步開展的理路，是由中庸易傳之講天道誠體，回歸到論語孟子之講仁與心性，最後才落在大學講格物致知。所以，《論語》、《孟子》、《中庸》、《易傳》、《大學》這五部文獻，可以視爲宋明儒的新五經。

他們講論這五部新經典，當然有新的詮釋，有新的引申。但他們是順先秦儒家本有的義理而作推衍發揮。他們的用心，是要重新光復聖人的大道，來延續中華民族的文化大統。後世的人看到他們著重講「道」，便稱之爲「道學」。又因爲他們提出「天理」觀念，並講說「性即理」、「心即理」，所以又稱之爲「理學」。同時也名之爲「性理學」或「心性之學」。

十四世紀時，宋明理學中的朱子學開始傳入朝鮮，終於成爲朝鮮李朝（十五至十九世紀）治國的理念。十六世紀，朱子學傳入日本，十七世紀，陽明學也傳入日本。到十九世紀末期，日本的朱子學者和陽明學者共同合作，完成了明治維新，使日本走上現代化的道路。

2.佛教與印度文化之持續

佛教創自印度，後來小乘佛教傳佈於東南亞，大乘佛教則傳入中土而及於韓國日本。隋唐是佛教在中國大行其道的時期，到禪宗「一花開五葉」而達於高峯。但禪宗精光湄盡，頂峯過後，便不能不把佛教在中國的思想領導權拱手送還給儒家。不過，佛教畢竟是大教，它已在中國文化土壤裡植立根基，枝葉榮茂，而成爲中國民間最普遍的宗教。

至於印度本土的正宗大教，是婆羅門教（印度教）。由於受到回教的入侵，政治軍事上的劣勢，也對印度的文化宗教產生不利的影響。好在根基深厚，故能與回教長期相持，而延續下來。

3.回教世界與回教文化之伸展

回教創於七世紀，漸次擴展成爲一個世界性的宗教。回教的教義很謹嚴，信守也很堅定。它的教義眞理，依於信仰活動和生活方式而落實，而延續。所以，回教的凝聚力最爲強固。

在宋明理學的時代，回教與基督教互爭雄長，斷斷續續發生長達一二百年的戰爭，西方史家稱之爲「十字軍」東征（但回教徒方面，想來不會同意「東征」的字樣）。隨著這一類的軍事政治的行動，回教文化的影響，也擴散到世界各地。如今中亞絲路旅遊線上，常在回教的生活圈內，發現一些佛教寺院或摩崖石刻的遺蹟，也透露出當年宗教消長的訊息。

4.基督教文明的中古世紀

從基督教來說，中古世紀很重要。但從人類精神的開展和文化思想的發揚來說，則對歐洲中世紀的評價就不會很高了。在這個時期，哲學論爲神學的婢女，心靈爲教條所禁錮，社會階級森嚴，僧侶、國王、貴族之外，差不多都只能算是農奴了。（中古世紀，還沒有工商市民階級。）

這時候的歐洲大陸，無異是一塊黑暗大地。離開僧院就幾乎沒有知識，而僧院的知識，神學之外，主要就是醫學和一些技藝性的東西。等到「人」從「神」的懷抱裡甦醒過來，才又回想起希臘，這就是歐洲近代文明的前奏：人的再生運動，或者稱爲「文藝復興」。但那已經到了本文範圍的邊緣了。

據上四點所說，可知除了宋明理學，其他各系的文化思想，無論佛教系統、印度教系統、回教系統、基督教系統，都只停在維持的狀態，缺少鮮活之氣，而創發性的表現，更說不上。假使把宋明理學從這六百年的文化史裡抽離出來，那就尤顯枯寞荒涼了。

三、宋明理學對人類文化的重大貢獻

1.中世紀世界史概述

爲了便於「通觀」和「對顯」，有必要對宋明理學同時的世界史大事，依序作一概略的說明（只舉述，不加評論）。

(1)十一世紀的政教衝突：一〇七四年，羅馬教皇頒布新教令，次年德皇亨利四世與教皇爭神職任敍之權，一〇七六年又召開會議欲廢教皇而不果，不得已於次年向教皇請罪。至一〇八〇年，德帝國之諸侯分裂而爲教皇黨與皇帝黨。一〇八三年，亨利四世攻陷羅馬。

(2)十二世紀的十字軍東征：第一次十字軍東征始於一〇九六年，一一四七年第二次，一一八九年第三次，延續到一二七八年第七次東征，前後長達二百年。

(3)十三世紀的蒙古旋風：一二一八年，成吉思汗侵入花剌子模，次年西征。一二二三年，蒙古滅回回國，兵逼印度。次年，又降服南俄羅斯諸國。一二二七年，成吉思汗卒。一二三四年，蒙古滅金。一二四〇年，拔都征服俄羅斯諸國。一二七七年，元世祖定都燕京。

(4)十四世紀羅馬教會大分裂：一三三九年，英法百年戰爭開始。一三六六年，英國會決議不再向教皇納稅進貢。一三六八年，明太祖即位。一三七八年，羅馬教會大分裂。

(5)十五世紀、土耳其滅東羅馬、鄭和下西洋：一四〇五至一四三〇年，鄭和七次下西洋（南洋）。一四五三年，土耳其滅東羅馬帝國。一四八〇年，俄伊凡三世滅蒙古金帳汗國。

(6)十六世紀的哥倫布、馬丁路德、哥白尼：上世紀末一四九二哥倫布發現西印度群島。一五一七年，馬丁路德宗教改革。一五三〇（王陽明卒後第三年）哥白尼倡太陽中心論與地動說。一五七九年，英人來到印度。次年，利瑪竇至澳門，七年後入南京，一六〇一年立教堂於北京。（自此，進入「後宋明理學」階段，歐西的剛力柔力，交併東來。）

2.宋明理學爲人類理性光輝之獨顯

據上文對於十一至十六世紀世界思潮的簡單說明，和當時歷史事件的舉述，可以看出在那五六百年之間，人類的理性進入長期停滯、閉塞；人類的生命進入長期暴烈、狂飆。在世界陷於動盪不安、悲苦無明的時候，惟獨孔子的德慧在東亞重新昭顯，爲人類的理性生命獨顯光輝。

宋明理學的內容，本文不擬多說。在此，只指出幾件事情，提供當前人類共同分享。

第一件，從對治佛教，可以看出宋明儒者恢弘的世界情懷和高貴的平和精神

中唐時期，大文豪韓愈在〈原道〉一文中，強力宣示闢佛，而喊出「人其人，火其書，廬其居」的激烈主張。到北宋，儒學復興，佛教勢力下降。在這個時候，宋明理學家雖也聲稱闢佛老，其實只是不贊同佛老的生命途徑和價值取向，並沒有採取任何打壓的行動。我們試查考一下當時的世界文化史，在某一個國度或地區裡，後來的宗教對於原先的宗教，幾乎都是不擇手段地打壓破壞，那有理學家對待佛教那樣的理性寬容？持守儒家之道的中國人，最能表現恢弘的世界情懷和高貴的平和精神。它肯定和保愛一切合乎理性的物事，所以一些本屬排他性的宗教，到了中土這塊恢恢廣廣、雍容大度的文化國度裡，也自自然然受到薰陶，而漸能認同「萬物並育而不相害，道並行而不相悖」⑫的儒家義理。所以中國數千年來的歷史，從來沒有宗教戰爭。這是一項非常淵懿和美（不只是偉大）的成就，值得各大宗教來深深省思。

第二件，從講學論道，可以看出宋明儒者

---

⑫《中庸・三十章》。

對思想開放和學術自由的眞誠實踐

陸象山說過一句話：「本朝百事不及唐，然人物議論過之。」⓭唐代人物的形態，是盡才、盡情、盡氣，一旦生命力衰了，便文化失調，發不出潤澤護持的力量，人才很快就荒涼了。宋代人物則是盡心、盡性、盡理，無論治亂順逆，皆可眞誠實踐，造就人才，而繩繩相繼。同時宋代士氣最旺，加上印刷術發達，學術流通利便，所以心靈開通，議論鼎盛，不但書院講學，民間也到處講學。比起歐洲中古世紀的情形，就可以對照出宋明理學在思想開放和學術自由上的卓卓有成，實在是人類共同的光榮。

第三件，從文教藝能之美，可以看出宋明儒者所表現的文化意識與教化功能

唐朝是生命飛揚的時代。但發而不能收，洩而不知藏。所以安史之亂以後，一切走下坡，而護持文化生命最重要的師道便是最先淪喪，雖然韓愈柳宗元大聲疾呼要恢復師道⓮，但時代社會無有回應。下及唐末五代（甚至延及北宋之初），偌大中國，竟無一人足以爲師。⓯到范仲淹與宋初三先生（胡瑗、孫復、石介）出來，重新樹立師道，喚醒文化意識，朝野配合，人文

⓭ 同註❽。

⓮ 參韓愈〈師說〉、柳宗元〈答韋中立論師道書〉，台灣之高中與大一國文，皆選習之。

⓯ 宋興六十年，仍無師教。范仲淹所師之戚同文實不足以稱學者，然在當時已屬鳳毛麟角。而同時之孫泰山、胡安定則無師可從，二人在泰山道觀中自己發憤，攻苦食淡，十年有成。從此，師道重新恢復。

蔚起，才漸漸形成儒學的復興。唐文化是精光閃亮的，宋文化是深蘊厚蓄的，而風教之美，工藝之情，宋代人的表現，也多有超越唐代之處。單從南宋偏安之時，畫院所繪製的清明上河圖，便可窺見大概了。那是南宋人對於北宋汴梁風物的憶寫。今日看來，只覺得那畫卷呈現的生活樣態，才眞正是文明社會理性世間的模式。但也許太文明了，無力抗元。不過，蒙古旋風，橫掃歐亞，有誰能撐得住？而唯一能抵擋蒙古達二十餘年之久的，卻正是中國歷史上最積弱的南宋。何況最先奮起收復失土，驅逐胡元的，也仍然是生長在南宋故土的方國珍、張士誠、朱元璋。此其故，大可深思。

宋明儒者順承先秦儒家而調適上遂，已經達到圓熟透徹的境地。而關聯於西方哲學而言，康德所規畫的「道德的形上學」，宋明儒者可以充分作得成（已見上文壹之二）。而康德所講的「自律道德」，也可以在宋明理學的義理系統裡獲得眞實的證驗。再歸結地說一句，在十一至十六世紀這六百年間，整個人類世界，就只有宋明理學充分昭顯了人類理性的光輝。

四、餘言：當代新儒學的走向問題

時至今日，全人類的文化都必須走向融和。就中國而言，不但儒釋道三教要和諸子之學融通，而且更要和西方文化傳統交融，以達到一個大綜和。這是中華民族自覺要做的一件大事。所以必須根據自己文化生命的命脈，來和西方希臘傳統所開出的科學、哲學、以及近代西方由於各種因緣而開出的民主政治，來一個大綜和。科學和民主，都是理性的物事，是人類理性中所共同固有的。既然是人類理性上的事，就不能單單屬於西方。所以，發展科學民主，不是西化的問題，而是現代化的問題。當代新儒家積極肯定科學和民主，但科學民主的完成，卻不只是儒者和哲學家的事，而是大家的事情。大家肯定科學，肯定民主，自然就可以一步步開出來。（這裡所謂「大家」，台灣、大陸、海外華人世界，都在內。而凡是儒家文化所薰陶潤化的地方如韓國日本，也同樣涵蓋在其中。）

今後，當代新儒家所應該走的路，其實非常清楚：

第一、是重開生命的學問，復興以儒家爲主綱而兼含道家佛教的中華文化之大傳統。

第二、是貫徹現代化的道路，以科學、民主充實開擴儒家外王之學。

第三、是落實人文教化，應從「器物層」、「生活層」、「理念層」三方面同時著力。⑯

這些年來，當代新儒家比較著重在理念上作說明。今後允宜循行兩條路線：第一條，是從相對走向融通：當代新儒家認識了老傳統，也認識了新思想，認識了東方的儒釋道三教，也認識了西方的哲學和宗教。其中的異中之同，同中之異，也已有了確切的分判。彼此相資相益的切要之點，也已有了明透的辨識。如今，古今新舊之不同，中土西方之差別，都已有了溝通融和的道路。融和，才是人類文化的大通之道。這一點，我們深信不疑。第二條路線，是由顯示理想落實到分工合作。文化理想要提揭，文化理想也要落實。無論家庭倫理、國家政治、世界大同，以及自由人權、民主法治、道德實踐、宗教活動等等，都應該基於怵惕惻

⑯ 參蔡仁厚《儒學的常與變》（台北、東大圖書公司，一九九〇年十月），頁六四—七四。

隱之仁而交感相通。大家化疏隔爲融通，異地同心，分工合作，各學派，各宗教，各民族，各國家，都在理性的道路上，自由自律來行走，使人類的仁心，能夠隨人之「生活、工作、思想、信仰」，而具體地踐行表現。於是乎，人文世界中一切「眞、美、善」之價値，都能隨時創發出來，一一加以成就。此之謂「一心璀璨，萬樹競榮」。豈不美哉！

一九九七年六月，出席新加坡「儒學與世界文明國際會議」論文

貳、宋明理學之新的疏導

——牟先生研究宋明理學過程之探析

一、早期的薰習與講論

在北大預科二年級時，牟先生每天到圖書館閱讀《朱子語類》，一方面覺得很有意味，一方面又不明白朱子到底說些什麼，他還是天天去，不間斷。一個月後，忽然開了，摸到了朱子說話的層面，以及他所講的道理之線索。牟先生說，「他（朱子）說著上一句，我常知道他下一句說什麼。這表示我自己也能主動地順著他的思路走。我知道他所說的是形而上之道，而且我感到此道是在超越了現實物的差別對待障隔之氣氛下，而烘托出來的。我感到它是一種通化的渾一，是生化萬物的『理』之一，是儒家式的。」又說，「對於朱子學所講的那一些，我當時也不知其文化學術上的來歷，但我之想像這些，可以不必通過那些歷史之來歷，可以直下在永恆方式下去照面，而不覺其隔，這因爲畢竟是中國的。我個人與朱子都是在同一民族生命文化生命中生長出來的，不過他是先覺而已。」（見《五十自述》第三章）

到大學本科三年級，開始從學於熊先生。抗戰時期，又在重慶北碚依侍熊先生半年，朝夕聽聞，大抵以宋明理學爲多。這個階段，主要是隨時薰習，從容領受。順其薰習與領受，自然有印持，有蘊蓄。但十多年中，從未寫過有關宋明理學的文章。

抗戰勝利，牟先生隨中央大學回到南京，創辦「歷史與文化」雜誌，這才開始撰寫〈王陽明致良知教〉，分上下兩篇發表。又過了五六年，才在台北單冊出版。這是牟先生第一本講論宋明理學的書，非常精采。書出之後，唐君毅先生也很推崇。但就牟先生自己而言，五十歲以前，還不算正式研究宋明理學。因爲，四十以前，他的心力主要是爲《邏輯典範》與《認識心之批判》這兩部大書而奮鬥。到四十剛出頭，大陸變色，渡海來台，面對國族與歷史文化之巨變，他又傾注心力以疏導華族文化生命之途徑，結果寫成《歷史哲學》、《政道與治道》、《道德的理想主義》（這三部書代表牟先生的新外王學）。當然，在他講學的過程中，隨時都會關聯到孔孟與宋明儒。譬如在人文友會的講習，以及四十八歲發表的三篇文章：〈陸王一系的心性之學〉、〈王龍溪的頓教：先天之學〉、〈劉蕺山的誠意之學〉，其慧識洞見，都是第一等的。但對照於他以後的專著《心體與性體》，這三篇文字，還未能達到「足爲矩矱」的境地。

二、重新開端：宋明儒學綜述

民國四十九年，牟先生應香港大學之聘，主講中國哲學。香港是英國殖民地，青年學子的心態意識和台灣不同。他敏銳地感到香港很難講文化問題，乃決定採學究的方式沉下心來作研究工作，這就是持續八年之久的《心體與性體》的大奮鬥。

這步大奮鬥，後文將分三節加以敘述。本節只就他繼「中國哲學的特質」十二講之後，又在香港大學校外課程部所講的「宋明儒學綜述」，稍作說明。

宋明儒學（理學）之綜述，也是十二講。講錄從民國五十二年五月起，在香港〈人生雜誌〉發表前四講。第五講以後，改由〈民主評論〉發表。（按、第五講以後，講宋明理學之內容，本文不擬介述，其詳應以《心體與性體》所講者爲準據。）

在講錄之前，有一「小序」，有云：「宋明儒義理系統並非容易把握者，其語錄中之話頭，東一句，西一句，時而說此，時而說彼，極不易得其條貫；而各家之觀念辭語又有許多極其相似，語意含混，可上下其解，亦極不易簡別其同異與輕重。是以解者惑焉，而不明其本質義理何在也；誤引迷謬；似是而非，亦不知其眞實問題究爲何也。……如不眞懂先秦儒家孔孟立教之精神，固不易鑒察宋明儒者所發之當否，如或進而不能會通魏晉玄學與南北朝隋唐佛教而觀之，則亦不知其中心義理，及其重點之所在。」又云：「宋明儒之弘揚儒教是發之於眞實生命，並以宗教精神出之，非今之所謂「研究」態度者。今之人無此眞實生命，亦無講此學之性情，而於思想義理又無精湛之訓練，則其浮泛不切，固亦宜矣。」這最後幾句話，感慨今古。不知現代的所謂學者先生們是否還是漠然視之？

第一講是正名，首先指出「新儒學」一名勝於「理學」。因爲從廣義看理學，數理、物理、名理、空理……都是理，如此，「理學」之名便嫌太寬，從狹義看，理學常只指目程朱一系，如此，又太狹。故認爲可稱此學爲「性理」之學，或「性理學」，進一步，亦可用

「心性之學」。

第二講指出漢儒忙於傳經，並不眞正了解孔孟立教的眞精神眞形態及其眞實之內容。魏晉下及隋唐，更不是儒學思想發揚的時代。到了宋儒，才把儒家原有的眞精神弘揚出來。宋儒由於對抗佛教，而把儒家內聖成德的內在義理特別提出來，加以發揮與鍾煉，這就是新儒學之所以爲新了。但宋儒所講的並非無中生有，而是把原始儒家本有的義理彰顯出來。在此講之末，牟先生指出，在體現「天道性命相貫通」這個立體的骨幹而達到化境之時，則以下諸辭語皆同時成立：

一、道外無性，性外無道。

二、道外無物，物外無道。

三、心即是理，心外無理。

四、無心外之物，無物外之心。

第三講，說明宋代儒學興起之機緣及其與佛教之關係。興起之機緣有二：一是激於唐末五代社會上之無廉恥，而發憤「卓然立人道之尊」。二是佛教方面的刺激，遂使宋儒反省儒聖之教的本源，而重新挺顯了孔孟心性成德之教的弘規。至於「陽儒陰釋」的疑惑，固是浮光掠影的淺薄之見，但亦並非無因。由於在觸及心性的奧義上，儒佛之間有些相同的風光，因而引起外部與內部的指責。外部的指責是來自功業之士的實用主義、與經生考據之淺薄的理智之義（如南宋之葉水心，與清代之顏、李、戴東原、惠士奇、惠棟父子等）；內部的指責則主要來自朱子。朱子對「心」不放心，以爲來自禪，而形成內部無謂的禁忌。其實，宋儒全力開發的雖是德性之學最核心的本質（道體、性體、心體、仁體），但對知識實用之學也從未加以抹煞。在主客觀兩面成己成物之踐履上，且能「溥博淵泉而時出之」，其心量器識比徒知重知識實用之輩，實高出甚多也。

第四講仍標題為「與佛教之關係」，主要是就朱子說。朱子評議程明道之風格，又反對〈識仁篇〉以「仁者渾然與物同體」一語說仁，又非難謝上蔡從「覺」說仁，乃至說上蔡是禪或類禪。再來便是斥陸象山為禪。凡此，牟先生皆作了疏解，認為朱子的指責與禁忌，其實都是多餘的。現在必須暢通文化學術之心靈，消釋這些禁忌，不必再在上面浪費精神。

三、《二程遺書》之簡別與類編

《宋元學案》中的明道學案、伊川學案、晦翁學案，皆不佳，不足以表述二程與朱子之學。對此三人之學如不能恰當相應地了解，則宋明理學將永遠講不明白。牟先生對宋明時期的儒學，並沒有先在的成見，也沒有預先的設定。他最後所衡定的義理系別，乃是在一層層的釐清中，一步步逼顯而達到的。而其釐清逼顯的重要關節，正是在二程與朱子。

平常說到二程之學，好像明道與伊川之間並無不同。實則，兄弟二人不但一般的性格有差別，心態與思路也有不同。而後世所講的程朱之學，卻盡是伊川朱子之說，裡面幾乎沒有明道的義理。明道在宋明儒中是一大家，有極其顯赫的地位。如今程朱之學裡面沒有程明道，此惡乎可！明道那些風光話頭，大家雖也常加引述，但明道的義理綱維，卻沒有人講得出來。

這個問題的解答，必須回到文獻上找根據。

《二程遺書》共二十五卷，是朱子編輯而成。前十卷標爲「二先生語」。第十一至十四卷，爲明道之語。第十五至二十五卷，爲伊川之語。第一卷「端伯傳師說」，爲二程早期弟子李端伯所記。伊川嘗謂端伯才識穎悟，所記明道語錄，不拘言語，卻得其意。據伊川所說，可知端伯所記，雖標爲二先生語，主要當爲明道語錄。第二卷「元豐己未呂與叔東見二先生語」，此卷分量特多，故分爲上下兩編，上編前三分之一各條，大多標一「明」字或「正」字，表示爲明道語或伊川(正叔)語，而後面三分之二則無標示。下編「附東見錄後」亦呂與叔所記，無標示。第三卷「謝顯道記憶平日語」，爲謝上蔡所追記，前半標「右明道先生語」，後半標「右伊川先生語」。第四卷「游定夫所錄」，未標示各條爲何人之語。第五、六、七、八卷，無標示，也不知何人所記。第九卷「少日所聞諸師友說」，無標示，也不知記錄者。第十卷「洛陽議論」，乃張橫渠過洛陽與二程會議之議論，蘇季明錄。第十一至十四卷，劉質夫錄，皆明道先生語。第十一卷「師訓」、第十二卷「戌冬見伯淳先生洛中所聞」，第十三卷「亥八月見先生於洛所聞」，第十四卷「亥九月過汝所聞」，後三卷，皆簡短。第十五卷「入關語錄」以下，至第二十五卷，皆爲伊川之語。

如此看來，簡別二程文獻的關鍵是在前十卷，而此十卷大多無標示，將如何分判呢？牟先生斟酌再三，乃決定：

1. 以二程性格之不同爲「起點」；
2. 以遺書中劉質夫所錄明道語四卷爲「標準」；

3.以二先生語中少數標明爲明道語者爲「軌約」；如此，即可確定出「鑑別明道智慧」之線索，又經三數次之抄錄對勘，最後將「明道語錄」類編爲八篇：天道篇、天理篇、辨佛篇、一本篇、生之謂性篇、識仁篇、定性書、聖賢氣象篇。

明道清楚了，伊川亦隨之而清楚，故亦類編「伊川語錄」爲八篇：理氣篇、性情篇、氣稟篇、才性篇、論心篇、中和篇、居敬集義篇、格物窮理篇。於是，伊川之思路亦確然可辨。

經過牟先生這番義理的分判和文獻的衡定，不但二程異同可以明確地講說，而且前面的濂溪、橫渠以及後來的朱子，也都可以得到確定的理解。

四、對朱子學之大的理解

朱子在宋明儒中，處於四戰之地。上而對北宋諸儒的文獻有廣泛的講論，下而與明代的王陽明有義理上的歧異。在南宋當代，先與湖湘學者有論辯，又與陸象山有會講、有爭辯，另外，又與陳同甫爭漢唐。

就宋明理學的綱領而言，一是本體，一是工夫。儒家言本體，常用的詞語是道體、性體、心體、仁體，以及王學所講的良知本體。無論用那一個詞語，都是指說創造性的實體。這實體當然是「理」，而同時亦是「心」、「神」、「寂感」。由「理」說存有義，由「心、神、寂感」說活動義（創造性的活動，妙運氣化生生不息）。所以，儒家大流所講的道體、性體，是「

即存有即活動」的。周濂溪「默契道妙」，張橫渠從道體說性體，再到程明道提出「天理」觀念，這北宋前三家所說的道體、性體，都同時是存有的，亦同時是活動的。它是性，亦是心，⑴就其爲「性」而言，它具有五義：性體、性能、性理、性分、性覺。它是理、是心、亦是神。⑵就其爲「心」而言，亦具有五義：心體、心能、心理、心宰、心有（存有）。它是心、是理、亦是神。這樣兼含五義的「性理」，乃是「全義的性理」。

朱子從三十七歲參究中和問題，三數年間，一直對心、性、仁、理與未發已發之分際確定不下來，到四十歲終於走上伊川之路。朱子對於「理」的體悟，並不是綜五義之全而說的性理。他說「太極是極至之理」，這當然不錯。但朱子所謂太極是極至之理，其眞實的函義實乃「但理」、「只是理」，而「能」義、「覺」義，則被割截了，亦即將「太虛寂感之神」義抽掉，而以神屬於氣。如此一來，太極成爲不動不靜之物。對於動之事，太極爲動之理（動之所以然）；對於靜之事，太極爲靜之理（靜之所以然）；而太極本身則不動不靜，亦無所謂動靜。如此，則太極只是理，只是形式的所以然（雖然亦是超越的），只是靜態的存有，而不是「即活動即存有」的動態的存有（動態的，是就其即寂即感、妙運生生而言）。朱子如此體悟道體、性體——

1.既不合先秦儒家由「維天之命，於穆不已」之最原始的智慧而來的天道天命觀。

2.亦不合濂溪由誠體寂感之神以說天道。

3.亦不合橫渠由太虛寂感之神以說天道性體。

如此抽掉寂感之神、以及性能義、性覺義，是之謂性體義之迷失與旁落。

由於太極成爲「只是理」，性亦成爲「只是理」，於是太極之爲極至之理，乃只等同於性體五義中第三義之「性理」義（此非性理之全義，而乃性理之偏義）。結果，性與太極皆只是靜態的實有，皆只是「超越的、形上的、靜態的」所以然，而不是「超越的、具體的、動態的」所以然。不過，說「太極」說「性體」，是綜言之；而說到「理」時，便說太極含萬理，性具衆理，此便是亦綜亦分：綜之於性與太極，而分別表現於氣化。綜之於性與太極，是一理，亦可曰「統體一太極」。分別表現於氣化，則有多相，亦可曰「物物一太極」。

以上是牟先生疏導出的朱子學之綱領。這是發前人之所未發，而且確實是把握宋明儒學最爲重要，亦最爲中心的深義所在。這樣的理解，才眞正是「大的理解」。

朱子貫徹伊川之思路而確立「理氣二分、心性情三分」之系統，他能獨成一型，固能表示朱子之偉卓，在文化學術上亦有甚大之作用與意義。然而朱子之系統，畢竟不是先秦儒家發展成的內聖成德之學的本義原型。若必以朱子爲大宗，則其大宗之地位乃是「繼別爲宗」。牟先生這個判語，很妥當而恰切。北宋前三家由中庸易傳而回歸論語孟子，是眞能上承孔孟以下先秦儒家之本義原型而引申發展者（此方是正宗正統之所繫）。至伊川而有義理之轉向（此猶如別子），故落於大學言格物窮理，而對道體性體乃至心體之體悟，則發生了偏差、歧出。此一轉向爲朱子所積極繼承，並充分完成，故謂之「繼別爲宗」（亦是百世不遷之大宗）。這句判語，乃通貫二千多年之儒學傳統，而本乎「學術之公」與「義理之實」而提出，絲毫無有貶抑不敬之意（參《心體與性體》綜論部頁五四至五七。）

五、宋明理學三系之衡定

平常講到宋明儒學，都知道有程朱陸王二系。一般又稱程朱一系爲理學，陸王一系爲心學。同時大家亦知道有所謂朱陸異同，一個講性即理，一個講心即理。但對於其中的義理關節，卻只能講一些浮泛的話，而不能作確定的判斷與分疏。至於這六百年學術發展中的曲曲折折的內容，更很少有人深入去理解。數十年來，雖有二三師儒提撕點示，亦時有開光醒目之言，但通貫六百年的學術而確定其義理的綱維，釐清其思想脈絡，則自《心體與性體》始。

北宋前三家（周、張、大程），由中庸易傳之講天道誠體而回歸於論語孟子之講仁與心性，到明道而完成了儒家內聖成德之教的基本模型。故周、張、大程、只有義理之步步開展，而並無義理之分系。明道卒後，其弟伊川有二十年獨立講學之時間，乃依其質實的直線分解的思考方式，將道體性體皆體會爲「只是理」，又將孟子「本心即性」析而爲心性情三分，性是形上之理，心與情則屬於實然的形下之氣。理上不能說活動，活動義乃落在氣（心、情）上說。道體性體皆成爲「只存有」而「不活動」，如此，便形成義理之轉向。

但此一轉向，在伊川是不自覺的，二程門人亦沒有順伊川之轉向而趨，而南宋之胡五峰且能上承北宋前三家之理路而發展，而開出「以心著性、盡心以成性」的義理間架。到此（南宋之初）爲止，伊川的轉向還只是一條伏線。直到朱子出來，因其心態同於伊川，所以四十歲以後便自覺地順成了伊川的轉向，而另開一系之義理。接著陸象山直承孟子出而與朱子相抗。於是，朱子、象山，加上五峰之湖湘學，乃形成三系之義理。到了明代，王陽明呼應象山，劉蕺山呼應五峰，宋明儒學之義理系統，乃全部透出而完成。

依於上述之釐定，可知只分程朱、陸王二系，並不能盡學術之實與義理之全。一則平常所謂「程朱」，實指伊川朱子，而明道變成無足輕重，此大不可。二則明道即心即性即天，其學可講性即理，亦可講心即理，而伊川朱子則不能講心即理，故明道與伊川朱子合爲一系，義理上有刺謬。三則胡五峰之湖湘學，實承北宋前三家而發展，爲北宋儒學之嫡系；其「以心著性、盡心成性」之義理間架，有本質上的必然性與重要性，故明末劉蕺山雖與五峰時隔四五百年，而猶呼應「以心著性」之義，而使宋明儒學得一完整之綜結。以是，牟先生乃作如此之判定：

1.北宋前三家，濂溪、橫渠、明道爲一組，此時未分系。

2.以下伊川朱子爲一系（心性爲二），象山陽明爲一系（心性是一），五峰蕺山爲一系（以心著性）。

3.象山陽明系與五峰蕺山系，到究極處仍可合爲一大系。此一大系所講之道體、性體乃「即存有即活動」者，其工夫爲「逆覺體證」。而伊川朱子所體會之道體性體則是「只存有而不活動」者，其工夫爲「順取之路」。

三系之分，到最後仍然是二系。合成之大系爲「縱貫系統」，伊川朱子系則爲「橫攝系統」。在伊川朱子的系統中，心與物、心與性（理），皆平列相對。二人所講的格物窮理，是以心知之明去認知（攝取）事物之理，因而形成主客對列，是平面的（橫的），故謂之「橫攝」。既然心知之明是順著格物的方式而認知理、攝取理，所以亦稱其工夫進路爲「順取」

的路。「縱貫」是就形上實體的直貫創生而說。凡是創生創造，都是縱貫的。無論客觀地說的宇宙生化，或主觀地說的道德創造，都是這「即存有即活動」的形上實體（道體性體心體通而爲一的天理本體）之立體眞實。換句話說，都是「天理本體」這個創造的動源本末通貫地妙運之、創造之、成就之。在此，沒有平面的主客相對，而是立體的直貫創造，故謂之「縱貫」。凡縱貫系統，其工夫皆屬逆覺體證的路。「逆覺」之逆，如「堯舜性之，湯武反之」之反，亦即孟子所謂「反身而誠」。儒家內聖成德之學必以縱貫系統爲主幹，而橫攝系統是以知識的路講道德，只能居於輔助旁枝的地位。（按，若從全面的文化問題而考量朱子學的價值，則是另一回事。分際不同，層面有別，而評價自可隨之而有升降。）

六、陸王學與蕺山學之表述

如上所述，在《心體與性體》之前，牟先生曾寫過《王陽明致良知教》以及《陸王一系之心性之學》、《王龍溪的頓教：先天之學》、《劉蕺山的誠意之學》三文。這前期的講論，皆屬陸王一系，而《心體與性體》前三冊，則只講到朱子爲止。

隔了十年，才又寫成第四冊。因爲改換書局出版，故另訂書名爲《從陸象山到劉蕺山》。

此書共六章。第一章、象山之「心即理」，第二章、象山與朱子之爭辯，第三章、王學之分化與發展。陸王皆是孟子學，皆是「一心之朗現、一心之申展、一心之遍潤」。這是「由道德的本心即性之引生道德的純亦不已，而頓時即至本體宇宙論的立體直貫型之義理」

之最簡易直截的表現形態；由象山到陽明，而達於最圓熟的境界。而王學之分派，主要有三支：(1)「浙中派」以王龍溪爲代表。龍溪對陽明之主張，皆遵守而不渝，他主陽明而不參雜宋儒之說，可謂陽明之嫡系。(2)「泰州派」，以羅近溪爲代表。王學發展到近溪，只剩下一「玩弄光景」之問題。而如何破除光景以使知體天明能具體而眞實地流行於日用之間，乃成爲歷史發展中之必然，近溪則正好承當此必然，故其學問之風格亦專以此爲勝場。(3)「江右派」，此派並無統一之論旨。牟先生乃單提對致良知教倡異議之聶雙江與羅念菴二人之說，而加以點撥澄清，以明其不得爲眞王學。第四章、疏解「致知議辯」。這是王龍溪與聶雙江辯論致良知教之文獻輯錄，乃王門中極其重要之論辯。凡九難九答，經牟先生一一加以疏通，既藉以了解王龍溪之造詣與雙江異議之不諦，同時亦確定了陽明學之本色。

書之第五章，疏導江右王門演變發展之路向。江右派人物最多，聶羅二人乃是私淑弟子，對陽明講學之宗旨並不眞切；能承續師門之學而不墜失者，是親炙弟子鄒東廓、歐陽南野、陳明水等人。另有劉兩峰、劉師泉，兩峰亦能守師說，但晚年卻又云「雙江之言是也」。而師泉與兩峰之弟子王塘南，則欲向性體奧體（所謂性宗）走，而開啓了脫離王學（心宗）之機；雖有扭曲而未成熟，但實又可以視爲劉蕺山思路之前機。第六章、講述蕺山之學。龍溪與近溪雖能順王學而調適上遂，但走二溪之路，若無確切之理解與眞實之工夫，亦可有病。但這病只是「人病」，而非「法病」。就王學下之人病（所謂玄虛而蕩、情識而肆）而重新消融王學，以獨成一系之義理者，則是明末之劉蕺山。

蕺山鑑於良知呈現，一體平舖，不免有顯露之感（良知教亦本是顯教）。又因良知天生現成，人或不免看得太輕易，所以嚴分「意」與「念」（意，是心所存主而不逐物者；念，是心之所發、逐物而起者），攝知以歸意，將良知藏於意根誠體，以緊吸於性天。如此，才可保住良知本體之奧密性，使人戒懼慎獨，而有「終日乾乾，對越在天」之象。而蕺山的誠意慎獨之學，是直接本於中庸首章與大學意章而建立。牟先生特別指出，王陽明之良知教是由格物窮理而內轉，而蕺山誠意教攝知於意，則又就致良知之內而再內轉，此之謂「歸顯於密」。此意根誠體（亦曰獨體）是心體，亦是性體，而性體即從心體中看出。性體通過心體（之形著作用）而呈現。故蕺山云：「性非心不體也。」又云：「此性之所以爲上，而心其形之者歟。」此明顯地是「以心著性」。

宋儒之學，到南宋而開爲三系，朱陸兩系繩繩相繼，傳續不絕；而五峰的湖湘之學則一傳而止，直到五百年後，才有蕺山出而言此形著之義，二人一頭一尾（五峰在理學系統分化之始，蕺山則處於理學終結之時），完成一系之義理。而宋明六百年的學術，亦到此結穴，而完成了它發展的使命。

※ ※ ※ ※

依牟先生，儒家之學，自孔孟立教，即是「解行雙彰」，有本體，有工夫，乃扣緊實踐以明道理者。宋明諸儒、濂溪、橫渠、明道，皆有其實踐之規模。然三人之實踐工夫，其實亦不過「明本心」耳（本心即性、即理），故可收攝於象山。自實踐規模言，象山提綱挈領，略舉端緒，至陽明而較詳，至蕺山而尤詳。蕺山之所以詳而完備者：

(1)本體方面，彼兼言「心宗」與「性宗」。周、張、大程所言之道體性體，盡攝於其所言之性宗中；而心與性不可以分合言，而總歸是一，則陸王之只言心宗亦無礙。至於伊川朱子所言之道體性體（理）只存有而不活動者，則必須放棄而使之歸於即存有即活動；如是，本體方面一矣。

(2)本體既一，則工夫方面決不能走伊川朱子格物窮理的順取之路，而必須扭轉而爲逆覺之路；如是，則工夫亦一矣。

審視作爲宋明儒之綱柱的九人之中，伊川朱子而外，濂溪、橫渠、明道、五峰、象山、陽明、蕺山等七人，皆屬逆覺的路。（正因工夫爲逆覺，故在本體方面，無論自心體言或自道體言，必爲「即存有即活動」者；反之亦然，正因本體爲即存有即活動，故工夫爲逆覺。）

從逆覺的路講道德，是爲自律道德；從順取（即物窮理）的路講道德，則爲他律道德。而道德之所以爲道德，乃在自律，此康德已言之甚明晰。人生之全體，固不只是道德，但必須以道德爲本。如是，若進而再以道德融攝知識，則道問學亦可以得其分矣。如此，方爲朱陸異同之解消，亦是宋明儒學之大通。（牟先生表示，《心體與性體》四大冊最後的評判，不過如此云。）

八十五年四月

參、王陽明致良知宗旨之蘊釀與確立

一、龍場悟道以後

平常論及王陽明思想的演變與發展，有所謂「前三變」與「後三變」。前三變（泛濫詞章、出入佛老、龍場悟道），是異質的轉變；後三變（默坐澄心、致良知、圓熟化境），則是一根同質的發展，是同一個系統的圓熟完成。

據年譜所載，陽明龍場悟道的關節是說：

> 聖人之道，吾性自足。向之求理於事物者，誤也。

所謂「求理於事物」，就是求理於心外，這是朱子即物窮理的路。而陽明在龍場困頓中所體悟到的，則是孔孟傳統所說的仁心眞體。孔子從不安指點仁，又有憤啓悱發的點示。「仁」乃是活潑潑的道德心靈，它有所感，有所覺，所以會憤悱不安而不容已地起作用。孟子順承孔子，開道德本心爲四端，以惻隱指證仁，以羞惡指證義，以恭敬辭讓指證禮，以是非（價值上的是非）指證智。同時又主張「仁義內在」，而有「仁義禮智根於心」之言。仁義乃是理，仁義內在，是說仁義之理內在於心。用今語言之，是說道德的理則（法則、律則）本就內在於道德的本心（仁心），道德心靈也本就含具道德的理則。這就是陸象山和王陽明講「心即理」的義理根據。

依孟子陸王一系的義理，本心即是性，心性是一而不分。所以陽明龍場之悟所謂「聖人之道，吾性自足」，這個「性」字，與「心」同義。聖人之所以高於人、大於人者，不過「先得我心之所同然耳」。而人的心性，正是道德之根，價值之源，也是聖人之學以及人文世界全幅價值內容的根荄。而「四書五經，不過說這心體」，所以年譜在記述陽明大悟之後，接著又說「乃以默記五經之言證之，莫不脗合。」所謂脗合，當然不是字面上的事，而是說經文中的義旨，亦無非發明心體而已。陸象山所謂「六經皆我註腳」，其意亦是說，六經千言萬語，不過爲我的本心仁體多方印證而已。陽明龍場悟道，便是悟的這個道。契切於此，則事物之理與我的本心自然歸一。而陽明十年困惑，至此遂告解決。

1. 默坐澄心

黃梨洲在《明儒學案》總述陽明之學，有云：

> 自此（龍場悟道）之後，盡去枝葉，一意本原。以默坐澄心爲學的。有未發之中，始能有發而中節之和。視聽言動，大率以收斂爲主，發散是不得已。

按、陽明在瀕臨生死、百折千難中大悟之後，有如經歷一場大病，元氣初復，不能不珍攝保養。所以「以收斂爲主，發散是不得已」。收斂，是意在復其本心，涵養眞體。這裏把得定，發散時便能無所差謬，所以說「有未發之中，始有發而中節之和」。這「默坐澄心」的工夫，便是辨識何者爲「眞我」（本心眞體），何者爲「假我」（習氣私欲）；將眞我端得中正，則假我便自然對照出來。這步涵養省察的工夫，是初階段所必須經歷的。

然而，一般爲學的人，大都未曾經歷涵養省察的工夫，對於陽明指點知行本體（即良知本體，亦即心體）的「知行合一」之論，把握不住，難有相應的理解；所以陽明教人採取「靜坐」的方式，以察識眞我與假我，使人能在事物紛雜之中呈露本心眞體。陽明曾說：

> 學者欲爲聖人，必須廓清心體，使纖毫不留，眞性始見。方有操持涵養之地。……常人之心，如斑垢駁蝕之鏡，須痛刮磨一番，盡去駁蝕。然後纖毫即見，才拂便去，亦不消費力。到此已是識得仁體矣。

所謂「廓清心體，使纖毫不留」，亦仍然是收斂察識之功。人能識破私意習氣的纏蔽，刮垢磨光，就好像撥雲霧而見青天，眞性自然呈露，如此，便是「識得仁體矣」。但在陽明的時代，一般士人科舉時文的積習太深了，滿腦滿腹盡是功名利祿之念。陽明爲救時弊，所以教人「默坐澄心」，使其仁心眞體自然呈露。但顧此失彼，學者又漸漸由靜坐而入於空虛去了。

2.存天理、去人欲

據年譜，陽明四十二歲在滁州督馬政，見諸生多務知解，口耳異同，無益於得；於是便教人靜坐，一時亦窺見光景，頗收近效。但漸漸地出現偏差，有人喜靜厭動，流入枯槁；又有人務爲玄解妙覺，動人聽聞。到四十三歲五月升任南京鴻臚寺卿時，來從學的人日漸增多。陽明爲使學者不蹈前病，便只教人以「存天理，去人欲」爲省察克治的實工夫，而不再採取靜坐的方式了。

「存天理，去人欲」，本是儒家內聖成德之教的通義。孟子所謂「存心養性」，正就是理學家所說的存天理（心性即天理）；所謂「養心莫善於寡欲」，也和「去人欲」的意指相近似。所謂「天理」，即是本心，即是眞我；所謂「人欲」，即是私欲習氣，即是假我。存養眞我作主，勿使假我作怪，這就是修養實踐的主旨。在此，有一個意思必須一說。所謂「去人欲」，並不是「去掉人欲」，而是去其私，去其偏，去其蔽。如果感性欲求納入軌道（如化男女爲夫婦。此夫婦之倫即是男女生活的軌道），就可以達成調理人欲、節制人欲的效果。南宋胡玉峯說得好：「夫婦之道，人醜之矣，以淫欲爲事也。聖人則安之者，以保合爲義也。」夫婦之道，保合性命，所以聖人亦安於夫婦之倫。自古稱儒家內聖成德之學爲「身心之學」，身與心兼顧，身從心而行（人欲服從天理），如此，自然可以成德。

陽明發現靜坐有所偏失之後，改以「存天理，去人欲」教人，雖然還是主客對照方式之下的涵養省察之工夫，但從正面揭示存天理，實已漸漸地向良知之說而趨了。

二、巡撫南贛・事上磨練

1. 觸之不動：山中賊與心中賊

陽明四十五歲，升都察院左僉都御史，巡撫南贛汀漳等處（其直接緊迫的任務，是要平定江西、福建、廣東三省邊區的盜寇之亂）。出發之前，他的朋友王思輿對他作了一番試探，事後，王思輿便對門人季本說：陽明此去，必立事功。季本說：何以知之？回答說：「吾觸之不動矣。」所謂「觸之不動」，是說陽明對王思輿提出有關平諸寇的種種疑難，皆胸有成竹，信心滿滿，所以王思輿斷定陽明必能達成任務，建立事功。陽明的「觸之不動」，乃從學養而來，大體同於孟子的「四十不動心」。面對艱難的責任，心不搖惑，無所躊躇，這就是捨我其誰的「義理承當」。

陽明一到任所，一方面爲剿滅賊寇作各種準備工作，一方面舉鄉約，立社學，作〈訓蒙大意〉以申說民衆教育的基本宗旨。在陽明看來，各處的山賊盜寇，只要剿撫得法，不難平定。倒是「心理建設」方面，必須正本清源，才能正其心，誠其意，以克制心中的私欲。所以他在回答門人的書信中，有云：

> 破山中賊易，破心中賊難。區區翦除鼠竊，何足爲異？若諸賢（指門人輩）掃蕩心腹之寇（謂私欲私意），以收廓清之功，此誠大丈夫不世之偉績。

破心中之賊，屬於生命的學問。這是人人必須完成的「立己、成己」的本分事。由立己而立人，由成己而成物，乃是歷代儒者修己治人、淑世濟民的大志業，而陽明一生講學，也正是這一條線索的持續。破山中賊，是指剿平毗連於贛、閩、粵三省的盜寇。這項工作，作為書生學者的王陽明，卻表現了極為突出的智能和成效。

2.在兵馬倥偬中傳習良知之學

(1)上任一年，剿平諸寇。

陽明四十歲奉命巡撫南贛，四十六歲正月抵達贛州任所。旬日之間，一方面行十家牌法，以完成防賊保安的基礎工作，同時又編選民兵，以強化剿滅賊寇的作戰武力。整備就緒，二月即兵入漳州，漸次平定了福建南境毗連於廣東東境數十處賊穴的「漳寇」。隨即安撫良民，並奏請朝廷設置「平和縣」。四月班師回贛州，接著進行半年策劃，又以迅雷不及掩耳之勢，於十月上旬分十二哨入馬進兵，接連攻破南贛的大賊巢橫水、桶岡，到十二月初，盤據於贛湘邊境千百里的賊寇，全數平定。為了鎮撫地方，又奏請在橫水新設「崇義縣」。

橫水、桶岡既破，廣東北境九連山下浰頭諸賊大起恐慌。但仍從事戰守之備，無意自新。陽明運用智計，策劃剿撫事宜。到了三月初旬，數十處賊巢，又悉數敉平。為了善後之計，陽明奏請在浰頭新設「和平縣」，以安撫新民。自此以後，贛粵邊境遂化為良民之區。

(2)四十七歲，刻古本大學與傳習錄。

陽明奉命平亂，只費十四個月，便將爲害地方數十年的巨寇一一剿滅。其用兵之神速，計慮之詳密，以及善後之周至，都是第一等的。但如前文所說，陽明以爲「破山中賊易，破心中賊難」。他對於平定盜寇，早已成竹在胸，無所疑慮。而他所念念不忘的，乃是完成德性人格，裁定弟子後進，以開創文化學術的新生命。他在兵馬倥傯之中，沒有一天不講學。諸寇既平，他除了撫新民，舉鄉約，以安靖地方；疏通商稅鹽法，以蘇民困；並在各地普遍設立社學（國民學校），有名的〈訓蒙大意〉便作於此時。此外，便是專心致意於講明聖學了。

爲了樹立講學宗旨，陽明刻印「古本大學」於贛州，又刻印「朱子晚年定論」於雩都。所謂「古本」是相對於朱子重編的「大學章句」而言。朱子的大學章句，早已編入「四書集註」，列爲科舉考試必讀之書。陽明認爲朱子重編的《大學章句》（新本），和《禮記》的「大學」（古本），無論面貌形式或內容精神，皆有所不同。陽明借此爲題，而提出回歸古本的主張。又爲了淡化對朱子的衝擊，減少講良知心學的阻力，乃特意選輯朱子文獻中近合心學旨意的文字，編爲「朱子晚年定論」。表示我（陽明）所講的，和朱子晚年的見解，實相類同。但陽明這步工作，其實並沒有甚麼作用，更何況裏面所選錄的也並不都是朱子晚年的文字。因此，客觀地說，刻朱子晚年定論，應該算是陽明平生的敗筆。

同一年，《傳習錄》也由門人刻印出來。據徐愛《傳習錄跋語》的舉述，陽明此時所講的，有所謂「格物是誠意的工夫。明善是誠身的工夫。窮理是盡性的工夫。道問學是尊德性的工夫。博文是約禮的工夫。惟精是惟一的工夫。」這些話，都是在良知學的背景之下而說的。而徐愛所錄的《傳習錄》第八則，意旨尤爲顯豁：

> 知是心之本體。心自然會知。見父自然知孝，見兄自然知弟，見孺子入井自然知惻隱。此便是良知……使此心之良知充塞流行，便是致良知。

據此可知，雖然陽明到五十之年纔正式標舉「致良知」三字爲講學宗旨，但南贛所講的義理要旨，實已屬於良知之學。

三、平宸濠之亂、處危疑之困：確立致良知宗旨

1.宸濠之亂與忠泰之讒的深刻考驗

陽明四十八歲時，福州三衛軍人脅衆謀叛，朝廷指派陽明前往勘查處理。六月初九順贛江而下，十五日到達豐城。此時，知縣來迎，並告知寧王宸濠已反。

宸濠是明朝的宗藩，世守南昌。其人奸惡有異志。正德初年與劉瑾結納，京師內官朝臣與地方大吏，亦多傾附。陽明在豐城聞變，立即回舟，而叛兵隨後追捕，陽明喬裝換衣得脫，經四晝夜到達吉安。這時候，陽明最擔心的事，是宸濠舉兵直犯南京（宸濠的確如此打算），如一旦得手，朝野震撼，天下大勢便去了一半。他若再乘勝揮兵北上，朝臣武將必多持兩端以爲觀望。那時再想興兵勤王，便勢難有爲矣。一旦凶殘登大位，天下生民必將廣受塗炭。陽明有鑒於此，乃與幕士蕭禹、雷濟密謀，進行一連串的假情報、離間計、心理攻勢，使宸濠危疑不安，舉棋難定。直到七月初三，才發覺爲陽明所欺，於是親率大軍出鄱陽，下九江，

直攻安慶，只留下一萬餘衆守南昌。陽明聽到消息，大喜，即時傳檄各府州縣，剋期會兵於樟樹。自己率同吉安知府伍文定，於十三日自吉安出發，十八日會師豐城。陽明不取先救安慶之策，而主張先攻南昌。因爲南昌是宸濠的根本。南昌有事，他必自解安慶之圍，回兵救南昌。那時，我軍在鄱陽湖迎頭痛擊，沒有不勝的道理。果如陽明所料，自二十日攻下南昌，宸濠回師來救。二十四日在鄱陽湖接戰，二十五日再戰，宸濠軍皆失利，不得已退守樵舍。二十六日晨，陽明攻其不備，宸濠逃避不及，終於與世子僞官等五十餘人，一起受縛，大亂遂平。

陽明此番擒獲叛王，原先沒有一兵一卒，也沒有朝廷的詔命，他純粹是「倡義」，響應起兵的也只是一些江西地方的知府、知縣，而竟然自聞變到擒賊，僅僅費時四十日，便把一場震撼天下的大叛亂敉平了。他的智計、謀略、膽識、定力，固然令人歆羨，而實際上則是由於他的眞誠惻怛，不忍凶殘得逞，不忍生靈塗炭，才奮其大智大仁大勇，而成就了這不世的功業。

2.良知之學，乃從百死千難中得來。

陽明在危難凶險之中，順時而應勢，據理而持正，終能消弭禍患，化危爲安。然而，大亂雖平，風波平息。那些原先與宸濠有來往、有勾結的內宦朝臣，生怕陽明揭發他們的隱惡，百端讒譭陽明；而武宗近側的佞倖張忠、許泰，更因羨妒陽明功勳，一面讒言陽明要造反，一面又慫恿武宗令陽明將宸濠放回鄱陽湖，讓武宗親征戰獲。種種荒唐、橫戾、淩逼、傾擠、讒譭、陷害之事，接踵而至，危疑洶洶者幾達二年之久。故論者以爲陽明在「顛風逆浪，灘流悍急」中經歷了宸濠之亂，忠泰之變，更加相信他的良知之說，不但可以處常，而且足以應變。因爲良知知是知非，知善知惡，只要依這良知行，自然物來順應，一切中理。人到此地步，隨時心安，隨事理得，生死患難，便自然置之度外了。

正德十六年春正，武宗終於回到北京皇宮。陽明這才放下心來。回想二年來的經歷，益信良知「眞足以忘患難，出生死，所謂考三王、建天地、質鬼神、俟後聖，無弗同者。」於是寫信給門人鄒謙之（號東廓）云：「近來信得『致良知』三字，眞聖門正法眼藏。往年尚疑未盡，今自多事以來，只此良知無不具足。譬之操舟得舵，平瀾淺瀨，無不如意。雖遇顛風逆浪，舵柄在手，可免沒溺之患矣。」又曰：「某於此良知之說，從百死千難中得來。不得已與人一口說盡，只恐學者得之容易，把作一種光影玩弄，不實落用功，負此知耳。」從此以後，陽明乃正式揭示「致良知」三字爲講學宗旨。

四、結語：揭示宗旨之後的圓熟

陽明解《大學》的「致知」爲「致良知」。致，是推致、擴充之意。「格物」則解爲「正物」，而物者，事也。事，即是行爲的終始過程。吾心之良知，不但知是知非、知善知惡，而且是是非非、好善惡惡，則這個行爲便必然是善的。表現一個善的行爲，便是成就一件善的事，也就是物得其正；如此，則知亦致了，物亦格了。所以陽明說：

致吾心良知之天理於事事物物，則事事物物皆得其理矣。

事事物物皆得其理，即是事事物物皆得其宜、皆得其正，也就是事事物物皆得其成了。這是陽明講致知格物與致良知教的主旨所在。

陽明在江右（江西）五年，一面講學，一面成事功。講學不輟，是提撕警覺，故精神凝聚；成事功，是事上磨練，故深切著明。這個階段的學養工夫，大體已經達到：⑴收斂與發散圓融而爲一；⑵未發已發無有先後之分；⑶知與行合而爲一。學問工夫到達這個境地，便可以說是深透而無窒礙了。

五十歲那年秋天，陽明自江西返浙江，次年遭父喪，此後五、六年間，都在越中講學。黃梨洲所謂「居越以後，所操益熟，所得益化。時時知是知非，時時無是無非。」便是指他五十一歲以後的晚年境界：圓熟化境。不習不慮的良知，並不是習氣中的直覺本能，而是隨時當下的眞實呈現。工夫到了純熟之境，良知永現作主，所以「時時知是知非」；私意剝盡，了無執著，所以又「時時無是無非」。（按：無是無非，不是說不辨是非；而是說本體瑩徹，了無私意執著，便不會有由主觀之好惡而生起的自以爲是與自以爲非。）凡是有所言說，皆是稱本心天理而發，無須假借湊泊，以遷就古人之成說或書本上的典故等等，此即所謂「開口即得本心，更無須湊泊」之意。良知既已永現作主，它便是心靈中的太陽，便是眞理之光。一切是非、善惡、誠僞、得失等等，亦都在良知之明的朗照之中而無微不顯。此時，天理自存，人欲自去，這就是陽明之學所以爲「簡易直截」的地方。

學問自有眞，那是假不來的。陽明一生的經歷，便是一個最好的例證。他成學前的三變，是「自我發現」的過程；悟道以後的三變，則是「自我完成」的過程。從「發現自我」到「完成自我」，亦正是他一生踐履的過程。這不是思辨的事，乃是實踐的事。由此可知，「自我」（德性的我）二字不應作概念看，而應作眞實生命看。沒有對學問眞理的眞誠，不從事眞實的道德實踐，而侈談「自我」，那必然會「認賊作子」，誤妄終生。

一九九六年十月起，連載於香港「法燈」雙月刊

肆、王陽明的知行思想

二十三年前，我出版《王陽明哲學》❶，分十章討論了〈陽明思想的演變與發展〉、〈陽明學的基本義旨〉、〈知行合一〉、〈良知與知識〉、〈良知與中和寂感〉、〈工夫指點的意義〉、〈四句教與天泉證道〉、〈心即理的義蘊與境界〉、〈陽明的親民哲學及其事功〉、〈陽明的人格與風格〉。書後附錄兩篇，一爲〈王陽明學行年表〉、一爲〈日本的陽明學及其特色〉，之後，又先後撰寫〈王陽明論經學即心學〉、〈王門天泉四無宗旨之論辯〉❷、〈關於致良知前後向之考察〉、〈王陽明「大學問」思想析論〉❸、〈王陽明對心性工夫的指點〉❹、〈王陽明言禮之精義〉❺、〈王陽明辨心學與禪學〉❻、〈王陽明致良知教

---

❶ 蔡仁厚《王陽明哲學》，一九七四年十月，台北，三民書局。

❷ 蔡仁厚《新儒家的精神方向》，頁二二七—二三七，頁二三九—二七六，一九八二年三月，台北，學生書局。

❸ 蔡仁厚《儒家心性之學論要》，頁一八九—二〇二，頁二〇三—二二八，一九九〇年七月，台北，文津出版社。

❹ 《中華文化學報》創刊號，頁一四九—一六〇，一九九四年六月，台中市，文復會台省分會發行。

之蘊釀與確立〉❼。以上各文，或在學術會議宣讀，或在刊物發表。這次應邀出席「國際陽明學京都會議」，特選定知行思想為題目，實有二點意義：

第一、是表示王陽明所講的致良知，不只重「知」，也重「行」，是知行一貫的思想。

第二、是表示這篇論文，將落實到現實的層面，提出一些較為具體的思考和討論。

一、知的實義與行的意指

北宋大儒張橫渠首先提出「德性之知」與「見聞之知」的區分。他說：「見聞之知，乃物交而知，非德性所知。德性所知，不萌于見聞」。又說：「誠明所知，乃天德良知，非聞見小知而已。」❽所謂德性之知，即是發於性體的知，也即「知愛知敬，知是知非，當惻隱自然惻隱，當羞惡自然羞惡，當辭讓自然辭讓」的知。

這種「知」乃由本心性體自己起用，當然不假於見聞，不萌於見聞。《中庸》云：「誠則明矣，明明誠矣。」誠體起明，是自起的。明，即是誠體（性體）自己的朗潤與遍照。誠體自起的明，即是德性之知，也即天德良知。但天德良知卻不是一個隔離的抽象體，它隨時都

---

❺《中國文化月刊》一八二期，頁三九－四八，一九九四年十二月，台中，東海大學發行。

❻《東海哲學研究集刊》第二輯，頁一一－二四，一九九五年六月，台中，東海大學哲學研究所發行。

❼《法燈》月報，一七二至一七六期第四版連載，一九九六年十月至一九九七年二月，香港，法住學會發行。

❽張子之言，見於《正蒙》。前數句見〈大心篇〉，後數句見〈誠明篇〉。

在感應中起作用。當天德良知具體流行於實事時，則它雖不囿於見聞，而也不離於見聞。如是，則見聞之知也不過是天德良知的發用。所以陽明說：「良知不由見聞而有，而見聞莫非良知之用。故良知不滯於見聞，而亦不離於見聞。若主意頭腦專以致良知爲事，則凡多聞多見，莫非致良知之功。」❾

說到這裡，我們可以確定二點意思：

1.陽明所說的知，乃指良知（德性之知），而不同於經驗層的認知（見聞之知）。

2.良知不滯於見聞，而也不離於見聞。它藉見聞而通貫於事，以起具體之用。至於德性之知（良知）與見聞之知（知識之知）二者關係之討論，則並非本論文之重點。拙著《王陽明哲學》第四章曾引據熊十力、唐君毅、牟宗三諸先生之說加以討論。請參看。❿

「知」字既明，再說「行」。行，可含三義。一曰內在義，二曰體動義，三曰客觀義。

1.內在義，指意念心行。人的行爲，乃從意念開端。心意之起，念念相連而生，意念起處，一般也稱之爲動機或存心。動機正不正，存心良不良，直接決定行爲的是非善惡。可知人的行爲實始於意念，意念心行，可謂行之內在義。

2.體動義，指視、聽、言、動。意念起現，是心行；而身體之行，則通過目之視、耳之聽、口之言、手足之動而表現。而心之行與身之行、通常是內外一貫的，故自古也稱

---

❾ 王陽明《傳習錄》中卷，〈答歐陽崇一書〉。

❿ 見《王陽明哲學》頁六一至七〇。

儒家的學問爲「身心之學」。如果身與心不協調，不一致，則將不利於道德實踐。

3.客觀義，指行事與功業。人之行，可以由己通於人（含家、國、天下）、由己通於物（宇宙萬事萬物）。行爲的表現過程，謂之行事。行爲所成就的價值成果，便謂之功業。如果這項價值成果屬於大善而能利人濟衆，便又謂之功德。

據此三義，可知「行」的意函實甚寬廣。

二、知與行的關係

王陽明論及知行關係的話很多，在此，只擇要舉述三義。

1.知是行之始，行是知之成⑪

吾心之良知，知善知惡，也同時好善惡惡。知善知惡是「知」，而好善惡惡則是「行」。當人知善知惡之時，便已好此善，惡此惡了，所以說「知是行之始」（這意念萌發處的內部之行，即上文所謂：意念心行）。反之，當我實實好此善，惡此惡時，則不僅表示我知善知惡的知是眞知，而且表示我這知善知惡的知已經具體落實而成就了一個眞實的行爲。所以說「行是知之成」（這個時候的行，已經由內而形諸外而表現爲視、聽、言、動的外部行爲了。內外通而爲一，也就是知行合而爲一。）。

⑪ 王陽明《傳習錄》上卷。

2. 知是行的主意，行是知的工夫⑫

人必須先知善，方能好善、爲善。必須先知惡，方能惡惡，去惡。若是人不知善、不知惡，則其「行」必有所偏。也就是說，其所好者，所爲者，未必是眞善；其所惡者，所去者，未必是眞惡。所以說：「知是行的主意」。（失去主意的行，便成盲行，妄作了。）同理，一個人既已知此是善，卻徒然知之而不能眞實地好之、爲之；既已知此是惡，卻徒然知之而不能眞實地惡之、去之。何以如此？他那知善知惡的「知」何以不能貫徹到底？因爲他欠缺「行」的實踐工夫。據此可見，「行」是不可忽視的，知之而不能行，當然不能成就價值。陽明說「行是知的工夫」。這話大有道理。

3. 知之眞切篤實處即是行，行之明覺精察處即是知⑬

知得眞切，知得篤實，便是行；行得明覺，行得精察，便是知。知的過程與行的過程本來就是合一的。吾心之良知，是知；致吾心良知之天理於事事物物，是行。人能知得是非善惡「眞切篤實」，他自能是其是而非其非、好其善而惡其惡，所以說「知之眞切篤實處，即是行」。同理，人的視、聽、言、動而能達於「明覺精察」，便表示他確確實實知是知非、

---

⑫ 同上。

⑬ 同註⑨〈答顧東橋書〉。

知善知惡，所以說「行之明覺精察處，即是知」。知行工夫只是一事，故陽明又說：「只說一個知，已自有行在，只說一個行，已自有知在。若識此宗旨，說知行作二個，亦不妨，亦只是一個。否則，便說做一個，亦有甚用？只是閑說話。」⑭

三、從「知行不合一」到「知行一貫」

知與行，何以不合一？

如果「知」是指一般的知識，則從知識到行為（從理論到實踐），本來就有間隔（不合一），必須經歷一個過程，多方調適，到最後才能兩相配合而一致。但陽明所講的知行合一，不是這個意思。他是歸到「致良知教」中來講。他的弟子徐愛問道：「今人盡有知得父當孝、兄當弟者，卻不得孝、不能弟，便是知與行分明是兩件。」陽明如何回答呢？他說：

> 此已被私欲隔斷，不是知行的本體了。未有知而不行者；知而不行，只是未知。聖賢教人知行，正是要復那本體，不是著你只恁地便罷。故大學指個眞知行與人看，說「如好好色，如惡惡臭。」見好色屬知，好好色屬行。只見那好色時，已自好了；不是見了後，又立個心去好。聞惡臭屬知，惡惡臭屬行。只聞那惡臭時，已自惡了；不是聞了後，別立個心去惡。……知行如何分得開？此便是知行的本體，不曾有私意隔

---

⑭ 同註⑪。

斷的。⑮

知行本體，即是良知本體，也即是心體。知行本體的自性，原本是合一的，它之所以不合一，是因爲被私欲私意隔斷，所以必須有「致」的工夫以復其合一之體。有些人雖知父母當孝而卻不能孝。他之所以知歸知，行歸行，並不是知行眞的爲二而不合一，而是由於這個人的知行之體（本心）被私意隔斷了。有私意阻隔，他那孝親的良知便不能「致」（不能擴充出來），不能致便是不能行。既不能行孝，便不算眞知孝。反之，如果沒有私意隔斷，則他那孝親的良知自自然然能「致」於父母身上而表現爲孝行。如此，便是「知行合一」，便是復得那知行本體了。

王陽明還有一段話：

> 問知行合一。先生曰：「此須識我立言宗旨。今人學問只因知行分作兩件，故有一念發動，雖有不善，然卻未曾行，便不去禁止。我今說個知行合一，正是要人曉得一念發動處，便即是行了。發動處有不善，就將這不善的念克倒了。須要徹根徹底，不使那一念不善潛伏在胸中。此便是我立言宗旨。」⑯

一般人把知行分做兩件，故以爲意念是意念，行爲是行爲，二者不能關聯貫通。於是，他心

⑮ 同上。
⑯ 王陽明《傳習錄》下卷。

中雖有不善的念頭，只要尚未做出不善之事，他便自我原諒，不知警惕。殊不知「正身，正行」必須從「正心，誠意」做起。心的本體雖無不善，但心所發出的意念卻有善惡的分化。而人之作善作惡，其幾正在於這一念發動處；雖一念之微，卻正是聖與凡、正與邪分界的關口，不可不慎。陽明曾說「知善知惡是良知」。意念發動處的善惡，良知自然知之，這是「知」；善念惡念既已萌發，便是行爲的始端，也就是「行」了。所以知和行是同時並起的，是「即知即行」、「知行一貫」的。識得此意，自能隨時隨事「去人欲，存天理」。意念一有萌發，便立即徹根徹底將它克倒，不使任何不善之念潛伏在心，這就是陽明倡說「知行合一」之教的宗旨所在。

由此可知，知行一貫的關鍵，只在「良知」是否能「致」。良知天理能夠致於事事物物（即，能夠貫注擴充到一切大小行事之中），則知行自然一貫而合一。反之，如果良知天理不能致於事事物物，不能通貫到生活行爲，便表示良知天理被私意私欲隔斷了。如此，知與行便貫通不起來，當然知行不合一。也以此故，陽明五十歲確立「致良知」爲口訣（講學宗旨）以後，便不再提「知行合一」。因爲良知是知，致良知便是行。在「致良知」這一口訣之中，知與行都含在其中，這時候，「知行合一」已屬當然之事，所以無庸贅言了。

四、良知學實踐工夫之落實

陽明以「良知」綜括孟子所說的四端之心⑰。故良知之學即是心學。良知心體在各種不同的機緣上，自然而然顯發爲各種不同的天理。如：在事親便顯發爲孝，在從兄便是顯發爲弟，在處友便顯發爲信。孝、弟、信……便是良知心體應機而顯發出來的具體的天理（道德法則）。可知良知學並非空談心性，而是隨時隨事都可落實的。這也就是良知學的「實踐義」。

良知學實踐工夫之落實，可以從二面說：

1.主觀面的落實

孔子說「立己」，中庸說「成己」，個己生命之「立」與「成」，正是儒家講學最爲重視的「成君子，成聖賢」。這是主觀面的實踐，目的在於成就生命之「質」上的「純一高明」。而世間各大宗教的終極目的，也正在於此。無論解脫、得救、登極樂、上天國、與眞主冥合等等的說法，無非都是「立己、成己」之事。而在儒家則講得比較平實，所以不走純宗教的路，而是攝宗教於人文（宗教人文化）。陽明的良知學，也正是契切於此而實實落落地回歸主體，以講道理，做工夫。故最爲「簡易直截」，而其義蘊卻又「豐厚無限」。

2.客觀面的落實

這一面的落實，也就是孔子所說的「立人」，中庸所說的「成物」。人的生命，既與家國天下相通，也與天地萬物相通。人，是一個感通的生命，而不是一個孤零零的存在。就人

---

⑰ 參蔡仁厚《王陽明哲學》第二章，頁二一—二三。

類世界而言，由「修身」而「齊家、治國、平天下」⑱，良知便要求聯屬家國天下而爲一體；就宇宙萬物而言，由「親親而仁民，仁民而愛物」⑲，良知便要求天地間的一切存在，皆能各適其性，各遂其生，各得其所，各得其宜。其目的在成就生命之「量」上的「廣大博厚」。依陽明，人類文明中一切價值的成就，都是良知明覺之感應所要求的。這種道理，在他的《大學問》中講得最爲明透⑳。茲引一段，以見一斑。

> 大人者，以天地萬物爲一體者也。其視天下猶一家，中國猶一人焉。若夫間形骸而分你我者，小人矣。大人之能以天地萬物爲一體也，非意之也；其心之仁，本若是其與天地萬物爲一體也。
>
> 豈惟大人，雖小人之心亦莫不然。彼顧自小之耳。是故見孺子之入井，而必有怵惕惻隱之心焉，是其心之與孺子而爲一體也。孺子猶同類者也；見禽獸之哀鳴觳觫，而必有不忍之心焉，是其仁之與鳥獸而爲一體也。鳥獸猶有知覺者也；見草木之摧折而必有憫恤之心焉，是其仁之與草木而爲一體也。草木猶有生意者也；見瓦石之毀壞而必

---

⑱《大學》八條目，貫通「格、致、誠、正」之內聖工夫與「修、齊、治、平」之外王實踐而爲一。就道德實踐之規模與條目而言，實最爲完備。

⑲見《孟子》盡心上篇。

⑳參蔡仁厚〈王陽明大學問思想析論〉一文之第一第二兩節。該文編入《儒家心性之學論要》一書，一九九〇年七月，台北，文津出版社印行，又，《王陽明哲學》第九章第一第二兩節也有論析，可參看。

有顧惜之心焉，是其仁之與瓦石而爲一體也。是其一體之仁也。雖小人之心亦有之，是乃根於天命之性而自然靈昭不昧者也。

大人仁心呈現，故有「民胞物與」㉑之情懷；小人間於形骸，強分你我，而自小自限，所以不能表現大人之心量。其實，人人皆有仁心，雖然有時不呈現，但當一個特殊情境（如孺子將入於井）來臨時，則其怵惕惻隱之心也必然當下呈現。所以小人對草木瓦石而顯現憫恤顧惜之心，也正表示人心之仁可以與鳥獸乃至草木瓦石而爲一體。因此，良知落實之範圍，實與一體之仁的感通同其廣大。一九八二年，我出席在夏威夷舉行的「國際朱熹會議」，曾有和詩云：

儒家聖道照西東　　一體仁心萬物通
檀島與今湧活水　　乾元太極運天風

事後，又成一律云：

聖學無分隔　　心同理亦同
淵泉湧活水　　太極運天風

㉑ 張橫渠《西銘》發揮以乾坤爲大父母之義，而說「民，吾同胞；物，吾與也。」視天下之人爲同胞手足，視宇宙萬物爲黨與同伴，此正一體之仁所顯現的博愛，大愛。

寂感通神妙　陰陽起化功
良知原不昧　大道貴時中

這二首詩，正已顯示儒學義理的普遍性與時宜性。

五、結論：兼爲金泰昌教授「新儒美學」進一解

知行本體（良知本心）的全體大用，自應通達於「全幅的價值世界」。凡是人類文化中一切「眞的、美的、善的」價值內容，都是良知所肯定的。譬如：

國家政治上的「民主、法治」；
社會人間的「富裕、教養」；
生活品質方面的「環保條件、消弭犯罪」；
世界區域方面的「國際和平、互助合作」；
人格精神方面的「善化、美化……」；

凡此等等，都是良知所欣悅、所願欲、所期求的。既已欲之，乃能進而爲之。這也是「由知之而行之」的知行一貫之義。人能即知即行，則新時代新社會的諸項問題，皆可以本乎良知，依乎天理，而「因時、因地、因事、因人」而「制其宜」。天下事事物物「各得其宜」，也

就是一種「美好」的境界了。

說到這裡，乃可以對金泰昌教授在台北座談時所提揭的「新儒美學」作一回應。也許有人以爲儒家所講的，多爲原則性的抽象的道理，實踐的具體步驟似乎很少提到。其實，這是不成問題的。因爲「理」與「事」的配合，原本就是自然而必然的。大小之事皆順應理而進行，而其具體步驟則必須順事宜而隨時制定，很難事先虛擬。大致說來，儒家是「即事明理，依理行事」，應然之理是動力，實然之事則隨宜而爲。如果良知決定的事情一日未完成，良知本心就一日不能安，不能忍，而繼續要求貫徹，必待它所決定之事確實完成而後止。如此，方能「致」良知，方能良知致於事，致於物。

當世界不夠美好，人生不夠完善，良知皆將憤悱不容已地要求加以改進，以期達於完美之境。在改進的過程中，如果欠缺知識，欠缺技術，欠缺推行公權力的有效機制，則良知必然順應時宜，順應事宜，一面充實客觀的知識技術，一面調整公權力的有效運作，而步步務實而行。㉒

一般而論，傳統儒家重在成就「善」，而「眞」與「美」的方面似乎有所不足。不過

㉒ 按：〈致良知〉不是一句話，而是實踐的全程。而知識、技術、行動機制、運作程序等等，則是在致良知過程中現實需要的各項條件。已有者運用之，不合者調整之，不足者補充之，無有者學習而具備之。如此守其常而盡其變，便正是儒家「時中」大道的落實發用。

「眞、善、美」可以分別說（如從科學說眞，從道德說善，從藝術說美），也可以貫通起來合一地說㉓。孟子有言：

> 可欲之謂善，有諸己之謂信，充實之謂美，充實而有光輝之謂大，大而化之之謂聖，聖而不可知之之謂神。㉔

善與信、美、大、聖、神，通在一起說，此即儒家圓融通達的慧識。但我們仍然承認，歷史上的儒家，是以善融通眞與美，也可以說眞與美的獨立性未能充分透出。而「新儒美學」此一新命題之所以重要，也正由此而顯示出來。

依金泰昌教授陳述的大意，他所說的美學乃是廣義的。統括地說，是「美生」（美好的人生），而其中又包含「美學」、「美育」、「美行」。美學是指說思想與理論，美育是指說審美的教育，美行是指說美好的行爲。這三方面的要求，新時代的儒家皆將肯定認可，而衡之以傳統儒家的義理，也是無所悖逆的。

如果我們換一套詞語，也可以說爲「美善的教化」、「美化的人生」、「美好的社會」。

㉓ 牟宗三譯注《康德判斷力之批判》上冊卷首有〈商榷〉長文，後三節提出眞善美之分別與合一說，以及分別說的眞善美與合一說的眞善美之關係，而加以疏道融通，是即牟先生本於東土儒釋道三教之智慧，以消化康德而超越康德處。

㉔ 見《孟子》盡心下篇。

這樣就更像儒家所講的道理了。依傳統儒家的「家庭倫常」、「禮樂教化」、「學校（學塾、書院）教育」以及宗廟祠堂聯系配合的四時節慶，凡此等等一整套的生活方式，其實都普遍地涵蓋「美學」的意義和「美育」的功能。在這方面，唐君毅先生講論較多，而也言之深美。如論中國文學之美與哲學之美；論中國園林、建築以及書法、繪畫、戲劇、文學的間隔與虛無之用；論中國音樂與德行之悅樂；論禮樂文化生活中的衣食住行；論中國祠廟與節日之教育意義[25]。諸如此類，皆表示中國文化從理念層到現實層，處處都蘊含有「美」。而且往昔的儒者，也普遍地都能賦詩，詩又可以配樂，可見儒家之教也是很能顯發「美」的。

不過，我們仍然認爲「新儒美學」這個命題具時代的意義。何以言之？因爲近百年來，中國文化衰微了，儒家之教散塌了，中國人的文化教養已大大地不如往昔了。我們從日常生活的言行舉止、儀節禮貌，以及生活環境的整潔，守法守分的生活態度，就可以看出現代中國人的表現，已經不足以和日本人韓國人相比了。記得十二年前，我在新加坡「東亞哲學研究所」作訪問研究，某日，看到一間大百貨公司陳列的瓷器，無論造形、圖案、色調，中國貨都比不過日本貨；瓷器乃是中國的招牌，竟然也被人家比下去了。那時節，我這個「江西人」[26]心裡的窩囊慌張，實在難以言喻。當然，你可以說中國瓷器的精品，仍可勝過日本瓷，

---

[25] 上述各文，皆編入唐君毅《中華人文與當今世界》上下冊中，一九七五年五月，台北學生書局初版。

[26] 按：江西景德鎮之瓷器，自北宋以來，千年享譽不衰。我原籍江西，所以對瓷器的感受特別強烈。

但少數精品以外的一般貨物爲什麼不知加以改進以求精美呢？這表示當代的中國人已然失去了美學方面的理解和感受，也失落了美學方面的教化功能。這就是我之所以對金泰昌教授提出「新儒美學」感觸特深的原故。

今後的中國文明，無論表現分別說的「眞」「善」「美」，或表現合一說的「眞善美」，總要在「理念」、「生活」、「器物」這三個層次上都能表現美、成就美。而儒家的德教也應「充實而有光輝」以達到「即眞即善即美」的理想之境。而依於陽明的知行思想，這不只原則地可能，而且也事實地可能。我們嚮往文明之美與生活之美，願與天下人共勉之。

出席日本京都「國際陽明學會議」（一九九七年八月十二日）

伍、王陽明對心性工夫的指點

——《傳習錄・答陸原靜第二書》疏解

王陽明《傳習錄》三卷，大體可以代表他講學的宗旨。上下兩卷是門人的紀錄，而中卷則是陽明的親筆書信，尤爲重要。《傳習錄》的注本，以陳榮捷氏的詳註集評（台北、學生書局出版）最爲詳盡。但書中所錄各家之詮解，有諦有不諦，未可一概信從。

陸原靜，名澄，又字清伯，浙江歸安人。從陽明游，所記語錄七十九條，編在《傳習錄》上卷，中卷輯錄陽明答陸原靜書二篇，第一書簡短，第二書則甚長，並引據來書逐節作答。書後有錢德洪（字緒山，陽明晚年大弟子）之跋云：答原靜書出，讀者皆喜澄善問，師善答，皆得聞所未聞。師曰：原靜所問只是知解上轉，不得已與之逐節分疏；若信得良知，只在良知上用工，雖千經萬典無不脗合，異端曲說一勘盡破矣，何必如此節節分解？」陽明五十五歲時，又有寄陸原靜一書云：「南元善（亦陽明弟子）曾將原靜後來論學數條刊入後錄中（按、後錄，即指傳習錄中卷）。初心甚不欲渠如此。近日朋輩見之，卻因此多有省悟。始知古人相與論辯窮詰，亦不獨要自己明白，直欲共明此學於天下耳。蓋此數條，同志中肯用功者，亦時有疑及之；然非原靜，則亦莫肯如此披豁吐露，亦不能如此曲折窮盡。故此原靜一問，其有益於同志，良不淺淺也。」據此可知，答陸原靜書中所論，甚足解人之疑而助人省悟。陽明隨來書所問，隨問隨答，義非一端，但皆屬心性工夫上切要之問題。本文順其所論分段標舉題旨，並依序加以疏解，藉以表述良知學之工夫要旨。若有不盡不當之處，則敬俟高明之指正。

一、良知之體用

來書云：良知，心之本體，即所謂性善也，未發之中也，寂然不動之體也，廓然大公也，何常人皆不能而必待於學耶？中也、寂也、公也，既以屬心之體，則良知是矣。今驗之於心，知無不良，而中、寂、大公實未有也，豈良知復超然於體用之外乎？

陽明答：性無不善，故知無不良。良知即是未發之中，即是廓然大公、寂然不動之本體，人人所同具者也。但不能無昏蔽於物欲，故須學以去其昏蔽；然良知之本體，初不能有加損於毫末也。知無不良，而中、寂、大公未能全者，是昏蔽之未盡去，而存之未純耳。體即良知之體，用即良知之用，寧復有超然於體用之外者乎？

今按：此節論良知之體用，並關聯於《中庸》、《易傳》與程明道之〈定性書〉之義旨以為說。中庸首章有云：「喜怒哀樂之未發，謂之中；發而皆中節，謂之和。」易繫辭傳上第十章云：「易，無思也，無為也；寂然不動，感而遂通天下之故。非天下之至神，其孰能與於此！」定性書云：「君子之學，莫如廓然而大公，物來而順應。」一般就儒家之學論體用時，往往以未發之中說體，以物來順應說用。但究竟而論，體用是否可以相對而分說？抑或應歸到「即體即用，體用不二」方爲透闢？而就良知說體用，又應如何理解？此正是下文所要討論的問題。

問者在此節的問題有二：第一是問，良知乃人所本具，何以必待於「學」？第二是問，良知本有，知無不良，但驗之於心，實未能達到「中、寂、公」，故疑良知超然於體用之外。而陽明之答，可以約爲四點：

1. 性無不善，故知無不良（德性之知無有不良，故張橫渠嘗稱德性之知爲天德良知）。良知即是未發之中，即是廓然大公、寂然不動之本體。
2. 良知本體，人人同具，但不免因物欲而昏蔽，故良知本體（亦即中、寂、公）不易全體呈現。因此，必須通過學的工夫以去其昏蔽。
3. 人雖不免有昏蔽，但良知本體並不會因爲一時之昏蔽而有所加損；只須存養工夫純一，則本體自然呈露，亦自然能中、能寂、能公。
4. 就良知學言體用，則體是良知之體（至善之體），用是良知之用（知善、好善、爲善之用），良知並不超然於體用之外。而離開良知，亦無所謂體用矣。

二、良知天理與動靜

來書云：周子曰「主靜」，程子曰「動亦定，靜亦定」，先生曰「定者心之本體」。

> 是靜定也，決非不睹不聞、無思無爲之謂，必常知、常存、常主於理之謂也。夫常知、常存、常主於理，明是動也，已發也，何以謂之靜？何以謂之本體？豈是靜定也，又有貫乎心之動靜者耶？
>
> 陽明答：理無動者也。常知常存、常主於理，即不睹不聞、無思無爲之謂也。不睹不聞、無思無爲，非槁木死灰之謂也；睹聞思爲一於理，而未嘗睹聞思爲，即是動而未嘗動也。所謂「動亦定，靜亦定」，體用一原者也。

今按：此節言良知與動靜。周濂溪〈太極圖說〉云：「聖人定之以中正仁義而主靜，立人極焉。」程明道〈定性書〉云：「所謂定者，動亦定，靜亦定，無將迎，無內外。」《中庸》首章云：「君子戒慎乎其所不睹，恐懼乎其所不聞。」「無思無爲」，已見上第一節引《易傳》語。

問者將動與靜、睹聞與不睹不聞、思爲與不思不爲，擺在直接相對的層次上去想；又將靜定之體，與心之動靜對列地看。所以生出許多疑惑。

陽明之答，則言之簡易而圓融。蓋理是活靈之體，但其發用卻並無動相可見。故曰「理、無動者也」。吾心良知之天理「常知、常存」，常知是知此理，常存是存此理。而「常主於理」，亦即「一於理」，所謂「一心只在天理上」是也。無論「睹、聞、思、爲」，皆只是天理之自然發用，而實未嘗有所睹，有所聞，未嘗有所思、有所爲。（從事象上說，方「有所」什麼……）。但所謂「不睹不聞、無思無爲」，亦並非槁木死灰之謂。而是說，「主於理，一於理」的睹聞思爲，只是如如呈現其功能作用，而並不著迹，並不顯相，故動而未嘗動（無有動之相）也。良知之流行發用，動而無動相，靜而無靜相。如「動亦定，靜亦定」，體既非靜，用亦非動，即動即靜，即體即用，故曰「體用一原」。（或曰，「體用一源，顯微無間」，先見於程伊川易傳序。其實，這種形式語、境界語，誰都可以說。義理系統不同，則此八個字的實義亦不同。故無論誰先說，誰後說，無關緊要。）

三、良知與前後內外、動靜陰陽

來書云：此心未發之體，其在已發之前乎？其在已發之中而爲之主乎？其無前後內外而渾然之體者乎？今謂心之動靜者，其主有事無事而言乎？其主寂然感通而言乎？其主循理從欲而言乎？若以循理爲靜，從欲爲動，則於所謂「動中有靜，靜中有動，動極而靜，靜極而動」者，不可通矣。若以有事而感通爲動，無事而寂然爲靜，則於所謂「動而無動，靜而無靜」者，不可通矣。若謂未發在已發之先，靜而生動，是至誠有息也，聖人有復也，又不可矣。若謂未發在已發之中，則不知未發已發俱當主靜乎？抑未發爲靜而已發爲動乎？抑未發已發俱無動無靜乎？俱有動有靜乎？幸教。

陽明答：未發之中，即良知也，無前後內外，而渾然一體者也。有事無事可以言動靜，而良知無分於有事無事也；寂然感通可以言動靜，而良知無分於寂然感通也。動靜者，所遇之時；心之本體，固無分於動靜也。理無動者也，動即爲欲。循理，則雖酬酢萬變，而未嘗動也；從欲，則雖槁木一念，而未嘗靜也。「動中有靜，靜中有動」，又何疑乎？有事而感通，固可以言動，然而寂然者未嘗有增也；無事而寂然，固可以言靜，然而感通者未嘗有減也。「動而無動，靜而無靜」，又何疑乎？無前後內外而渾然一體，則至誠有息之疑，不待解矣。未發在已發之中，而已發之中未嘗別有未發者在；已發在未發之中，而未發之中未嘗別有已發者在。是未嘗無動靜，而不可以動靜分者也。

凡觀古人言語，在以意逆志而得其大旨；若必拘滯於文義，則「靡有孑遺」者，是周果無遺民也。周子「靜極而動」之說，苟不善觀，亦未免有病。蓋其意從「太極動而生陽，靜而生陰」說來。太極生生之理，妙用無息，而常體不易。太極之生生，即陰陽之生生，就其生生之中，指其妙用無息而謂之動，謂之陽之生，非謂動而後生陽也；就其生生之中，指其常體不易者而謂之靜，謂之陰之生，非謂靜而後生陰也。若果靜而後生陰，動而後生陽，則是陰陽動靜，截然各自爲一物矣。

陰陽一氣也，一氣屈伸而爲陰陽；動靜一理也，一理隱顯而爲動靜。春夏爲陽爲動，而未嘗無陰與靜也；秋冬可以爲陰爲靜，而未嘗無陽與動也。春夏此不息，秋冬此不息，皆可謂之陽、謂之動也；春夏此常體，秋冬此常體，皆可謂之陰、謂之靜也。自元、會、運、世、歲、月、日、時，以至刻、杪、忽、微，莫不皆然。所謂動靜無端，陰陽無始，在知道者默而識之，非可以言語窮也。若只牽文泥句，比擬倣像，則所謂心從法華轉，非是轉法華矣。

今按：周子《太極圖說》云：「太極動而生陽，動極而靜，靜而生陰，靜極復動。」其《通書・動靜章》又云：「動而無靜，靜而無動，物也。動而無動，靜而無靜，神也。動而無動，靜而無靜，非不動不靜也。」本節有關動靜之討論，即導源於此。

分「已發、未發」爲二節，才會有前後內外之別。而良知作爲未發之中，是「即寂即感」、「即動即靜」的；所以「無前後內外而渾然一體」。一般而言，有事爲動，無事爲靜；寂然爲靜，感通爲動。而良知天理普遍而常存，流行而無息；所以無分於有事無事，亦無分於寂然感通，因而亦無分於動靜。動靜因「時」而顯，而心體（良知）超越時間而常存，自然無分於動靜。

「理無動者也」，是說在「理」上不能說「動」。動者是人之欲。欲，乃從氣來，不是從理來，故曰「循理」而行，雖酬酢萬變，亦未嘗動；動者是事，而理未嘗動，此可曰「動中有靜」。若是「從欲」，則雖槁木一念，亦未嘗靜；靜者是形，而欲念未息，此可曰「靜中有動」。接下來，陽明又以增減說動靜。以爲有事而感通，於寂然之體並無所增，故曰「動而無動」。無事而寂然，而感通之用（本心性體感而遂通之用）並無所減，故曰「靜而無靜」。（按、周子《通書》所謂「動而無動，靜而無靜」，是用來說明誠體寂感之神的動靜，乃動而無動相，靜而無靜相者，故與一般物類的動靜不同。陽明是以增減之意釋之，雖可以說，而不必合周子原意。）

良知既然即體即用，即寂即感，即動即靜，無前後內外而渾然一體，它當然是至誠無息的，故不可說「至誠」而「有息」。而且，「未發」即在「已發」之中，但卻不可說「已發」之中另有一個「未發」；同理，「已發」即在「未發」之中，但亦不可說「未發」之中另有一個「已發」。分而言之，說爲「未發之中」與「已發之和」；圓融地言之，則「未發之中」即是「已發之和」。「未發」不是靜，而是「靜而無靜」；「已發」不是動，而是「動而無動」。故良知「不可以動靜分」。

接下來，再就太極動靜陰陽作疏導。太極是生生之理，它是「妙用無息」而又「常體不易」的。就妙用無息說「動」，動即是「陽之生」；就常體不易說「靜」，靜即是「陰之生」。但卻不能說「動而後生陽，靜而後生陰」。因爲一說「而後」，便是分陰陽動靜而爲二，而不是太極本體「無分於陰陽，無間於動靜」之義了。須知陰陽只是一氣之屈伸，動靜只是一理之隱顯。如春夏之陽動中未嘗無陰與靜，秋冬之陰靜中未嘗無陽與動。就其運轉不息而言，春夏秋冬皆可謂之陽、謂之動；就其常體不易而言，春夏秋冬又皆可謂之陰、謂之靜。不但春夏秋冬如此，歲月日時亦然。再推而言之，如元、會、運、世（古時三十年爲世，十二世爲運，三十運爲會，十二會爲元）之久，刻、杪、忽、微（皆計時之小單位）之暫，亦莫不皆然。要之，無非是氣之屈伸變化，與理之隱顯妙用。一理隱顯而爲動靜，一氣屈伸而爲陰陽，既無空間相，亦無時間相，故曰「動靜無端，陰陽無始」。對此無分於有事無事，無分於前後內外，無分於未發已發，無分於動靜陰陽的太極生生之理，只有默識心悟而體證之，而並非言語文字所能傳述；若只是牽文泥句，比擬倣象，則其心便將爲文字所拘限，甚或隨文字而流走。如此，卻正是佛氏所謂：不是心轉法華，而是心從法華轉了。

四、良知與喜怒戒懼

來書云：嘗試於心，喜怒夏懼之感發也，雖動氣之極，而吾心之良知一覺，即罔然消阻，或遏於初，或制於中，或悔於後。然則良知常若居優閒無事之地而爲之主，於喜怒憂懼若不與焉者何歟？

陽明答：知此，則知未發之中、寂然不動之體，而有發而中節、感而遂通之妙矣。然謂良知常若居於優閒無事之地，語尚有病。蓋良知雖不滯於喜怒憂懼，而喜怒憂懼亦不外於良知也。

來書云：夫子昨以良知爲照心。竊謂良知，心之本體也。照心，人所用功，乃戒愼恐懼之心也，猶思也；而遂以戒愼恐懼爲良知，何歟？

陽明答：能戒愼恐懼者，是良知也。

今按：問者以爲，良知似是居於優閒無事之地，而爲喜怒憂懼之主，此仍是分別知見。須知良知本體，知是知非，不滯不息，不能說它「居於優閒無事之地」。良知之用，物來順應。事物之當喜則喜，當怒則怒，當憂懼則憂懼；情既發而跡亦隨之泯，未嘗因應接事物而累心，此即所謂「良知不滯於物」。喜怒憂懼是情，而能喜怒憂懼者，則良知也。故曰「喜怒憂懼亦不外於良知」。

問者又以良知爲思用，故以爲戒愼恐懼之心乃照心所起之思，不得爲良知。殊不知戒愼恐懼之心，起於強烈之道德感，而人之所以能戒慎恐懼者，正是良知明覺之用也。陽明之答，可謂簡易直截。（「能」字尤爲警策。）

五、良知無妄無照

來書云：先生又曰「照心非動也」，豈以其循理而謂之靜歟？「妄心亦照也」，豈以其良知未嘗不在於其中，未嘗不明於其中，而視聽言動之不過則者，皆天理歟？且既曰妄心，則在妄心可謂之照，而在照心則謂之妄矣。妄與息何異？今假妄之照以續至誠之無息，竊所未明，幸再啓蒙。

陽明答：「照心非動」者，以其發於本體明覺之自然，而未嘗有所動也；有所動則妄矣。「妄心亦照」者，以其本體明覺之自然者，未嘗不在其中，但有所動耳；無所動則照矣。無妄無照，非以妄爲照、以照爲妄也。照心爲照，妄心爲妄，是猶有妄有照也；有妄有照，則猶貳也，貳則息也。無妄無照則不貳，不貳則不息矣。

今按：問者之言，實屬攪擾。而陽明之答，則甚明透。(1)「照心非動」，是說良知之照，發於本體自然之明覺，是物來順應，故動而無動。(2)「妄心亦照」，是說心本就是照心，以有所動（有欲）故謂之妄心；然本體自然之明覺實未嘗喪失，欲念一去，則其照自明。(3)無妄無照，是說心體澄然，本無妄與照之對待，但亦不是「以妄爲照」或「以照爲妄」而混然視之。⑷但若以「照心爲照」、「妄心爲妄」，卻又強分心體爲二，而是「有妄有照」了。如此，則照時固可妙用不息，而妄時則將昏昧不明而良知息矣。以此之故，陽明特別以雙遮的方式說個「無妄無照」，以明良知本體之不貳不息。

六、天理與私欲

來書云：養生以清心寡欲爲要。夫清心寡欲，作聖之功畢矣。然欲寡則心自清，清心非舍棄人事而獨居求靜之謂也。蓋欲使此心純乎天理，而無一毫人欲之私耳。今欲爲此之功，而隨人欲生而克之，則病根常在，未免滅於東而生於西。若欲刊剝洗蕩於眾欲未萌之先，則又無所用其力，徒使此心之不清。且欲未萌而搜剔以求去之，是猶引犬上堂而逐之也，愈不可矣。

陽明答：必欲此心純乎天理，而無一毫人欲之私，此作聖之功也。必欲此心純乎天理而無一毫人欲之私，非防於未萌之先而克於方萌之際，不能也。防於未萌之先而克於方萌之際，此正《中庸》「戒慎恐懼」、《大學》「致知格物」之功；舍此之外，無別功矣。夫謂滅於東而生於西、引犬上堂而逐之者，是自私自利，將迎意必之爲累，而非克治洗蕩之爲患也。今曰「養生以清心寡欲爲要」，只養生二字，便是自私自利、將迎意必之根。有此病根潛伏於中，宜其有滅於東而生於西、引犬上堂而逐之之患也。

今按：問者欲切己用功，而不得其要。陽明特加指點，以爲「必欲此心純乎天理之公，而無一毫人欲之私」，此不僅是作聖之志，實際上即是作聖之功。作聖之功除了「防私欲於未萌之先，克私欲於方萌之際」，便再無下手之處了。這亦正是《中庸》所謂「戒慎乎其所不睹，恐懼乎其所不聞」；以及《大學》所謂「致知格物」（致吾心良知之天理於事事物物，使事事物物皆得其正）。

將迎，語出《莊子・知北遊》：「無有所將，無有所迎。」成玄英疏：「聖人如鏡，不送不迎。」又《論語》云：「子絕四：毋意、毋必、毋固、毋我。」將、迎、意、必，皆是私意，而並非廓然大公，物來順應。既是私意，則念起念滅，防不勝防，克不勝克。故有「滅於東而生於西」或「引犬上堂而逐之」之累。孟子只說「養心莫善於寡欲」，而問者卻轉而講「養生」；養生，是意在求長生，而非孟子「殀壽不貳，修身以俟」之意。故陽明判「養生」二字爲自私自利、將迎意必之根。不斷此根，則一切言語皆將成爲空說話，而與作聖之功了不相涉。

七、辯「不思善、不思惡」與念之生滅

來書云：佛氏於「不思善、不思惡時，認本來面目」，於吾儒「隨物而格」之功不同。若吾於不思善不思惡時，用致知之功，則已涉於思善矣。欲善惡不思，而心之良知清靜自在，惟有寐而方醒之時耳。斯正孟子「夜氣」之說。但於斯光景不能久，倏忽之

際，思慮已生；不知用功久者，其常寐初醒而思未起之時否乎？今澄欲求寧靜，愈不寧靜，欲念無生，則念愈生，如之何而能使此心前念易滅，後念不生，良知獨顯，而與造物者遊乎？

陽明答：「不思善、不思惡時，認本來面目」，此佛氏爲未識本來面目者設此方便。本來面目即吾聖門所謂良知。今既識得良知明白，即已不消如此說矣。「隨物而格」是致知之功，即佛氏之「常惺惺」亦是常存他本來面目耳。體段工夫，大略相似，但佛氏有個自私自利之心，所以便有不同耳。今欲善惡不思，而心之良知清靜自在，此便有自私自利，將迎意必之心，所以有「不思善不思惡時」，用致知之功，則已涉於思善」之患。孟子說「夜氣」，亦只是爲失其良心之人指出個良心萌動處，使他從此培養將去。今已知得良知明白，常用致知之功，即已不消說夜氣；卻是得兔後不知守兔而仍守株，兔將復失矣。

欲求寧靜，欲念無生，此正是自私自利、將迎意必之病，是以念愈生而愈不寧靜。良知只是一個良知，而善惡自辨，更有何善何惡可思！良知之體本自寧靜，今卻又添一個求寧靜，本自生生，今卻又添一個欲無生，非獨聖門致知之功不如此，雖佛氏之學亦未如此將迎意必也。只是一念良知徹頭徹尾，無始無終，即是前念不滅，後念不生；今卻欲前念易滅，而後念不生，是佛氏所謂斷滅種性，入於槁木死灰之謂矣。

今按：「不思善、不思惡時，認本來面目」，語出六祖壇經。意謂於善於惡，皆不特意置思，既不力持趨善，亦不心存避惡，惟任其自然，內觀心之本體。惺惺，警覺也，「常惺惺」是時時警覺。就工夫而言，此與孟子「必有事焉」之意亦相近。但必有事焉是要「集義」，要隨時表現內心之義以成就天下事物；這與佛氏之念念只求超離，仍不相同也。

問者所說，看似深微，而實乃由於「自私自利，將迎意必」之故。陽明之答，可以總約爲三點：

(1)佛氏「不思善、不思惡時，認本來面目」之說，只是爲未識本來面目者設此方便。孟子「夜氣」（平旦之氣）之說，也是爲放失良心之人指出神氣清明之時，良心易於萌發，此際最是培養善端之好時機。如今既已知得良知明白，常用致知之功即可，不必再說「認本來面目」，亦不必再說「夜氣」。

(2)良知本自知善知惡，今卻要添一個「善惡不思」；良知之體本自寧靜，今卻要添一個「意念不生」。此正是自私自利、將迎意必之病。如此則愈要念不生，而念愈生；愈想得寧靜，而愈不寧靜。

(3)一念良知，徹頭徹尾，無始無終，此便是「前念不滅，後念不生」。（此所謂不滅不生，即是生生不息、至誠無息，只是一念良知，亙古亙今。）今卻要「前念易滅，後念不生」，豈不斷滅種性（種性，指心靈之明覺），而成了槁木死灰！如此，將置聖門生生之道於何地耶？

八、必有事焉與自生迷惑

來書云：佛氏又有常提念頭之說，其猶孟子所謂「必有事」、夫子所謂「致良知」之說乎？其即「常惺惺，常記得，常知得，常存得」者乎？於此念頭提在之時，而事至物來，應之必有其道。但恐此念頭提起時少，放下時多，則工夫間斷耳。且念頭放失，多因私欲客氣之動而始，忽然驚醒而後提，其放而未提之間，心之昏雜多不自覺，今欲日精月明，常提不放，以何道乎？只此常存不放，即全功乎？抑於常提不放之中，更宜加省克之功乎？雖曰常提不放，而不加戒懼克治之功，恐私欲不去；若加戒懼克治之功焉，又爲「思善」之事，而於「本來面目」又未達一間也。如之何則可？

陽明答：戒懼克治，即是常提不放之功，即是「必有事焉」，豈有兩事耶？此節所問，前一段已自得分曉，末後卻是自生迷惑，說得支離，及有本來面目未達一間之疑，都是自私自利、將迎意必之爲病，去此病自無此疑矣。

今按：戒慎恐懼。克治私欲，即是常提不放，即是「必有事焉」。工夫只是如此做，不必再生枝節，滋蔓疑情。問者反覆詰難，看似細密，實際只在知解上轉，故陽明指出：此節所問，前一段已自說得分曉，末後（指「抑於常提不放之中」以下）卻是「自生迷惑」。只須將自私自利、將迎意必之病除去，自然良知作主，天理流行。

九、良知瑩徹，致之則明

來書云：「質美者明得盡，查滓便渾化」。如何謂之明得盡？如何而能便渾化？

陽明答：良知本來自明。氣質不美者，查滓多，障蔽多，不易開明；質美者，查滓原少，無多障蔽，略加致知之功，此良知便自瑩徹。些少查滓，如湯中浮雪，如何能作障蔽？此本不甚難曉。原靜所以致疑於此，想是因一「明」字不明白，亦是稍有欲速之心。向曾面論明善之義，明則誠矣，非若後儒所謂明善之淺也。

今按：「質美」二句，乃程明道語。見《二程遺書》卷十一。查，今作渣，「渣滓」，是沉澱之雜質。人的氣質之偏或氣質之雜，即是沉澱在生命中的渣滓。「瑩徹」，是指說良知之虛靈明覺。良知本明，致吾心之良知則渣滓自化。良知全體呈現，便是「明得盡」；渣滓完全消解了，便是化得盡，化得盡便是「渾化」。致良知的工夫，本無分於氣質之美不美，只因氣質美者渣滓少，無有許多障蔽，所以用功比較容易。

十、辨天資之美與著察知行

來書云：聰明睿知果質乎？仁義禮智果性乎？喜怒哀樂果情乎？私欲客氣果一物乎？二物乎？古之英才，若子房、仲舒、叔度、孔明、文中、韓、范諸公，德業表著，皆良知中所發也，而不得謂之聞道者，果何在乎？苟曰此特生質之美耳，則生知、安行者，不愈於學知困勉者乎？愚意竊云謂諸公見道偏則可，謂全無聞則恐後儒崇尚記誦訓詁之過也。然乎否乎？

陽明答：性一而已。仁義禮智，性之性也；聰明睿知，性之質也；喜怒哀樂，性之情也；私欲客氣，性之蔽也。質有清濁，故情有過不及，而蔽有淺深也；私欲、客氣，一病兩痛，非二物也。張黃諸葛及韓范諸公，皆天質之美，自多暗合道妙。雖未可盡謂之知學、盡謂之聞道，然亦自有其學、違道不遠者也。使其聞學知道，則伊、傅、周、召矣。若文中子則又不可謂之不知學者，其書雖多出其徒，亦多有未是處，然其大略則亦居然可見；但今相去遼遠，無有的然憑證，不可懸斷其所至矣。

夫良知即是道。良知之在人心，不但聖賢，雖常人亦無不如此。若無有物欲牽蔽，但循良知發用流行將去，即無不是道。但在常人多爲物欲牽蔽，不能循得良知。如數公者，天質既自清明，自少物欲爲之牽蔽，則其良知之發用流行處，自然是多，自然違道不遠。學者學循此良知而已。謂之知學，只是知得專在學循良知。數公雖未知專在良知上用功，而或浮濫於多歧，疑迷於影響，是以或離或合而未純；若知得時，便是聖人矣。後儒嘗以數子者，尚皆是氣質用事，未免於行不著、習不察；此亦未爲過論。但後儒之所謂著察者，亦是狃於聞見之狹，蔽於沿習之非，而依擬倣象於影響形跡之間，尚非聖門所謂著察者也。則亦安得以己之昏昏，而求人之昭昭也乎？所謂生知、安行，知行二字，亦是就用功上說。若是知行本體即是良知良能，雖在困勉之人，亦皆可謂之生知安行矣。知行二字，更宜精察。

今按：問者所舉七人，張良（子房）、董仲舒，西漢人。黃憲（叔度），東漢人。諸葛亮（孔明），東漢末人，後爲蜀漢丞相。王通（文中子），隋人。韓琦、范仲淹，北宋人。

性之性，猶言性之自身。而性之「質」、性之「情」，雖不外於性，卻不是性之自身。而私欲與客氣，則是障蔽本性者。按、「客氣」二字，語出《左傳》定公八年：「盡客氣也」。註：「言皆客氣而非勇也。」凡自外來而不長久者曰客，所謂客氣非勇，是說其勇乃激於一時之氣，而非眞勇。唯有以志帥氣、以理生氣者，方是發於內之眞氣、正氣。此方足言勇。

伊、謂伊尹，商湯之賢相。傅、謂傅說，殷高宗之賢相。周、謂周公，召、謂召公，皆周初賢聖之臣。此節大意，主要在說明：

(1)上舉七人，天質清明，少有物欲障蔽，故雖未在良知上用功，卻亦自有其學而違道不遠。但因未在良知上用功，故仍是氣質用事，未免「行之而不著焉，習焉而不察焉」。

(2)然後儒所謂「著」「察」，卻又狃（習）於聞見之狹，蔽於沿習之非，而依擬倣象於影響形跡之間，還說不上是聖門之所謂著察。若據此似之而非的著察以責求上舉七人，卻又正是孟子所謂「以已之昏昏，而求人之昭昭也。」（盡心下）

(3)知行本體即是良知良能。良知良能，人所同具。就用功上說（亦即就表現之方式、過程說），雖然有「生知安行、學知利行、困知勉行」之別；若就知行本體（之呈現）而言，則困知勉行之知行，與生知安行之知行，亦無不同。關鍵只在「知之行之」。

十一、樂是心之本體

來書云：昔周茂叔每令伯淳尋仲尼顏子樂處。敢問是樂也，與七情之樂同乎否乎？若同，則常人之一遂所欲，皆能樂矣，何必聖賢？若別有眞樂，則聖賢之遇大憂大怒大驚大懼之事，此樂亦在否乎？且君子之心常存戒懼，是蓋終身之憂也，惡得樂？澄平生多悶，未嘗見眞樂之趣，今切願尋之。

陽明答：樂是心之本體，雖不同於七情之樂，而亦不外於七情之樂；雖則聖賢別有眞樂，而亦常人之所同有，但常人有之而不自知，反自求許多憂苦，自加迷棄。雖在憂苦迷棄之中，而此樂又未嘗不存；但一念開明，反身而誠，則即此而在矣。每與原靜論，無非此意，而原靜尚有何道可得之問，是猶未免於騎驢覓驢之蔽也。

今按：茂叔，周濂溪之字。伯淳，程明道之字。《二程遺書》載明道之言：「昔受學於周茂叔，每令尋仲尼顏子樂處，所樂何事？」

陽明或說「知是心之本體」（知、謂知善知惡、知是知非之良知），或說「定者心之本體，天理也」，在此又說「樂是心之本體」。心之本體，即是良知天理。天理常存，昭明靈覺，是者還他是，非者還他非，善者好之爲之，惡者惡之去之，實實落落、自自然然做去，何等穩當快樂！這種樂，即是孟子所謂「反身而誠，樂莫大焉」的大樂，陽明稱之爲「眞樂」。眞樂，當然不同於感性層的七情之樂，但「亦不外於七情之樂」。因爲良知天理（心之本體）的表現，亦須藉資於「喜、怒、哀、樂、愛、惡、欲」才能具體顯現出來。七情的顯露，有時得當，有時不得當；如果七情之發合乎良知之天理：當喜而喜，當怒而怒，當哀樂而哀樂，當愛惡（好惡）而愛惡……到達此境，便庶幾也是「隨心所欲」而又能夠「不踰矩」了。

人人皆有良知心體，故人人皆有此「眞樂」。但世人「有之而不自知」，以爲「眞樂」在吾性之外，於是紛紛向外尋求聖賢眞樂，這就無異於「騎驢覓驢」了。

十二、致知之功，至誠無息

來書云：《大學》以「心有好樂、忿懥、憂患、恐懼」爲「不得其正」，而程子亦謂「聖人情順萬事而無情」。所謂有者，《傳習錄》中以病瘧譬之，極精切矣；若程子之言，則是聖人之情不生於心而生於物也，何謂耶？且事感而情應，則是是非非可以就格。事有未感時，謂之有、則未形也，謂之無、則病根在，有無之間，何以致吾知乎？學務無情，累雖輕，而出儒入佛矣，可乎？

陽明答：聖人致知之功，至誠無息。其良知之體，皦如明鏡，略無纖翳；妍媸之來，隨物見形，而明鏡曾無留染，所謂「情順萬事而無情」也。「無所住而生其心」，佛氏曾有是言，未爲非也。明鏡之應物，妍者妍，媸者媸，一照而皆眞，即是生其心處；妍者妍，媸者媸，一過而不留，即是無所住處。病瘧之喻，既已見其精切，則此節所問可以釋然。病瘧之人，瘧雖未發，而病根自在，則亦安可以其瘧之未發而遂忘其服藥調理之功乎？若必待瘧發而後服藥調理，則既晚矣。致知之功，無間於有事無事，而豈論於病之已發未發耶？

大抵原靜所疑，前後雖若不一，然皆起於自私自利、將迎意必之爲祟；此根一去，則前後所疑，自將冰消霧釋，有不待於問辨者矣。

今按：問者所引《大學》各句，見〈修身在正其心〉章。懥音志，忿懥，怒也。凡心中「有所樂、有所忿懥、有所憂患、有所恐懼」，即表示心有偏滯而不平不正，既非「廓然而大公」，便不能「物來而順應」。

陽明指出，「聖人致知之功，至誠無息」。而良知之應事接物，正如程明道〈定性書〉所說，是「情順萬事而無情」。聖人之情，隨事而應，不著意，不偏注；所謂「老者安之，少者懷之，朋友信之」，也是合當如此，自然而然，並未特別對誰用情也（故曰無情）。這是以「無情」的方式來表現「情之常」（情之正常、情之自然）。佛家有所謂「應無所住而生其心」，譬如明鏡之應物（照物），妍者妍，媸者媸，一照而皆眞（照鏡之時，眞相顯現），即是「生其心」處；妍者妍，媸者媸，一過而不留（照過之後，形影不留），即是「無所住」處。「無所住而生其心」與「情順萬事而無情」，皆是境界之指述。孟子曾說「禹之治水」是「行所無事」；程明道說「君子之學」，莫若「廓然而大公，物來而順應」；而陽明認爲聖人「致知之功」，只是一個「至誠無息」。這些，都是心性工夫上的達旨之言。至於病瘧之喻，不過助解而已。

最後，陽明特爲指出：問者之疑，基本上都是「自私、自利、將迎、意必」作祟。去此病根，便可回歸良知理性，而前後所疑各點，皆可如冰之消，如霧之散，而無須乎「絮絮叨叨、問辨不已」矣。

八十三年六月，「中華文化學報」創刊號

陸、王陽明言禮之精義
——〈禮記纂言序〉之義理疏解

「仁、義、禮」是儒家最爲基本的觀念，就義理本身而論，三者之中又以「仁」爲中心。仁是衆德（一切德目）之所出，所以歷來皆以仁爲全德之名。不過，以某一觀念作爲中心以關聯其他，則亦可以隨順主題論旨之不同而作不同之擇定。譬如主題是講論「禮」，便以禮爲中心來關聯其他的觀念。陽明既是爲元儒吳澄的《禮記纂言》作序，當然應該「以禮爲中心」而講說。

根據孔子在《禮記》書中的說法，禮是「宜乎履行」、「合乎道理」、「體乎人情」的❶。民國七十四年七月，我出席新加坡「儒家倫理會議」宣讀論文，曾改換一個方式，從四點意思來說明禮的涵義，認爲甲、禮的基礎，是仁。乙、禮的準據，是義。丙、禮的實質，是理。丁、禮的要素，是時。其大意可列爲如下之表式：

---

❶ 參見蔡仁厚《儒家思想的現代意義》（台北、文津出版社），頁一五一至一六四〈禮的涵義及其功能作用〉註❶之引錄。

禮的涵義
- 「禮的基礎：仁——禮者、仁之表，仁者、禮之基」
- 「禮的準據：義——禮以「義」起。行禮即是行義」
- 「禮的實質：理——禮者「理」也。明禮即是明理」
- 「禮的要素：時——禮、時爲大。故須因時以制宜」

禮
- 「宜乎履行
- 合乎道理
- 體乎人情」

禮，表現於生活，能使感性的欲求，得到理想的節制。應用於教化，可與樂教配合，使性情之「序」（禮別異）與性情之「和」（樂合同）相輔爲用，以善化人心。應用於政治，禮又可與法相融相即，相輔相成。關聯於宗教，則祭祀之禮，通往天地、祖先、聖賢，此種回歸於生命根源的「報本返始」的精神，是「倫理、道德、宗教」通而爲一之後，人類文化心靈最爲寬平而又莊嚴淵懿的表現。至於禮的社會效用，也有四義可說：人文教養，可以陶冶國民品性，此其一。化民成俗，可以培養禮讓之風，此其二。崇信尚義，可以救濟功利之弊，此其三。敬業樂群，可以促成和諧進步，此其四。在現代社會中，沒有人會忽視「法治」的重要。但如果從全面的人間社會和文化功能來看，儒家「以禮爲綱，以法爲用」的原則，及其重視禮樂教化的老傳統，對於造成一個「循循有序，富而好禮，崇信尚義，安和康樂」的社會，將永遠具有潛移默化的作用和維繫扶持的功能。

王陽明是理學家（心學也是理學）。理學家的性格，雖然比較著重哲學思想層面的講論，但絕大多數的理學家都曾居官爲政，他們不可能不關心國家政治，更從未忽視社會教化。他們也許很少議論分門別類的典章制度與名物度數（因爲那是有司的職責，屬於專家之學），但對於作為儒家思想綱領之一的「禮」，則絕不可能加以忽視。二十年前，我寫《王陽明哲學》❷，雖有一章講論陽明的親民哲學及其事功，但陽明言禮之意，未嘗專門論及。本文引據陽明四十九歲所撰寫的〈禮記纂言序〉來作一義理之疏解，便是試圖藉此來了解作為理學家的王陽明，如何闡發「禮」的義蘊。

為醒目計，全文分四段，每段再分若干小節，以進行疏解。

一、禮與「理性命、仁義智」之融貫相通

> 禮也者，理也；理也者，性也；性也者，命也。「維天之命，於穆不已。」而其在於人也，謂之性；其粲然而條理也，謂之禮；其粹然而純善也，謂之仁；其截然而裁制也，謂之義；其昭然而明覺也，謂之知（智）；其渾然於其性也，則理一而已矣。

禮，是天理的節文。所以說：「禮也者，理也。」而「性即理」乃屬儒家之通義，無論程朱、陸王，皆無異辭。所以又說「理也者，性也。」《中庸》云「天命之謂性」。性是天之所命，所以又說「性也者，命也」。據此可知，「理、性、命」三者，名異而實同，故皆與「禮」相融相貫，通而為一。

「維天之命，於穆不已。」語出《詩經‧周頌》維天之命篇。此詩之前四句，是儒家天

❷ 蔡仁厚《王陽明哲學》（台北、三民書局），民國六十三年出版。

道性命思想最根源的文獻之一。《中庸》第二十六章曾特別加以申述：「詩云，維天之命，於穆不已。蓋曰，天之所以爲天也。於乎不顯，文王之德之純。蓋曰，文王之所以爲文也。純亦不已。」維、發語詞。於音烏，歎詞。穆、深遠也。天命即是天道。天命深遠邃奧，而又流行不已。這就是天命天道之所以爲天命天道的本質所在。天道生德流行，不已不息。流行下貫到人的生命之中，便成爲人之性德。到《中庸》便正式說出「天命之謂性」。

從根源處說，性命之源是「一」；從表現上說，它的作用是「多」。就天命天道下貫於人而言，便謂之「性」；就其表現粲然而有條理而言，便謂之「禮」；就其粹然而純善而言，便謂之「仁」；就其截然而能裁制而言，便謂之「義」；就其昭然而明覺而言，便謂之「知（智）」。凡仁、義、禮、智，皆渾然全具於性，而性即是理，所以結句云：「其渾然於性也，則理一而已矣。」

> 故仁也者，禮之體也；義也者，禮之宜也；知（智）也者，禮之通也。「經禮三百，曲禮三千」，無一而非仁也，無一而非性也。天敘天秩，聖人何心焉，蓋無一而非命也。故克己復禮，則謂之仁；窮理，則盡性以至於命；盡性，則動容周旋中禮矣。

「禮」與「仁、義、智」之間，有著內在的關聯。《禮記》有云：「禮者，仁之表也。」反過來說，仁，便是「禮之體」了。禮，必須合宜合度，而《中庸》云「義者、宜也」。所以「義」便是「禮之宜」。禮有內在之理，又有外在之行；故必須內而通透其理，外而通達其行。而通透、通達，都是屬於智之事，所以說，智是「禮之通」。

「經禮三百，曲禮三千」，語出《禮記・禮器》。經禮，指關於大綱大節者；曲禮，指屬於小目細節者。禮，無分大禮小禮，皆本乎仁，本乎性。所以說「無一而非仁也，無一而非性也」。天敘、天秩，語出《尚書・皋陶謨》。天敘，謂君臣父子夫婦兄弟朋友之倫敘。天秩，謂尊卑貴賤等級隆殺之品秩。凡此人倫之序、品秩之等，並不是出於聖人之私心安排，而是順乎天道、依乎天理而作成。換句話說，這都是本乎天之所命而制作出來，所以說「無一而非命也」。下文又引《論語》、《易傳》、《孟子》書中之言以證其義。

孔子答顏回問仁，曰「克己復禮爲仁」。克己即是去私，復禮即是循理。克去己私，以復其本然之天則（禮），使視、聽、言、動，皆依此天則而行。通過克己復禮的工夫，則仁心昭顯，自能感通出去，而天下之事事物物，也在仁心的感通涵潤之中而歸於仁的原則，歸於仁的道路。《易・說卦傳》云：「窮理盡性以至於命。」依儒家的義理而論，性即是理，窮即是盡，故「窮理」與「盡性」，二者名異而實同。而性又爲天之所命，能盡其性，便能至於命而與命合一。如此，亦就是與天合德，而言動、容態、周旋、進退、自然合乎禮的節度，這也當然就是盛德的充分顯現了。所以《孟子、盡心下》云：「動容周旋中禮者，盛德之至也。」

以上兩小節文字，旨在說明儒家之「禮」、與「理、性、命」、「仁、義、智」皆有著內在的義理連結，而且是明體達用，貫天人而通物我的。所以，「禮」乃是「理、道」的具體落實，也是「仁、性」的客觀表現。儒家之教，從「修己、成己」方面說，是心性成德；

從「成人、成物」方面說，便是禮樂教化。兩方面是同一套道理（並無兩套）。至於本末先後輕重緩急……，不過是「時措之宜」上的權衡斟酌而已。試想想，如若本是本，末是末，截然相對，則本末不相貫，還能成就任何事嗎？其他亦同此解。如先後不相接，輕重失其衡，緩急失其宜，則天下事物，還能「各適其性，各遂其生，各得其所，各得其成」否？

二、評老莊「外禮以言性」與世儒「外性以求禮」之非

> 後之言禮者，吾惑焉：紛紛器數之爭，而牽制於刑名之末，窮年矻矻，弊精於祝史之糟粕，而忘其所謂經綸天下之大經，立天下之大本者。禮云禮云，玉帛云乎哉？而人之不仁者，其如禮何哉！

器數，謂器物度數。刑名，泛指刑法名目，亦即今所謂法令條文。祝、史，本皆官名，此泛指祝史職掌所及的祭祀儀節與史冊文獻而言。凡此等等，皆屬禮之末節。講禮的人，窮年累月，紛紛耗費精力於此，而忘忽了大經大法與大本達道，豈不是舍本逐末而違失禮意？孔子說：「禮云禮云，玉帛云乎哉？」又說：「人而不仁，如禮何？」（分見《論語》〈陽貨〉、〈八佾〉）。可見器物之末，乃屬行禮之器、行禮之具，並不是「禮之本」的所在。人如不能依乎仁心、本乎仁性仁道以顯立大經大本，又將如何經綸宰制、平治天下？

> 故老莊之徒，外禮以言性，而謂禮為道德之衰，仁義之失，既已墮於空虛漭蕩；而世

> 儒之說，復外性以求禮，遂謂禮止於器數制度之間，而議擬倣像於影響之跡，以爲天下之禮盡在於是矣。故凡先王之禮，煙蒙灰散，而卒以煨燼於天下，要亦未可專委罪於秦火者。

《老子・三十三章》云：「故失道而後德，失德而後仁，失仁而後義，失義而後禮。禮者，忠信之薄而亂之首也。」老子之言，既把道德和仁義拆開，又把仁義和禮拆開；他心目中的「禮」，不過是些虛架子，是桎梏人的繁文褥節。這樣的說法，不但否定「禮」的眞實價值，亦同時否定禮樂人文世界的道德價值。在如此情形之下而言「返樸歸眞」，只是自適其「自然之性」而已，又如何安頓得了人倫社會與天下國家？所以王陽明說老莊之徒「外禮以言性」（只求保生保性，而疏忽禮義倫常），已墮於「空虛漭蕩」，而失卻安身立命之常道。（按、就道家立場而言，雖也可以另有說法；但陽明之批評，自有義理根據，而且甚爲中肯。就人文價值之積極創造與積極成就而言，老莊之偏缺，實屬無可諱言之事實。）

至於世俗之儒，卻又不知禮乃性理仁義的表徵，而只注意器數制度等禮文之末，結果徒知從事其外在形跡之似（議擬倣像於影響形跡），而失卻內在性理之根本，是即陽明所謂「外性以求禮」。如此，則世儒所謂禮，不過是指那些無根的虛文而已。

一般史論家，或以爲禮樂消亡，是秦皇焚書之過。殊不知秦火之前的老莊思想，與秦火之後的俗儒之說，也是造成先王之禮「煙蒙灰散」而「卒以煨燼」的原因，不能僅只委罪於秦火。秦火，不過焚書而已；而仁義心性，並不會因爲秦火而澌滅也。所以「禮」的消亡，主要是人喪其本，不復知曉「性」與「禮」本是一事，是內外本末相貫而爲一者。因而或如老莊「外禮以言性」，或如世儒「外性以求禮」。似此內外不相通，本末不相貫，根本就是生命的窒息枯竭，如何能興禮樂？

三、論禮之於節文、猶規矩之於方圓

僭不自度，嘗欲取禮記之所載，揭其大經大本，而疏其條理節目，庶幾器道本末一致。又懼其德之弗任，而時亦有所未及也。

間嘗爲之說曰：禮之於節文也，猶規矩之於方圓也。非方圓無以見規矩之用，非節文亦無從而睹所謂禮矣。然方圓者規矩之所出，而不可遂以方圓爲規矩。故執規矩以爲方圓，則方圓不可勝用；舍規矩以爲方圓，而遂以方圓爲之規矩，則規矩之用息矣。故規矩者無一定之方圓，而方圓者有一定之規矩。此學禮之要，盛德者之所以動容周旋而中也。

僭、越分也，此用作自謙之詞。不自度，猶言不自量。器、即器物度數，此是禮之末；道、是禮所依據的仁性理義，此是禮之本。陽明曾有意根據禮記舊文，以講明禮之大義，以求器道本末之一致，又懼自己之德不能勝任，而時日匆遽，亦有所未及也。

規、爲圓之器，今稱圓規。矩、爲方之器，即民間木匠所用之曲尺（直角）。一切圓形圓物與方形方物，都是以規矩爲準而做成；規矩的功用，必須在方圓之物上顯示出來。而方圓之物並不即是規矩。同理，天下一切節文，皆從禮出；而禮之效用，亦須在節文上顯示出來，但節文並不等同於禮。

總之，規矩是方圓的理型，它並不爲某一種方圓之形或方圓之物所限定，所以說「規矩者無一定之方圓」。正因爲無一定之方圓，所以能做出各式各樣的方圓之形與方圓之物。反之，無規矩則不能成方圓，所以說「方圓者有一定之規矩」。物之樣式無一定，而規矩有一定。同理，「禮，時爲大」，各種節文可以隨時宜而變革，而禮的大經大本則是定常而不可變者。有經有權，即可時措之宜，所以盛德之人，無論言動儀容之則或周旋應接之度，皆能中節而合禮。

四、言朱子考禮之志弗就與吳氏《禮記纂言》之價值

宋儒朱仲晦氏，慨禮經之蕪亂，嘗欲考正而刪定之，以儀禮爲之經，禮記爲之傳，其志竟亦弗就。其後吳幼清氏因爲纂言，亦不數數於朱說，而於先後輕重之間，固已多所發明。二子之見，其規條指畫，則既出於漢儒矣；其所謂觀其會通以行其典禮之原，則尚恨吾生之晚，而未及與聞之也。

雖然，後聖而有作，則無所容言矣。後聖而未有作也，則如纂言者，固學禮者之箕裘荃蹄，而可以少之乎！姻友胡汝登，忠信而好禮。其爲寧國也，將以是而施之刻，纂

言以敷其說，而屬序於予。予將進汝登之道而推之於其本也，故爲之序如此云。

朱熹，字元晦，又字仲晦，乃南宋之大儒。朱子曾有意以《儀禮》爲經，《禮記》爲傳，而加以綜合條貫，參訂刪正，編成一部完善的禮典。但有志而未成。吳澄，字幼清，學者稱草廬先生，江西崇仁人。生於南宋理宗年間，卒於元順帝元統元年，年八十五。其學宗陸象山而兼取朱子，爲元代最大最重要之儒者。撰有《五經纂言《，其中《禮記纂言》成於晚年，故最爲精實。數音朔，屢也。「不數數於朱說」，謂吳氏之《禮記纂言》，並不多採朱子之說，而能於先後本末輕重之間，多所發明。「二子」，指朱子與吳草廬。陽明以爲，二人論禮之言，業已超出漢儒經生之業。然「觀其會通以行其典禮之原」，則秦漢以下，尚未見其人耳。

後聖，對先聖而言。作、謂制作，如制禮作樂。自周公以下，皆只有「述」而無「作」（孔子亦自稱「述而不作」。）《大戴禮記》有云「作者謂之聖，述者謂之明」。陽明之意是說，如果後世有聖人起而重新制作禮樂，自然不容常人置口；但在後聖未曾創制之前，則吳氏之纂言，實爲學禮者不可缺少之書。箕裘，比喻能夠紹述先儒言禮之意。荃，亦作筌，捕魚之具。蹄、捕魚兔之器。這裡用荃蹄二字，意謂《禮記纂言》一書，雖然並不即是禮，但卻是學禮之津渠，不容忽視。

胡汝登，是寧國府的知府（轄安徽宣城一帶六個縣），將刻吳氏纂言，特請陽明作序。陽明乃推究禮之理義，爲胡汝登進一解。

※ ※ ※ ※

我曾說過，禮有四個層面❸。一是「理道」的層面，就此而言，不但通於道德，也通於宗教。二是「政治」的層面，就此而言，禮是立國治國的綱常。無論典章制度，綱紀體統，以及政治運作的軌道法度，都是禮的內容和它的功能表現。三是「社會」的層面，就此而言，禮是社會群體生活的秩序，也是人倫活動的規範，舉凡立身之節、行事之宜、處世之則、交友之義，都以禮作爲規範。四是「生活」的層面，無論私己的生活以及群體方面的政治、社會、宗教等，都不能脫離禮的規範。

第二、第三、第四這三個層次的禮，論者甚衆。經典中的「三禮」，也有整套的載錄和論說。而陽明此序所陳述的，則屬於禮的第一個層面，是從「理、道」言禮之本，以證實「禮」與「理、性、命」、「仁、義、智」皆融貫相通。陽明的講說，義理自甚警策，但這並非陽明的獨見、私見，而乃是儒家的通常義理。「理道層」通透了，則凡「政治層、社會層、生活層」上的典制規範以及儀文節度，皆可以順時隨宜而加以斟酌損益。

《禮記》有二句話，最值得銘記在心，並誠心遵奉踐行。第一句是「禮、時爲大」，第二句是「禮，以義起」❹。依第一句，可知一切具體的禮制禮文，都必須切合時宜，必須順時調整。如何調整？那就要靠第二句的「義」了。「以義起」，意即依據「義」來

---

❸ 同註❶，頁一四五、一四六。

❹ 按、第一句見《禮記‧禮器篇》，第二句見《禮記‧禮運篇》。

制作，來修訂。而「禮以義起」句中的「義」字，實際上又可綜括陽明這篇序文中的「理、性、命」與「仁、義、智」。可見陽明言禮的「精義」，正是上承經典常義而作申述。

八十三年十二月，中國文化月刊一八二期

附錄：「禮」的社會功能

西漢賈誼有云：「禮者禁於將然之前，法者施於已然之後。」已然（行爲發生了）之後，由法來管；將然（行將發生）之前，則由禮來約束，來節制。一般而論，禮的功效，似乎緩不濟急，但一個社會如能發揮禮的效用，犯法受刑的人必可大量減少，而社會的情態，也必更能和樂，更像「人間」（而不只是競逐紛爭的社會）。然則，誰能說民主法治的社會就不再需要「禮」呢？

禮，作爲生活的原理和行爲的規範來看，它所顯發的（以及潛移默運的）功能作用，是無遠弗屆、綿綿無盡的。茲分三點，以略述禮的社會功能。

一、培養禮讓之風

一個社會，「禮讓廢」則「爭競生」。禮讓，則能捨己而從公，爭競，則將損人以利己。

一個沒有私心的人，常常會想到別人，所謂「人之有技（能），若已有之；人之彥聖，其心好之。」順著這種性情之眞，自然會隨時流露謙恭之情與禮讓之意。反之，一個自私的人，他只知有己，不知有人，所以事事要把持，要佔先，對於別人的賢能，忌嫉之且不暇，當然更無所謂禮讓了。

據此可知，禮讓與公私義利之辨，實直接相關。抑私以全公的禮讓精神，是「讓利不讓義」。利之所在，可以讓；義之所在，則當仁而不讓。因此，見義勇爲，正可視爲禮讓精神的積極表現。

其實，「禮讓」也並非「只是古風」，而是可以順時隨宜而表現的。譬如民主國家的政黨競選，是爭；但當執政者的政策一旦不能見信於國人，則執政者潔身而退，這就是讓。兩黨的政治主張雖有不同，但在野黨基於國家的立場，本乎成功不必在我的器識，而盡力贊襄執政的敵黨，以共成國家之治，這也正是禮讓精神的表現。由此一例，可知培養禮讓之風，對於國民品性的陶冶，社會進步的促成，都是大有助益的。

二、救濟功利之弊

儒家推行禮樂教化，有一個最基本的要求，就是「崇信尚義」。到了工商社會，信義的優先性已爲功利思想所取代。雖然說，法律和契約也可以要求人信守承諾，履行義務，但如果人不崇信，不尚義，則法律和契約的效能便將難以發揮，而且有時而窮。

因此，想要甦活人心，挽救時弊，最根本的辦法，還是使人「崇信尚義」。如果國家的公民以信義為重，以背信不義為恥，則必不會為利而背信，必不會見利而忘義。如此，則可轉化功利之習，而激起「急公好義」之風。

儒家之教，主張以信義之行與廉恥之心，引導人向善、行善，非不得已則不施刑罰。因此，古人為政，總以政簡刑輕為原則，以刑措不用為理想。當然，今天的社會，不像古時那麼單純，今天的政治事務，也比古代的政事要繁難千倍百倍。因此，我們不可能因為發思古之幽情而主張回到古代。不過，重視禮俗教化，培養國民崇尚信義，以救濟功利之弊，必將有助於社會的安定和人間的美好，則是無庸置疑的。

三、促成社會和諧

現代的社會，人人忙於工作，定時上班下班，看來很盡責任，但究竟算不算是敬業？如果工作成員所要求的，只是一個好的職位和一份優厚的薪資報酬，那麼他的勤奮努力乃是為了個人的利益，而不一定算是敬業。

儒家倫理，教人敬業樂群。人能敬業，而後乃能樂群；人人樂群，才能促成社會的和諧進步。凡是具有敬業精神的人，必能專心致志，他對事業成敗的關心，超過他對職位高低的計較，他對整體利益的關切，也超過他對待遇厚薄的要求。這樣的人，自然樂意和人溝通，而能和合人群，同舟共濟。具有這種品性的人越多，社會群體的凝聚力就越大，而國家的根基也就愈發深厚而強固。這種來自政法以外的「民力」，是通過禮樂教化而培養出來的。

在新的時代和新的社會裡，沒有人會忽視「法治」的重要。但如果從全面的人間社會和文化功能來看，儒家「以禮爲綱，以法爲用」的原則，及其重視禮樂教化的老傳統，對於造成一個「循循有序，富而好禮，崇信尚義，安和康樂」的社會，將永遠具有潛移默化的作用和維繫扶持的功能。

八十三年二月「中國文化月刊」論壇

柒、王陽明辨「心學與禪學」
——〈重修山陰縣學記〉之疏解

平常說到禪宗或禪學，便很自然地想到「不立文字，直指人心」。而在唐末五代的禪宗興盛過後，宋代儒學復興，也講心性之學，其中陸象山、王陽明，又屬心學一派。於是就有人認爲陸王的心學，實際上就是禪學。擴大一點，甚至判宋明理學是「陽儒陰釋」。一般耳食之輩，人云亦云，可以勿予計較。但有些人卻是以學者的身分說這種話，這就屬於客觀的學術異同之問題，不可以不辨。「辨異同」必須有根據，因此，我個人雖然曾就「陽儒陰釋」的問題，作過論辨❶。對於「禪宗話頭」也曾作過證會❷。但我仍願根據王陽明的文獻，進

❶ 蔡仁厚〈從陽儒陰釋說起：平章學術之一例〉，宣讀於香港新亞研究所「宋明儒學與佛老」學術研討會，後編入《中國哲學之反省與新生》（民國八十三年十一月，台北，正中書局出版），頁三〇七。

❷ 蔡仁厚〈禪宗話頭證會舉隅〉，民國七十年十一月，發表於鵝湖月刊七十七期。後編入《儒家思想的現代意義》（民國七十六年五月，台北，文津出版社印行），頁三九八至四一五。其中所論之話頭十則：1.誰縛汝？2.石頭路滑。3.野鴨子、大機大用。4.即心是佛。5.平常心是道。6.黃檗佛法無多子。7.龍潭紙燭。8.雲門敲門。9.初生月。10.日日是好日。

行義理的疏解。

在疏解之前，我想先說一句話。宋明儒講習的心性之學（心即理、性即理），乃上承孔子之言仁，孟子之言心性，中庸、易傳之言天道性命，這是儒家本來的大傳統，和佛老根本沒有直接的關係。至於象山講明本心、先立其大、以及陽明講良知之學，更明顯地是直承孟子，怎麼會來自禪宗？

凡論學，皆須明曉價值方向、義理綱領、思想脈絡、工夫入路，否則，都不免是主觀的揣摩猜測，不算數的。

以下，是王陽明〈重修山陰縣學記〉之疏解。

一、弁言：為師為弟子者之修學在於「求仁」

山陰之學，歲久彌敝。教諭汪君瀚輩以謀於縣尹顧君鐸而一新之，請所以詔士之言於予。時予方在疚，辭未有以告也。而顧君入爲秋官郎，洛陽吳君瀛來代，復增其所未備，而申前之請。

昔予官留都，因京兆之請，記其學而有說矣。其大意，以爲朝廷之所以養士者，不專於舉業，而實望之以聖賢之學。今殿廡堂舍，拓而輯之，餼廩條教，具而察之者，是有司之修學也。求天下之廣居安宅者而修諸其身焉，此爲師爲弟子者之修學也。其時聞者皆惕然有省，然於所以爲學之說，則猶未之及詳。今請爲吾越之士一言之。

山陰，今浙江紹興縣。舊時，縣所設之學校，稱爲縣學。府所設之學校，則稱爲府學。山陰縣的縣學，年久未修，故教諭（縣學掌教之官）與縣尹（縣令）共同謀畫加以修葺，並請陽明作記以詔告諸生。但當時陽明正居父喪，不便作文。及後縣令顧鐸調職，新縣令吳瀛上任之後又增修縣學，而且重申前請。此時陽明已除服，故應允作此記文。（據年譜，此記作於五十四歲）

留都，指南京。京兆、猶言京兆尹（首都市長）。陽明四十三歲爲南京鴻臚寺卿，是年，應地方官之請，作〈應天府重修儒學記〉。應天府，即南京所在地。儒學、即府學。陽明在這篇應天府儒學記中，指出朝廷設立學校之養士，並非只是研習科舉之業，而是希望士人學聖賢之學，以修成君子之才德。千百年來，天下之縣學府學，皆設於各府各縣之孔子廟中，便正是希望天下士子皆有希聖希賢之志，以光大儒聖成德之教。同時，陽明又特作分別，指出有司（如知縣、知府）之修學，在於修整學宮、條示教規、優給餼廩（餼、禾米、廩、穀倉。生員歲考列優等者，官府給以米糧，稱爲廩生）。而爲師爲弟子者之修學，則在於立志從事聖賢之學以修養仁德。「廣居」「安宅」，皆孟子語。孟子嘗謂：「仁，安宅也。義，人路也。」形軀生命安居於房宅之中，而精神生命則應安居於仁道（居心於仁，以仁存心），「仁」即是天下之廣居、安宅，故孟子又有「居仁由義」之語❸。陽明此處所謂「求天下之廣居安宅者」即是

❸孟子之說，請參看蔡仁厚《孔孟荀哲學》（民國七十三年十二月，台北，學生書局出版）、卷中、孟子之部第三章第二節二一七至二一九。

「求仁」之意；而「修諸其身」即各人修養仁德於己身，使希聖希賢之志具體落根於生命之實踐。如此，方是國家立學校以養士之眞正本意。

惕然，警惕敬懼之貌。省，覺悟之意。吾越，猶言吾郡。陽明家鄉餘姚屬越郡，故此稱「吾越」。陽明以爲，十年前之〈應天府儒學記〉對於所以爲學之意未及詳說，故乘此次撰寫〈山陰縣學記〉之時，特申其義。

二、聖人之學，心學也

1.道心與人心

> 夫聖人之學，心學也。學，以求盡其心而已。堯舜禹之相授受曰：「人心惟危，道心惟微；惟精惟一，允執厥中。」道心者，率性之謂，而未雜於人；無聲無臭，至微而顯，誠之源也。人心則雜於人而危矣，僞之端也。見孺子之入井而惻隱，率性之道也；從而納交於其父母焉，要譽於鄉黨焉，則人心矣。飢而食，渴而飲，率性之道也；從而極滋味之美焉，恣口復之饕焉，則人心矣。惟一者，一於道心也；惟精者，慮道心之不一，而或二之以人心也。道無不中，一於道心而不息，是謂允執厥中矣。

「人心惟危」四句，見《尚書》之〈大禹謨〉。據文中所載，堯命舜只有「允執厥中」

一句，舜推衍爲四句以命禹。後世稱之爲「十六字心傳」。《論語、堯曰篇》亦載：「堯曰：咨，爾舜！天之曆數在爾躬。允執厥中。四海困窮，天祿永終。」《荀子・解蔽篇》亦有「人心之危，道心之微」二句。可見十六字心傳之句實有所本。近世學者或謂《今文尚書》無〈大禹謨〉，而疑及此四句。這是拘於考據之習，不能算是達識之言。人心與道心，實非二心。心之本體純粹至善，便謂之「道心」；順氣質私欲而發，便謂之「人心」。陽明曾說：「人心得其正者即道心。道心失其正者即人心，初非有二心也。程子謂人心即人欲，道心即天理。語若分析，而意得之。」❹又說：「率性之謂道，便謂之道心。但著些人的意思（指人之私意），便是人心。道心本是無聲無臭，故曰微（微、謂隱微無形迹可見也）。依著人心行去，便有許多不安穩處，故曰危。」❺惟精惟一，昔儒解爲精以察之，一以守之。意謂察識人心之危，存養（守）道心之微。此解在文義上自可通。陽明則說「惟一是惟精的主意，惟精是精一的功夫，非謂惟精之外復有惟一也……博學、審問、愼思、明辨、篤行者，皆所以爲惟精而求惟一也。」❻允、信也。執、守也。厥，猶其也。中，即是道心，即是仁。陽明以此四句爲心學之源。聖人之學，只是復本心之仁而已。

《中庸》云：「天命之謂性，率性之謂道」。率、循也。循性而行，不雜人欲，即是

❹ 王陽明《傳習錄》上卷。
❺ 同上，下卷。
❻ 同❹。

道心。「道心」無形迹、無聲臭，但它是光明之體，誠之本源。所以雖然至深隱微而卻烱然顯明。「人心」則雜有人欲之私，僞妄之端即由此而生起，故危。

孺子入井，見《孟子，公孫丑》下。人見一小孩即將掉入井裡，必立即顯發惻隱之心而前往抱救，此便是率性而行，是「道心」之呈現。但人去抱救即將入井之孺子，若是爲了藉此可以與孺子之父母結交，或藉此可以獲得鄉黨友朋之讚譽；如此存心，則已雜有人欲之私，便是「人心」。同理，飢而食，渴而飲，此乃天理之自然，亦是率性而行，乃「道心」之發用。但若貪求滋味之美，恣縱口腹之欲，便是「人心」了。

「惟一」是求道心之純一。「惟精」是恐道心不純一而雜有人心（人欲之私），是以須加惟精之功夫。道心本即是「中」，只須道心純一而不息，便是「允執厥中」。

2.心性與達道

> 一於道心，則存之無不中，而發之無不和。是故率是道心而發之於父子也，無不親；發之於君臣也，無不義；發之於夫婦、長幼、朋友也，無不別、無不序、無不信；是謂中節之和，天下之達道也。放之四海而準，亙古今而不窮。天下之人，同此心，同此性，同此達道也。

《中庸》首章有云：「喜怒哀樂之未發，謂之中；發而皆中節，謂之和。中也者，天下之大本也；和也者，天下之達道也。」人能道心純一，信守其中，則可以達到：存之於內者無不中，發之於外者無不和。

《中庸》一書，既講中庸之道，又講中和之理。中者不偏不倚，無過無不及。這是形式地說。中，其實就是指道體、性體而言。所謂「喜怒哀樂之未發謂之中，發而皆中節謂之和」。這是從情之未發時指點道之體，而此作爲道之體的「中」，即是天下之大本，是價値之所從出。次句從情之發而中節處指點道之用，而此意指道之用的「和」，則是天下之達道，是人物之所共由。所以接下來又說「致中和，天地位焉，萬物育焉。」致中和，是通過實踐把中和之理推到至極。極其中，則物物得其所，於是天地亦安於其位矣。極其和，則一切遂其生，於是萬物亦得其化育矣。

《中庸》又以「父子、君臣、夫婦、昆弟、朋友」爲「五達道」，故陽明順其意而加以申說，指出人若眞能循此道心而發之於父子、君臣、夫婦、長幼、朋友，則五倫之道盡皆順適條暢而合理，自能父子無不親，君臣無不義，夫婦無不別，長幼無不序，朋友無不信。如此，便是中節之「和」。此五倫之道，通四海而貫古今。普天之下，人人皆同具此心，同具此性，同由此道而行，所以謂之「達道」（通達於天下，莫不皆然）。

3.心學晦而世儒乖

舜使契爲司徒，而教以人倫，教之以此達道也。當是之時，人皆君子，而比屋可封。蓋教者惟以此爲教，而學者惟以此爲學也。

聖人既沒，心學晦而人僞行。功利、訓詁、記誦、辭章之徒，紛沓而起，支離決裂；

> 歲盛月新，相沿相襲，各是其非，人心日熾，而不復知有道心之微。間有覺其紕繆而略知反本求源者，則鬨然指爲禪學而群訾之。嗚呼！心學何由而復明乎？

《孟子、滕文公上》有云：「舜使契爲司徒，教以人倫：父子有親，君臣有義，夫婦有別，長幼有序，朋友有信。」此五者即是《中庸》所謂「五達道」。教者以此爲教，學者以此爲學，所以人人皆知倫常之義，皆有君子之德。所謂「比屋可封」，是說國家多賢人。《漢書》有云：「明聖之世，國多賢人。故唐虞之時，可比屋而封。至功成事就，則加賞焉。」❼比、鄰也。比屋可封，謂相鄰之家，皆有賢人，皆可封賞。

晦，謂昏而不明。沓音踏，多也。聖人不作，心學大壞，人欲之私，日以熾盛，而功利、訓詁、記誦、辭章之徒，紛紛者天下皆是也。庸俗之士，心不開而目不明，日漸積非而成是，於是人不復知有「道心」矣。偶有一二人覺悟俗學之謬誤而略知返求道心之源，則天下之浮論又鬨然而起，群指心學爲禪而隨意訾議譏責。在如此情形之下，心學固難以復明於世，而儒聖之道遂散塌而茫昧矣。

三、聖學與禪學

1.聖人以天地萬物爲一體而求盡其心

---

❼ 見《漢書、王莽傳》。

> 夫禪之學與聖人之學，皆求盡其心者也，亦相去毫釐耳。聖人之求盡其心也，以天地萬物爲一體也。吾之父子親矣，而天下有未親焉者，吾心未盡也。吾之君臣義矣，而天下有未義焉者，吾心未盡也，吾之夫婦別矣，長幼序矣，朋友信矣，而天下有未別、未序、未信者焉，吾心未盡也。
>
> 吾之一家飽暖逸樂矣，而天下有未飽暖逸樂者焉，其能以親乎？義乎？別、序、信乎？吾心未盡也。故於是有紀綱政事之設焉，有禮樂教化之施焉，凡以裁成輔相，成己成物，而求盡吾心焉耳。心盡而家以齊、國以治、天下以平。故聖人之學，不出於盡心。

陽明以爲，禪學與聖學，皆是「盡心」之學。但儒家聖人之盡心，是盡其「以天地萬物爲一體」之心，此乃孔孟所謂「不安、不忍」之心，亦即「仁心」。

盡心之「盡」，謂充盡，亦即充分實現之意。吾之父子能親，吾之君臣能義，而天下猶有父子未親、君臣未義者，則我心必有所不安、有所不忍，此即表示我之心猶未充分實現而通貫於天下。其餘夫婦之別、長幼之序、朋友之信，亦然。可以類推。

同理，吾之一家雖能飽暖逸樂，而天下猶有飢寒困頓之人，未能獲致父子之親、君臣之義與夫婦兄弟朋友之別、序、信等；如此，則我心仍將不安不忍也。於是，聖人順其不安不忍而設立紀綱政事，施行禮樂教化，凡此等等，皆《周易》所謂「裁成、輔相」（裁正其過者，助其不及者），《中庸》所謂「成己、成物」之道❽，亦即聖人之所以自盡其心。心盡，然後家

❽ 見《周易、泰卦象辭》、《中庸》第二十五章。

齊、國治、天下平。故陽明以為：聖人之學，不外乎「盡心」。

陽明這段話，把孟子「盡心」之義蘊，作了既平實而又非常充分之闡述。而盡此「以天地萬物為一體」之仁心，亦正是儒家聖人的本懷。

2.禪學「外人倫、遺事物」而不可以治家國天下

> 禪之學，非不以心為說，然其意以為是達道也者，固吾之心也；吾惟不昧吾心於其中則亦已矣，而亦豈必屑屑於其外？其外有未當也，則亦豈必屑屑於其中？斯亦其所謂盡心者矣，而不知已陷於自私自利之偏。是以外人倫，遺事物；以之獨善，或能之，而要之不可以治家國天下。

禪家之學，只以不昧吾心為教。到得心如明鏡，乾冷晶光，則以為一了百了。彼等或亦承認五倫達道，固在吾心；但此不過是方便說，如依其所謂究竟義諦，則何有於五倫之理？又何與於五倫之事？故人倫內在之理義，與人倫日用之行事，皆非其用心致力之所在。自家生命既與「人倫、事物」不相通貫，便已明顯地與儒聖「以天地萬物為一體、聯屬家國天下而為一體」之精神迥然相異。故禪家之「盡心」，只剩下「不昧吾心」而已。人倫達道與家國天下之事，忍而不聞不問。故陽明判其「外人倫，遺事物」，已陷於自私自利之偏。其道或可獨善，而終不能安頓人間世界，尤不足以成就世間事物。

今按：宋明儒之「闢佛老」，並非黨同伐異的門派之私，而是本於道德意識與文化意識

之憤悱不容已。譬如程明道說「佛家只是以生死恐動人。」又說「皆利心也。」又說「其術只是絕倫類。」❾陸象山亦說：「釋氏立教，本欲脫離生死，唯主於成其私耳。此其病根也。」又說：「某謂儒爲大中，釋爲大偏。以釋氏與其他百家論，則百家爲不及，而釋爲過之。原其始，要其終，則私與利而已。」又說「儒者雖至無聲無臭，無方無體，皆主於經世。釋氏雖至未來際普渡之，皆主於出世。」又說：「不主經世，非三極之道也。」❿這些話都很嚴厲，但都是扣緊本質而說話，不同於普通的批評之言。陽明也是順明道象山的精神脈絡而說話。所謂「自私自利」，正是就其「外人倫，遺事物」而言，與一般斥責唯利是圖之小人的用語（自私自利）並非同科也。

3. 斥世儒「以心學爲禪學」之非

蓋聖人之學，無人己，無內外，一天地萬物之爲心；而禪之學起於自私自利，而未免於內外之分，斯其所以爲異也。今之爲心性之學者，而果外人倫，遺事物，則誠所謂禪矣。使其未嘗外人倫，遺事物，而專以存心養性爲事，則固聖門精一之學也，而可謂之禪乎哉？

❾ 見《二程遺書》第一、第二上。

❿ 見《陸象山全集》卷二、與王順伯書及卷三十四、語錄。

世之學者，沿襲其舉業辭章之習，以荒穢戕伐其心，既與聖人之學相背而馳，日騖日遠莫知其所抵極矣！有以心性之說招之使來者，則顧駭以爲禪而反仇讎視之，不亦大可哀乎！

此節承上文，直以「外人倫，遺事物」與否來分判儒與釋。儒聖之學，無人與己之分，亦無內與外之別。由立己而立人，由成已而成物，皆一以貫之。《大學》更直接列舉實踐之目，由格致誠正修而達於齊家、治國、平天下。儒家所講求的，的確是能使天地萬物通而爲一的大中至正之道。而禪家之學，則由了脫生死入手，無論「自了」或「渡他」，皆無非是欲人超離生死無常之苦，故只能了當己身而無由經綸天下。（依佛家、天下事物本屬空幻無常，棄離之且不暇，更何遑經綸之、成就之耶？）這就是儒釋根本不同之所在。

儒家從孟子講「盡心知性」、「存心養性」，宋明儒加以發揮，故理學亦稱心性之學。心性之學，存其心，養其性，以貫徹精一之宗旨功夫，以開發道德價值之動源，內以成己，外以成物。此正是「一天地萬物而爲心」（以天地萬物爲一體）。立己成己，是成就各人自身的道德人格。立人成物，是推擴不安不忍之心，以使天下之人與天下之事物，皆能各適其性，各遂其生，各盡其用，各得其所。這正是「安頓人倫，成就事物」的生生之道。可見儒家的心性之學，絕不「外人倫，遺事物」，這正是儒者與禪家之「明心見性」迥然不同之處。而後世俗儒，心目不開，靈智昏昧，乃吠影吠聲，而誣指聖門精一之學（心性之學）爲禪，是何理也！

舉業，謂科舉八股文章之類。世人久習於科舉辭章，窮年累月只在表面文字上做工夫，而自己光明之本心，日以荒穢，日受戕害，其心思自然紛馳歧出，而難有收煞之時。在如此情形之下，如有人以心性之學相號召，彼等更相顧駭異，而誣指此講心性之學者為禪，甚至以仇讎視之。讀書人本為聖人之徒，而全然不知聖人之學。天下可哀之事，孰甚於此！

四、結語：以仁恕之心昭告天下士

夫不自知其為非而以非人者，是舊習之為蔽，而未可遽以為非也。有知其非者矣，藐然視人之非而不以告人者，自私者也。既告之矣，既知之矣，而猶貿然不以自反者，自棄者也。

吾越多豪傑之士，其特然無所待而興者為不少矣。而亦容有蔽於舊習者乎？故吾因諸君之請而特為一言之。嗚呼！吾豈特為吾越之士一言之而已乎！

從此最後一段，可以看出陽明是以仁恕之心昭告天下之士。他說的話，亦自然流露藹然長者的心情。陽明以為：

1. 不知俗學之為非，反而自以為是而非議他人，此可能是蔽於舊習而不自覺。對這種人不必直接判為過罪而斥責之。所謂「不知者不罪」是也。
2. 已察知俗學之非，也藐視俗學之士，但卻不肯明白指出俗學之非以使人改從正學。這種人不願「與人爲善」，正是自私之徒。在做人爲學上，是有大過咎的。

3.他人已告示我，我也自知其非，而仍舊昏昏然不知自反，這就是孟子所謂「是不爲也，非不能也」。這種人乃是「自暴自棄」，無可救藥之人。

陽明之言，既順不安不忍之仁心而發，而亦對人有寬諒，有督勉。陽明此一記文，雖爲越郡之士而作，實際上他是深感當時學風之弊，而爲天下之士痛切陳言。再深一層看，陽明又不僅爲當時之士言之而已，他諄諄然申論「聖人之學爲心學」而「心學非禪學」，其昭告後世之意，亦可謂至爲深切而著明矣。

五、附論〈象山文集序〉之大旨

陽明四十九歲所撰之〈象山文集序〉，其大旨可以視爲〈山陰縣學記〉之先聲。今特連類一併述而論之。

1.孔孟之學，惟務求仁，心學之傳也

> 聖人之學，心學也。堯舜禹之相授受曰：「人心惟危，道心惟微；惟精惟一，允執厥中。」此心學之源也。中也者，道心之謂也。道心精一之謂仁，所謂中也。孔孟之學，惟務求仁，蓋精一之傳也。而當時之弊固已有外求之者，故子貢致疑於「學而多識」，而以「博施濟眾」爲仁；乃夫子告以一貫而教以「能近取譬」，蓋使之求諸其心也。

> 迨於孟氏之時，墨氏之言仁，至於「摩頂放踵」；而告子之徒又有「仁內義外」之說，心學大壞。孟子闢義外之說，而曰「仁，人心也。」「學問之道無他，求其放心而已矣。」又曰：「仁義禮智，非由外鑠我也，我固有之，弗思耳矣。」

此段之旨，〈山陰縣學記〉亦承述之。陽明之意，以爲「中」即是「道心」，存養道心達於精一之境便謂之「仁」，仁即是所謂「中」。此解雖簡，卻甚明達顯豁。孔子之學，固是仁學。孟子言性善，言四端，亦是求仁。故陽明以孔子與孟子，皆是上承堯舜禹精一執中之旨而推闡發揚。惟孔門之中，也不免有「外求」之弊。如子貢疑孔子之學爲「多學而識」，孔子曰「非也，予一以貫之。」子貢又以「博施濟衆」爲仁，而孔子告以「己欲立而立人，己欲達而達仁。能近取譬，可謂仁之方也已。」⓫所謂「多學而識」、「博施濟衆」，正是求仁於外；而孔子之言，則是教人內求諸心，故又曰「仁遠乎哉？我欲仁斯仁至矣。」⓬一念警策，仁心呈現，所以我欲仁則仁至。「欲仁」之欲，乃自發內發之願欲，亦是人內在生命所發出的價值之要求，當然我固有之，反身而誠。

到了孟子之世，楊子「爲我」與墨子「兼愛」之言充盈天下，而愛之極，至於「摩頂放踵，利天下爲之」⓭，這仍然是以「博施濟衆」爲仁（兼愛有類於仁，而實不同）。至於告子，雖

⓫ 子貢之疑與孔子之答，分見《論語》〈衛靈公〉、〈雍也〉。

⓬ 同上，〈述而〉。

⓭ 見《孟子》〈盡心上〉、〈滕文公下〉，請參看蔡仁厚《孔孟荀哲學》頁三三四至三三九。

知以仁爲內，卻又以義爲外。殊不知仁義一根而發，一人之心豈容有仁而無義？心而無義，何以爲人心？故孟子闢之。而陽明也以爲到楊墨之時而「心學大壞」。

今按：墨子倡兼愛，以爲愛無差等。其實，一視同仁之愛心，雖可以泯化差等；而「施愛」則仍須有一行爲之過程，過程中之先後順序，以及自然而有的親疏遠近之別，以及厚薄之斟酌等等，乃是行事上不可不有之差別。理上之普遍性與事上之差別性，皆必須承認，也都要兼顧。墨子只抓住了普遍性，而卻抹煞了差別性，所以孟子闢之。而儒家之仁愛，乃是「推愛」，「不獨親其親、不獨子其子」，而講求由親親、而仁民、而愛物、此可謂「仁無差等，而施愛有序」。如此，即可同時兼顧理上之普遍性與事上之差別性。這才是眞正的平正通達之道，而且是人人可行、隨時可行者。至於孟子抨擊告子「義外」之說，拙著《孔孟荀哲學》卷中、孟子之部第三章第一節，有詳細之討論，可參看。另外，陽明引述孟子三句話，亦屬學者習熟之言，不再作解。

2.世儒不知吾心即物理，佛老不知物理即吾心

蓋王道息而伯術行，功利之徒外假天理之近似以濟其私，而以欺人曰：天理固如是。不知既失其心矣，而尚何有所謂天理者乎？自是而後，析心與理而爲二，而精一之學亡。

世儒之支離，外索於刑名器數之末，以求明其所謂物理者；而不知吾心即物理，初無假於外也。

佛老之空虛，遺棄其人倫事物之常，以求明其所謂吾心者；而不知物理即吾心，不可得而遺也。

伯術，謂霸者之術。春秋之時，王道息滅而霸道大行。孟子說過：「以德行仁者王，以力假仁者霸。」⓮假、謂假借。霸者「尊王攘夷」，外假天理之公（仁義之美名）以濟其功利之私。殊不知天理即是吾心之仁，既已尚力尚利，則仁心已失；既失仁心，那裡還有天理？但聖學不明，眞僞難分，人遂以爲理在心外。心中既已無理（心與理隔成兩截），則精一執中之學自然消亡。

世儒，主要指朱子一系而言。朱子講即物窮理，而不言「心即理」。象山當年即已判其爲「支離」。支離，猶言不相干。孟子謂「仁義內在」（仁義之理內在於心），如今反而求理於心外，則與成德之教成爲不相干矣。儒者所謂「理」，即是「天理」之謂。天理通貫於事物，乃有所謂事物之理。如此，則不但天理不外吾心，物理亦同樣不外吾心。理既內在於心，故陽明曰「吾心即物理」。外吾心以求物理（如朱子之即物窮理），則與身心之學並不直接相干。故陽明又有言曰：「縱格得草木竹子之理明白，又如何反來誠得自家意？」⓯

佛老亦言心。佛氏之言心，乃觀空破執之般若智心（證如不證悲）；老氏之言心，乃觀照玄

⓮ 同上，〈公孫丑上〉。

⓯ 《傳習錄》上卷。

覽之虛靜心（顯智不顯仁），二者皆遺棄物理而言心，而不知「物理即吾心」。蓋「人倫事物之常，仁義孝弟之理」，本具於心，是心之所以爲心的本質內容。遺棄了這種價值性的內容，則二家所言之心便只成爲一個虛明晶光的物事。其實，人倫事物之常，即是吾心之理則常度，如何遺棄得了？試看空門之中，也不能不用師徒父子之名，以講求孝子慈孫之義。即此小事，已可證見倫常物理，實乃吾心之眞實內容，根本無法遺棄。

3.象山之學，孟子學也（何得誣指爲禪？）

至宋周程二子，始復追尋孔顏之宗，而有「無極而太極」、「定之以仁義中正而主靜」之說；「動亦定、靜亦定、無將近、無內外」之論；庶幾精一之旨矣。自是以後，有象山陸氏。雖其純粹和平，若不逮於二子；而簡易直截，直有以接孟子之傳。其議論開闢時有異者，乃其氣質意見之殊，而要其學之必求諸心，則一而已。故吾嘗斷陸氏之學，孟氏之學也。

而世之議者，以其嘗與晦翁之有同異，而遂詆以爲禪。夫禪之說，棄人倫，遺物理，而要其歸極，不可以爲天下國家。苟陸氏之學而果若是也，乃所以爲禪也。今禪之說與陸氏之說，其書具存。學者苟取而觀之，其是非同異，當有不待於辯說者。而顧一唱群和，勦說雷同，如矮人之觀場，莫知悲笑之所自，豈非貴耳賤目，不得於言而勿求諸心者之過歟！

周、謂北宋周濂溪，程、謂程明道。孔顏之宗，乃指孔子顏子之道而言。無極與主靜二句，皆周子〈太極圖說〉之語。「無極而太極」一句頗多異解，亦有爭論。其實「無極」即無有窮極之意，是個狀詞（形容詞）；「太極」則指謂極至之理，是個實體詞。這個極至之理「無思無爲」、「無方無體」、「無可正舉，無可形名」，所以無法窮究其何所極至。若能知其極至，則它便是相對而有限之物，何得爲太極？所以，「無極而太極」意即「無有窮極的極至之理」。圖說中又有一句「太極本無極」，亦是說太極本來就是無有窮極的極至之理。如此會解，則朱陸二家關於〈太極圖說〉之論辯，便可有一解決之基礎。故略解說如上。另一句「定之以仁義中正，而主靜」，周子曾自註曰「聖人之道，仁義中正而已矣。」「無欲故靜」（無欲是消極地說。積極地說，則曰循理故靜）。可知「靜」即是「無欲、循理」，並非與「動」相對而言。

「動亦定、靜亦定、無將迎、無內外」，乃程明道〈人定性書〉之語。意思是說，本心性體之貞定，是無間於動靜的，不能以靜爲定以動爲不定。當本心性體朗現之時，是「動亦定，靜亦定」的，而且是「無將迎，無內外」的。將迎、即送迎。明道指出，人心廓然而大公，物來而順應。心應物之時不是有所迎，亦不是隨物而爲外；不應物時不是有所送，亦不是隔絕事物而在內。陽明認爲，周程二子之學，庶幾合乎精一之旨。

而南宋象山之學，他自己說「因讀孟子而自得於心。」（語錄）《象山文集》中的論學書札，幾乎全都徵引孟子之言。他讀《孟子》之熟，眞已到了深造自得，左右逢源的境地。他是孟子以後眞正了解孟子的第一人。他的生命亦可說是孟子生命之重現。他講義利之辨、復其本心、先立其大，皆是孟子義旨。而陽明於呶呶衆口中明判象山爲孟子學，可算象山之大知音。

晦翁，朱熹之號。朱子對象山之心學不能相契，且常說象山有禪的意思。元代以後，朱子學成爲官學正統，天下人遂衆口一辭，詆象山爲禪。其實，這根本不是眞切之言。儒者之學，無一人不積極肯定人倫常道，無一人不正面承當國家天下之事。而道德意識、文化意識以及民族意識，尤其強烈。而禪家正好遺棄這些，至少不正面肯定這些。儒與佛、二者宗旨立場絕不相同。世人漫忽，根本不知儒家學術的義理綱領及其精神骨幹。看見儒者偶而引用禪宗話頭，或偶而採取禪宗手法以接引來學，便以爲某某人是禪，這種頭腦，這種眼界，如何能講學問！

勦說，謂取人之說以爲己說。雷同，謂人云亦云。觀場、謂看戲。鄉間無戲院，衆人環聚而觀，矮小之人只能耳聞其聲而不能目見其人；世俗之儒，亦多耳食之輩，所以人云亦云。對他人之言論思想既不眞切了解，又不能反求己心以相契悟，這就和告子一樣，犯了「不得於言，勿求於心」的錯誤。

夫是非同異，每起於人持勝心，便舊習，而是己見。故勝心舊習爲患，賢者不免焉。撫守李茂元氏將重刊《象山文集》，而請一言爲之序。予何所容言哉！惟讀先生之文者，務求諸心而無以舊習己見先焉，則糠粃精鑿之美惡，入口而知之矣。

天下學術，當然有是非，有異同。但必須有眞見，而後乃能明辨是與非、異與同。而世人往往挾其勝人之心，而不能平心了解對方；又溺於舊時習聞，而不欲了解新知。因而總以己之所見爲是而以人之所言爲非。這種情形，即使賢者也有時難免，所以陽明深致慨歎。

撫、謂撫州，今江西臨川。象山之家鄉金谿，亦轄屬於撫州。郡守李茂元將重刊《象山文集》，乃求序於陽明。陽明以爲學貴自得。人只要反求諸心，而不以「舊習」「己見」先入爲主，便能見得道理眞切。如此，則學說之精粹粗劣及其穿鑿附會之處，自然無不了然於方寸之間矣。

八十四年六月「東海哲學研究集刊」第二輯

捌、論江右王門的學脈流衍

一、緣起：唐牟二先生有關江右王學的論評

王陽明致良知教，風行天下，而重要者不過三支：一是浙中派，二是泰州派，三是江右派。但此所謂分派，是以地區分，並不表示有義理系統之不同。同一地區有許多人，各人所得，其精粗深淺並不一致，但有一點是相同的，即皆是本於陽明而發揮。浙中派以錢緒山、王龍溪為主，引起爭議者是龍溪。泰州派始於王艮，流傳甚久、甚廣，人物多駁雜，亦多倜儻不羈，三傳至羅近溪而達於精純。江右派人物尤多，是即本文擬加介述的範圍。

黃梨洲《明儒學案》卷十六，對江右王門有一段總評：姚江之學惟江右為得其傳，東廓、念菴、兩峯、雙江，其選也。再傳而為塘南、思默，皆能推原陽明未盡之意。是時越中流弊錯出，挾師說以杜學者之口，而江右獨能破之，陽明之道賴以不墜。蓋陽明一生精神，俱在江右，亦其感應之理宜也。

梨洲全面肯定江右王門能得陽明之傳，但江右王門人物甚多，何人能傳，何人未必能傳，也

須有個分判。唐君毅先生嘗分王學爲二流：❶

其一、由工夫以悟本體之良知學：浙中錢緒山之知善惡、無動於動，季彭山之警惕，江右鄒東廓之戒懼，聶雙江、羅念菴之歸寂主靜，皆屬之。

其二、悟本體即是工夫之良知學：浙中王龍溪承陽明四句教「無善無惡心之體」，逕向「悟本體即是工夫」之方向發展。泰州派之羅近溪以悟性地爲工夫（性地、即良知本性），亦屬此路。

唐先生主要是以「本體、工夫」爲綱而論敘王門諸子之學。其詳見於《中國哲學原論：原教篇》第十三、十四、十五、十六各章。

牟宗三先生對陽明學之論述，早年之《王陽明致良知教》以及《陸王一系之心性之學》三文，可勿論，當以《從陸象山到劉蕺山》第三、四、五各章爲準。依牟先生，王學之分派，實非歷史考索之學，故特重義理之疏導。王門諸子「孰得孰失」、「孰精熟於王學、孰不精熟於王學」、「孰相應於王學、孰不相應於王學」，皆須以「陽明自己之義理爲根據」而評判之，否則「難以的當」也。

依牟先生，(1)浙中派之王龍溪倡說「四無」，其思路並不悖於陽明致良知教的義理，而且是一步應有的調適上遂。(2)但判認「四無」乃爲上根人立教，「四有」乃爲中根以下人立教，此則不妥。須知四有句實乃道德實踐之普遍而必然的方式，是徹上徹下工夫，故不可視

---

❶ 參見唐君毅《中國哲學原論：原教篇》（台北、學生書局）第十四章，頁三六六至三九一。

之爲「權法」。四無句則是在道德實踐中達到的化境，而化境不可以爲教法。故要說教法，實只有四有句一種。(3)亦不可判四有句爲漸教。四有句雖從後天入手（專治意之動），屬於漸的方式，但四有之爲漸並不是後天的展轉對治，它有先天的良知作爲它對治的超越根據。因而四有句這種漸，是可以通於頓的：未至於頓是漸境，至於頓則是化境。❷

龍溪天泉證道之記，其措辭雖不免有疏闊之處，但對於陽明之思路，他實比當時王門諸子皆較精熟。他對陽明之主張，皆遵守而不渝；他專主陽明而不參雜宋儒之說，眞可說是陽明之嫡系。

泰州派從王艮而徐波石，而顏山農，而羅近溪，已是四代。不過，近溪輩行雖晚，而實與龍溪並世，故後世合稱王門二溪。陽明之後，唯二溪能調適上遂以完成王學之風格。以二人相比，牟先以爲龍溪較「高曠超潔」，近溪則較「清新俊逸，通透圓熟」。

江右派人物甚多，但並無統一之風格。爲便於論述江右王門的學脈流衍，特分爲三支一脈，進行評析。

二、江右王學之傳承：三支一脈

1.東廓、南野、明水——陽明之親炙嫡傳

❷ 參見牟宗三《從陸象山到劉蕺山》（台北、學生書局）第三章第二節，頁二六六至二八二。

在《明儒學案》中，江右王門人物最多，共九卷，三十二人。其較著者，親傳弟子中有鄒東廓、歐陽南野、陳明水，以及劉兩峯、劉師泉、何善山、黃洛村。私淑者，則以聶雙江、羅念菴最著。再傳弟子中有王塘南、萬思默、鄧定宇、胡廬山、鄒元標等。本節先介述東廓、南野、明水三人。

(1) 鄒東廓

鄒守益，字謙之，號東廓（西元一四九一至一五六二，七十二歲），江西安福人。初見陽明於贛州，求表父墓。時陽明日夕談學不倦，東廓聽聞之後，忽然有省，曰：往昔疑朱子爲大學作補傳，先格物窮理，而中庸首重愼獨，兩不相蒙。今聞陽明講良知學，乃知格致與愼獨一也。往昔疑慮，今始釋然。於是納拜稱弟子。陽明平宸濠之亂時，東廓建義相從。陽明返越，東廓又往謁見，留止月餘。既別，陽明深念之，曰：以能問於不能，謙之近之矣。可見東廓深得陽明之器重。《明儒學案》（卷十六）本傳有云：

> 先生之學，得力於敬。敬也者，良知之精明而不雜以塵俗者也。吾性體行於日用倫物之中，不分動靜，不舍晝夜，無有停機。流行之合宜處謂之善，其障蔽而壅塞處謂之不善。蓋一忘戒懼，則障蔽而壅塞矣。但今無往而非戒懼之流行，即是性體之流行矣。離卻戒愼恐懼，無從覓性；離卻性，亦無從覓日用倫物也。故其言道器無二，性在氣質，皆是此意。其時，聶雙江從寂處體處用工夫，以感應用處爲效驗，先生言其倚於

內，是裂心體而二之也。季彭山惡自然而標警惕，先生言其滯而不化，非行所無事也。

據此，可知東廓論學，嚴守師門矩矱，無所踰越。學案所錄〈東廓語錄〉與〈東廓論學書〉，皆平正通達而無所沾滯。故黃梨洲曰：

> 陽明之沒，不失其傳者，不得不以先生爲宗子也。東廓之子穎泉，孫聚所、四山、瀘水，皆能世其學，同入學案。

(2)歐陽南野

歐陽德，字崇一，號南野（西元一四九六至一五五四，五十九歲），江西泰和人。甫冠舉鄉試，即從陽明於贛州，陽明呼爲小秀才。官至禮部尚書。南野雖顯達，而實以講學爲事。當時天下士皆知致良知之說，而「稱南野門人者半天下」（黃梨洲語，見學案本傳）。晚年與同門友會講於京師，學徒雲集至千人，其盛爲數百年所未有。南野嘗與鄉先達羅整菴論難良知之學，有云：

> 知覺與良知，名同而實異。凡知視、知聽、知言、知動，皆知覺也，而未必其皆善。良知者，知惻隱、知羞惡、知恭敬、知是非，所謂本然之善也。本然之善，以知爲體，不能離知而別有體。蓋天性之眞，明覺自然，隨感而通，自有條理，是以謂之良知，亦謂之天理。天理者，良知之條理；良知者，天理之靈明。知覺不足以言之也。

南野論及良知與動靜、中和，亦頗簡要肯切。其言曰：

> 靜而循其良知也，謂之致中；中非靜也。動而循其良知也，謂之致和；和非動也。蓋良知妙用有常（定常），而本體不息。不息故常動，有常故常靜。故動而無動，靜而無靜。（答陳盤溪）

《明儒學案》（卷十七）錄載〈南野論學書〉，皆能申論陽明宗旨而無所游移走作。

(3) 陳明水

陳九川，字惟濬，號明水（西元一四九四至一五六二，六十九歲），江西臨川人。《明儒學案》（卷十九）本傳，謂其早歲從陽明於贛州❸，自此三起意見，三易工夫，而莫得其宗。及後入越請益，又與王龍溪相切磋，盡掃平日一種精思妙解之見，從獨知幾微處嚴謹緝熙，工夫纔得實落，於應感處若得個真幾，即遷善改過俱入精微，方見得良知體物而不可遺。格物是致知之實，日用之間，都是此體充實貫通，無有間礙。……始信致知二字，即此立本，即此達用，即此川流，即此敦化，即此成務，即此入神，更無本末精粗內外先後之間（隔）。

❸ 據《傳習錄》卷下陳九川所錄第一則開端，自謂正德乙亥（一五一五）初見陽明於龍江（南京），己卯（一五一九）再見陽明於洪都（南昌），與學案所載之時間先後有不同。

明水論寂感與未發已發，亦不取聶雙江之說（見後文），他是合寂感而爲一。寂在感中，即感之本體；感在寂中，即寂之妙用。陽明所謂未發時驚天動地，已發時寂天寞地。其義一也。（見學案本傳）

學案中所錄〈明水論學書〉，皆切要，如云：「物者意之實也，知者意之則也。故只在發見幾微處用功致謹焉，即是達用，即是立本。若欲涵養本原停當，而後待其發而中節，此延平以來相沿之學。雖若精微，恐非孔門宗旨矣。」

明水性鯁直，宦途不順。致仕以後，周流講學，申論陽明宗旨。《傳習錄》卷下，首列陳九川之所錄，共二十一則，亦可略窺明水學思之大概。

※ ※ ※

陽明親炙弟子中，還有劉兩峯、劉師泉，論見下文。又有何善山、黃洛村，二人皆江西雩都人，並爲陽明高足弟子。陽明巡撫南贛之時，學人會聚，而陽明師旅旁午，少臨講席，即由高弟接引來學。及陽明歸越，何黃二人亦隨至，代師接引來學一如南贛。陽明既沒，與同門會講於南都，諸生往來者恆數百人。故一時爲之語曰：浙有錢王（錢緒山、王龍溪），江有何黃（何善山、黃洛村）。何黃皆不滿聶雙江歸寂之說，惟二人著述失傳，《明儒學案》卷十九載錄二人語錄，可參看。

2. 聶雙江與羅念菴——私淑而滋生疑誤

江右王門中的親炙弟子，皆守護師說而無踰越。既然以陽明先師爲準，當然就顯不出各自的特色。而聶、羅二人則以私淑之故，對陽明之思路並非十分熟悉，於是在隔閡之中各抒己見，反而突顯出特別的論調。

聶豹，字文蔚，號雙江（西元一四八七至一五六三，七十七歲），江西永豐人。陽明在越，雙江以御史按閩，過杭州時，特渡錢塘訪見陽明而大悅。數年後，陽明征思田，雙江致書問勿忘勿助之功。陽明答書，編入《傳習錄》卷中❹陽明卒時，雙江官蘇州，聞訃，乃設位，北面再拜，始稱門生，以錢緒山爲證。據《明儒學案》（卷十七）本傳，雙江之學，獄中閑久靜極！忽見此心眞體，光明瑩徹，萬物皆備，乃喜曰：「此未發之中也。守是不失，天下之理皆從此出矣。乃出與來學立靜坐之法，使之歸寂以通感，執體以應用云云。

羅洪先，字達夫，號念菴（西元一五〇四至一九六四，六十一歲），江西吉水人。二十六歲舉進士第一（狀元），其岳父喜曰，幸吾婿建此大事。念菴曰：丈夫事業，更有許大在。此等三年遞一人，奚足爲大事！據《明儒學案》（卷十八）本傳，念菴十四歲時，聞陽明在贛州講學，心即向慕，欲往從遊，父母以其年幼，不允。及《傳習錄》出，讀之至忘寢食。然念菴終身無緣親見陽明，陽明卒後，門人錢緒山纂述年譜，約請念菴校訂，年譜既定，念菴自稱後學，經錢緒山之力勸，方於年譜中稱門人。念菴嘗居石蓮洞，默坐半榻間，不出戶者三年。靜坐之外，經年出遊，求問師友，不擇方內方外。學案本傳謂念菴之學「始致力於踐履，中歸攝

---

❹《傳習錄》卷中〈答聶文蔚書〉有二。其一爲陽明五十五歲作於越中，其二爲五十七歲十月作於廣西軍旅之中，實乃陽明最後絕筆之重要文字。（次月，陽明卒於班師歸途。）

於寂靜，晚徹悟於仁體」。這三句話嫌太籠統。於此，當就他在王門弟子群起非難雙江歸寂之說時，唯念菴大加讚賞。這一點，才是聶羅二人思路殊特之所在。

雙江與念菴的主要論點，是以「已發」「未發」的方式去想良知，把良知亦分成已發未發。他們以爲，知善知惡的良知，或獨知的良知，乃是「已發的良知」，尚不足恃，必須通過致虛守寂的工夫，歸到那「未發的寂體」，方是眞良知。這是以未發寂體之良知，來主宰已發之良知；而所謂致知，即是「致虛守寂」以致那寂體的良知以爲主宰。此一想法，幾乎完全不合王學的思路。依陽明，獨知是良知，知善知惡是良知，良知隨時有表現，即就其表現當下肯認而致之。因此，眼前呈現之良知（見在良知），在本質上與良知自體無二無別。而「致良知」之致，乃是前進地把良知推致於事事物物，以使事事物物皆得其理，皆得其正。而雙江念菴則以爲歸寂致虛纔算眞良知，如此，則其致知之致，乃是後返而不是向前推致。此亦與陽明不合。

雙江與王龍溪之辯難，凡九難九答，乃王門中一重要之辯論，後來輯爲〈致知議辯〉❺。此一論辯之全部文獻，牟先生曾作完整之義理疏解❻，對於理解王學之所以爲王學，有最爲切當之疏導與說明。如今，我們只問：

❺ 〈致知議辯〉已編入《王龍溪語錄》（台北、廣文書局）卷之六。
❻ 見《從陸象山到劉蕺山》第四章，頁三一五至三九五。

雙江所謂「致虛守寂」，以歸到那未發的寂體；畢竟這良知寂體要不要感應發用？若是不發用，則它便成一個死體，雙江之意自非如此。若要發用，是它自己發用乎？還是另有一個工夫使它發用？雙江之意自亦不會是後者。既是它自能感通發用，又發而自能中節，則龍溪本於陽明之意而說「良知即是未發之中，即是發而中節之和」，又如何能加以反對，而必欲在良知之前求個未發之寂體？良知豈能分為已發與未發兩截，而再在其中來分別主從？世間又豈有被主而為從的良知？

而且，「人所不知而已所獨知」的「知善知惡」的良知若猶不可信，則你所信的那個未發的寂體，又將在什麼契機上發而為善的意？又誰去鑒照這已發的是善意或是惡意？豈不就是那知善知惡的良知乎？若說這知善知惡的良知算不得眞良知，則你那未發的良知寂體更將如何與「意」以及意之所在的「物」發生交涉？你若答道：物來順應而已。但「應」豈不亦是「已發」？且又誰去知它「應」得是與不是、當與不當？豈不還是那知善知惡的良知！你怎能說這知善知惡的良知（獨知）屬於已發而算不得作主的眞良知？不信這知善知惡的獨知的良知，則你那未發的寂體畢竟無從與「意」「物」發生交涉；天下難道竟有與「意」「物」永遠不生交涉的未發之良知寂體乎？

如此步步追究，則那由後返歸寂而得的知體，亦難說是個什麼物了。這樣講王學，如何能說已得陽明之眞傳？當然，致虛守寂工夫並非不可講，但必須遵守致良知教之軌轍，必須不悖陽明之義理。若說學貴自得，何必盡守陽明之軌轍？如此，則脫離王學可耳，又何必依

附王門？既然自居王學，又豈能背離陽明之義理。❼

自陽明提出「致良知」宗旨以後，門人用功大都落在如何保任守住這良知，而即以此「保任與守住」作爲致的工夫。如鄒東廓之「得力於敬，以戒懼爲主」，錢緒山之「唯求無動於動」，皆是爲的使良知能保任守住而常呈現。這些本是常行工夫，所以各人之主張並不影響陽明之義理。假如雙江念菴亦是在這種意義上說「致虛守寂」，便與陽明初期講學之「默坐澄心」「以收斂爲主」的宗旨相似。如此，亦可不影響陽明之義理。經過枯槁寂寞之後，一切退聽，而後天理烱然；這等於是閉關，亦等於是周濂溪之主靜立人極或楊龜山李延平之靜坐以觀未發氣象。

但經過體認寂體或良知本體這一關之後，並不能一了百了。因爲這只是單顯知體之自己，並不表示即能順適地貫徹於事。所以李延平經過觀未發氣象以後，必言「冰解凍釋」，始能天理流行。在良知教中亦是如此。一切退聽而歸寂了，等到出來應事，仍不免有意念之私與氣質之雜，良知天理還是貫不下來；陽明講良知，便正是從此能否貫下來處著眼以言其「致」。致，即是通貫於事之謂。這還得靠良知本身不容已地要湧現出來的力量，所以只言「致良知」

❼ 按、若說弟子後學亦可修正師門義理，此固然。但此不能憑空一句話，必須確有所見，確有所得，眞能在義理上有所調適推進乃可。而雙江念菴之說，平心看來，實只是陽明初期講學之「默坐澄心」之一段工夫，亦有類於李延平「靜坐觀中」之超越的逆覺體證。然聶羅二人並不自知，乃直將良知拆成未發已發兩截，故形成議論上之許多擾攘。

即可。並不須擱下這致良知工夫，而回頭枯槁一番以後返地致那良知的寂體。

總之，雙江念菴之疑誤，即在他們將良知分成未發與已發兩截，而只以前者爲眞。殊不知你證得的未發之良知寂體，仍須出來應事；應事，便仍須致此知善知惡的良知。良知即寂即感，怎能說獨知之良知與知善知惡之良知不是眞良知？若此不是眞良知，則那寂體之良知將永遠不能（知善知惡）發用流行。果爾，便眞要沉空守寂了。如此，則根本不合致良知教之宗旨。由此可知，雙江念菴二人對陽明之義理實不熟悉。他們自己鑽研，當然有其體會自得之處。但以自己之想法，依附陽明一二話頭而夾雜以致辯，便顯得多所扞格；申述自己之思路而又以王學自居，亦顯得別扭而不順適。

3.兩峯、師泉、塘南：漸離心宗而別走蹊徑

宋明儒的心性之學，自北宋以來，是由性宗一步步走向心宗，到陽明致良知教，已發展到了極峯。因此，王門之下隱隱然又顯示另一線的趨向，想要走向性體奧體（所謂性宗），而開啓了脫離王學（心宗）之機。雖然其中有所扭曲而未能成熟，卻又實可視爲劉蕺山思路之前機。所以牟先生特別指出，認爲此一線索值得注意，應該加以疏解。❽

---

❽ 按、牟先生《從陸象山到劉蕺山》第五章，即正式就這一系之思路作評述，言之極爲精闢深透。又，本節凡引述牟先生之說，皆見該書此章。

(1) 劉兩峯

劉文敏，號兩峯（西元一四九〇至一五七二，八十三歲），江西安福人。二十三歲與劉師泉共學，讀《傳習錄》而未能融釋，乃相偕入越見陽明而稟學焉。自此篤志於學，不應科舉。其門下士甚盛，王塘南尤爲著名。當雙江倡歸寂之說時，兩峯先亦致函申辯，及至晚年，乃曰：雙江之言是也。牟先生指出：「王學之歸於非王學，自雙江念菴之誤解始。雙江念菴猶在良知內部糾纏也。自兩峯師泉以至王塘南，則歸於以道體性命爲首出，以之範域良知……就引歸於非王學而言，兩峯尚不甚顯，然晚而信雙江，則亦啓其機也。」據《明儒學案》（卷十九）本傳，兩峯年八十，猶登三峯之巔，靜坐百餘日，謂其門人曰：

> 知體本虛，虛乃生生。虛者，天地萬物之原也。吾道以虛爲宗，汝曹念哉！

兩峯就良知本體而言虛，以爲「知體本虛，虛乃生生。」又說「虛者，天地萬物之原」。此等說法，對良知教有必要否？能有裨益否？所謂「以虛爲宗」，能比「以致良知爲宗，以四句教爲宗」更簡易直截、更平正明達否？兩峯就「知體」而言「虛」，又重「生生」，如此，則只顯良知之絕對性，而歸於對於道體之存有論的體悟。此雖可爲良知教所函，但直接以虛爲宗，則亦漸離良知教「致知誠意以格物」之道德實踐的警策性。而道德實踐義之減殺，當然對儒學之眞精神眞血脈有所違失。

(2) 劉師泉

劉邦采，字君亮，號師泉，江西安福人。師泉長於兩峯四五歲（據王龍溪語錄卷四），卒年八十六，則其生卒年約當西元一四八六至一五七一。早歲偕兩峯入越謁陽明，稱弟子，陽明契之曰：君亮會得容易。《明儒學案》（卷十九）本傳云：

> 陽明亡後，學者承襲口吻，浸失其眞：以揣摩爲妙悟，縱恣爲樂地，情愛爲仁體，因循爲自然，混同爲歸一。先生惄然憂之。謂：夫人之生，有性有命。性妙於無爲，命雜於有質。故必兼修而後可以爲學。蓋吾心主宰謂之性，性無爲者也，故須首出庶物以立其體。吾心流行謂之命，命有質者也，故須隨時運化以致其用。常知不落念，是吾立體之功。常運不成念，是吾致用之功。二者不可相離。常知常止，而念常微也。是說也，是爲「見在良知」所誤，極探而得之。

師泉就心之主宰義與流行義而言性命，乃是他自己的轉解，並不合中庸易傳之原義。他說「性妙於無爲」，故須「首出庶物以立其體」，以達於「常知不落念」；而「命雜於有質」，故須「隨時運化以致其用」，以達於「常運不成念」。「性」以無思無爲、無聲無臭、不容言說以成其妙，故只可說「悟」；「命」之流行不離氣，與氣相雜故有質，有質則不免隨時成滯，成滯故須運化以致其用，運化即是「修」也。此「悟性修命」之說，是他「極探而得」，只因在爲學過程中爲「見在良知」所誤，至今方表而出之。據師泉此言，他亦不信「見在良知」（良知本有，隨時呈現）。此眼前呈現的「知善知惡、知是知非」的良知若猶不信，又將如何「常知不落念」以「立其體」？同時，既以「心之流行」說「命」，又說「命有質」，謂心體流行有質，亦是不諦之詞。

師泉又嘗以金礦喻良知，亦嫌粗略失當。牟先生特加訂正，以金礦中之金喻良知，改以金礦喻生命，使之成爲一個可以表述義理的說法：

> 金礦，比喻衆人之生命。衆人之「生命」不免純陰無陽，唯良知乃爲純陰生命中之眞陽。衆人生命中之「良知」，猶如金礦中之「金」。必須礦中有金，方能鍛鍊出金子；同理，必須生命中有良知，乃能致良知以使之朗現。是故，良知乃本有者（良知見在）。致吾本有之良知，即所以立體；致知誠意以格物，即所以致用。❾

經過如此訂改，即可以回歸於致良知教。師泉雖亦如雙江念菴以知善知惡之良知爲已發，但雖屬已發，卻「並非不足恃」。其義旨可作如此之簡述：

1.既屬已發，則須有「未發無爲」之「密體妙體」（性體）以範域之，故「以性命爲首出」。

2.既非不足恃，則亦可由之以立體，故以「常知不落念」爲立體之功。

如此，即可走上「以心著性」之路。因爲心「常知、常運」，即表示心之「覺照、感通」，而可以形著那「未發、無爲」之性體。但師泉之講論，並未達到如此明徹的境地。所以終須有劉蕺山出來，才能完成「以心著性」一系之義理。（劉蕺山與胡五峯，實乃不謀而合。不謀而能合，表示心性之學的義理有必然性；義理當有之論旨與間架，遲早必出現也。）

---

❾ 同上，頁四一四、四一五。

(3)王塘南

王時槐，字子植，號塘南（西元一五二一至一六〇五，八十五歲），江西安福人。據《明儒學案》（卷二十）本傳，塘南弱冠即師事劉兩峯，並求質於四方學者。五十歲罷官，反躬潛思三年，而有見於空寂之體。又十年，漸悟生生眞機無有停息，不從念慮起滅。學從收歛而入，方能入微。故以透性爲宗，以研幾爲要。對於良知之學，塘南認爲：知者，先天之發竅也。謂之發竅，則已屬後天矣。雖屬後天，而形氣不足以干之。故知之一字，內不倚於空寂，外不墮於形氣，此孔門之所謂中也。

依牟先生之分判❿，塘南雖師事兩峯，而後來之思路卻更接近師泉。而師泉、塘南對良知之了解，雖較雙江、念菴爲諦當，但黃梨洲所謂「未有如此諦當」，則又言之太過。塘南之學，可作如下之簡述：⓫

(1)他順師泉之意，說「性」是先天之理，性理不假修，只可言悟；「命」是性之呈露，不無習氣隱伏，故可言修。而修命即是盡性之功夫。

(2)在塘南，「知」是先天（性）之發竅，屬於後天；性，方是先天之體，必須透性，故「以透性爲宗」。「意」是知之默運，是生生之密機。有性，則常生而爲意；有意，

❿ 同上，頁四二一至四二六。

⓫ 據《明儒學案》（卷二十）〈塘南論學書〉與〈語錄〉，並參閱同註❾，頁四二六至四四七。

則漸著而爲念。而知覺與意念，皆是命，皆是性之呈露，就此呈露而說研幾，故「以研機爲要」。

(3)知覺、意念，既是性之呈露，故是發；戒愼恐懼，澄然無念（澄然無念，是爲一念，念之至微者也），亦是發。凡「實然呈現」而可說者，皆是發。而實然呈現的所以然之理，無形相無聲臭而不可說者，方是未發之性。如此，則是落於「然與所以然」之方式說性。性，只是一「生之理」（所以然）；呈露則是生之實」（然）。於是，性體只是理，只存有而不活動，此近於朱子，而又不及朱子之清楚一貫。

(4)綜觀塘南之意，乃是由「性體」下衍於「知覺意念」，先從未發說已發；復由「知覺意念」上溯「性體」，從已發溯未發。雖說「以透性爲宗，以研幾爲要」，但與陽明「致良知」對較，即可發現塘南之說，在工夫上實非警策，而眉目分際亦不顯豁（如知、命、發、未發等）。

(5)所以，牟先生指出：(a)塘南以知爲命，已非王學。依王學，知即是體，不可說「知在體用之間」，亦不可以知爲命。(b)塘南亦不全合朱子學。朱子不說「知覺意念是性之呈露」，亦無所謂「在體用之間」的「知」。(c)塘南亦走不上「以心著性」。因爲以心著性一系所謂之心性皆是體，心即是性、即是理。而不說「心爲性之發竅，屬後天」。

(6)在「悟性修命」此一系統之中：性，爲未發之理，爲無爲，爲不可說；而凡屬心者（知覺意念），皆是發。性體只是理，只存有而不活動。將性體之活動義劃歸爲性體之呈露，又指此呈露屬後天，並非性體之自己。如此心性爲二，自非王學。

據上所簡述，數百年來象山陽明辛苦發憤而透顯的心體知體，經雙江念菴之疑誤扭曲，接以兩峯師泉塘南之講論，乃又退縮回去，認爲本心良知不自足，必須歸到空寂密體，而以性命來範域良知。在此乃可見出，此江右諸人，對師門致良知教之思路與義理，有所不明不透；而宋明心性之學（在「心性是一」、「心性爲二」兩系之外）有意義的發展，乃不得不歸於劉蕺山之「以心著性」。

※ ※ ※ ※

4.羅近溪的造詣——王學的圓熟之境

據《明儒學案》，羅近溪並不在〈江右王門學案〉之中，而列於〈泰州學案〉。但泰州學派亦是王學，而近溪籍隸江右，故不能外於江右王門。本文以「三支一脈」評述江右王學，應屬允當。

羅汝芳，號近溪（西元一五一五至一五八八，七十四歲），江西南城人。據師承推算，他是陽明四傳弟子（王心齋、徐波石、顏山農、羅近溪），但在年輩上，他和王龍溪是並世的人（近溪少龍溪十七歲，亦後卒五年），世稱王門二溪。近溪二十六歲開始師事顏山農，三十歲舉會試，與徐波石等聯講會於京師，忽聞父有疾，遂不赴廷試而歸。三十三歲，赴吉安再謁顏山農，並遍訪鄒東廓、劉師泉、聶雙江、羅念菴，商量學問。三十八歲受江西撫台敦促北上應試，次年進士及第，又與歐陽南野、聶雙江等，聯同志數十百人爲講會，歷時兩月之久。後歷任太湖知縣、刑部主事、寧國、東昌知府、遷雲南屯道副憲、轉左參政，六十三歲致仕，十年之間，或家居，或出遊，一意講學，無日或間。臨終，猶爲門人講學不輟。又告諸孫曰：「諸事俱宜就實」。孫問，去後有何神通？答道：「神通變化，皆異端也，我只平平。」

有人認爲，近溪之學的特點，是「歸宗於仁，以言一體生化。」這個說法，並不中肯，因爲以仁言一體生化，程明道早已講得充盡而明徹，不應又以此義作爲近溪學的特色。牟先生論王門二溪之學，最爲精透。⑫嘗云，若以二溪相比，龍溪較爲高曠超潔，而近溪則更爲清新俊逸，通透圓熟。而近溪之所以能夠達於此境，一因本於泰州派言「平常、自然、灑脫、樂」之傳統風格；二因特重光景之拆穿；三因歸宗於仁，知體與仁體打成一片，以言生化與一體。所以，陽明以後，眞能調適上遂，以完成王學之風格的，正是二溪。

據黃梨洲對羅近溪之論述（見《明儒學案》卷三十四、近溪本傳），可以看出近溪的工夫經歷，以及他造詣的輪廓。陽明良知之學，風行天下，而「良知」當然必須在日用之間流行（在視聽言動、日常生活之中發用），但如果沒有眞實工夫來支持，則所謂流行發用便不免成爲隨意之揮灑，只成爲一種光景（此是光景之廣義）。反之，如果不能使良知具體地流行於日用之間，而只懸空地去描畫良知心體如何如何（某些取徑於靜坐工夫者，常謂在靜坐中見得一線光亮云云，大體即是此類），如此，則良知本體亦遂成了光景，供彼玩賞（此是光景之狹義）。而聖門工夫，既要拆穿那「空描畫流行」的廣義的光景，亦須拆穿「空描畫良知本身」的狹義的光景。其實，良知本身，

⑫ 牟先生盛稱羅近溪語錄：《盱壇直詮》（台北、廣文書局），以爲由該書最能見近溪講學之風格路數。有關他對近溪學之綜述，參閱《從陸象山到劉蕺山》第三章第二節之(2)，頁二八二至二九八。

無聲無臭，不可描畫；彼所描畫者，實只是良知投映出來的光影。而欲拆穿光景，便須有眞實的工夫。順泰州派的家風而作眞實工夫，以拆穿良知本身的光景，使良知明覺眞實地流行於日用之間，並同時即此而言「平常、自然、灑脫、樂」，是即近溪顯示特殊風格的所在。

宋明理學發展到王陽明，義理的分解已到盡頭。依陽明之教，無論「天、道、性、理」全都是虛說，唯有「本心」才是實說。問題發展到這裡，義理的核心只收縮成爲一個良知本體，一切都只是知體的流行，只是知體的著見發揮。要說天，良知即是天；要說道，良知即是道；要說理，良知即是理；要說性，良知即是性；要說心，良知即是心。如果再關聯其他的觀念如「意」與「物」，或者致良知以外的其他種種工夫而言，陽明的分解，亦已做得了無餘蘊。因此，順著王學下來，只剩下一個「光景」的問題。如何破除光景，而使「良知天明」具體而眞實地流行於日用之間，這個問題乃成爲歷史發展的必然，而近溪就承當了這個必然，所以他的學問風格亦專門以破斥光景爲勝場。

正以此故，近溪一切話頭與講說，全是就著「道體之順適平常與渾然一體而現」這個意思來說話，除此之外，並無新說可立。但這種「道體平常」的順適與渾淪，就人的體現受用而言，實非容易。單只提揭「致良知」爲口訣，亦仍然不足盡其蘊。[13]陽明致良知「四句教」，說得平停穩妥，龍溪又將四句教推至究竟之處，而有「四無」之說。就義理境界的陳述而言，到此更無剩義，只看如何眞實地使良知表現於日用生活耳。所以近溪不必再立綱維、再提宗

---

[13] 按、就立綱維而言，「致良知」三字即足以概括。但從眞實體現上說，則不能靠口訣以盡其蘊。

旨。黃梨洲所謂「當下渾淪順適」以及「工夫難得湊泊，即以不屑湊泊爲工夫」。這種「不屑湊泊」的工夫，必須通過光景的破除，而以一種無工夫的姿態而呈現。而此「無工夫的工夫」，卻正是一個絕大的工夫、弔說的工夫。這不是義理分解上的另立新說，乃是根本無說可立，甚至亦無工夫可立，唯是求當下之呈現。而這一個勝場，乃不期而爲羅近溪所代表。（若問近溪果已達致此境否，則是另一問題，要之，他的特殊風格確在於此，則無可疑。）《盱壇直詮》卷上有云：

> 此心（天然靈妙渾然的心）儘在爲他作主幹事，他卻嫌其不見光景形色，回頭只去想前段心體，甚至欲把捉終身以爲純一不已，望顯發靈通以爲宇泰天光，用力愈勞，而達心愈遠矣。
>
> 此心之體極是微妙輕清，纖塵也容不得。世人苦不解事，卻使著許多粗重手腳，要去把捉搜尋。譬之一泓定水，本可鑑天徹地，才一動手，便波起明昏。世人惟怪水體難澄，而不知自家亂動手腳也。

順近溪這種工夫指點來看，一切分解的講說，譬如關於正心、誠意、致知、格物層層關係的解說，都只是爲了建立義理的綱維，開出實踐的軌轍。但眞正做起工夫來，則並沒有分解的軌轍可言，而必須推進一步以達到那「無工夫的工夫」。若說這仍然是一種軌轍，則它乃是弔詭的軌轍，而非分解的軌轍。對於當下體現流行而言，那一切分解的綱維，都成爲外在的、表面的。而眞實切要的工夫，只在破斥光景，以達於「順適平常，眼前即是」。這就是黃梨洲所謂近溪能「一洗理學膚淺套括之氣，當下便有受用」[14]；亦是牟先生說他「更爲清新俊逸，通透圓熟」之故。

宋明理學本不同於一般的「專學」。當分解地說時，它雖然亦有系統、有軌道、有格套，因而亦好像是一套專學，但當它付之實踐時，則那些「系統相、軌道相、格套相、專學相」，便一齊消化而不見。這時候，除了現成而本有的良知流行於日用之間以外，便什麼也沒有。這一套義理可以使你成爲一個「眞人」，但卻不能使你成爲一個「專家」。如果你學了這一套「生命的學問」而竟不能成就人品，而只想在這裡成爲一個專家，便已落於下乘；若復以專家自居而沾沾自喜，便更是下下之乘了。

三、結論：兼述江右學風之特色

北宋諸儒，上承儒家經典本有之義，以開展他們的義理思想；其步步開展的理路，是由中庸易傳之講天道誠體，回歸到論語孟子之講仁與心性，最後纔落於大學講格物窮理。到了

---

[14] 見《明儒學案》（卷三十四），近溪本傳。「套括」意猶平常所謂「八股」，是表示庸俗。但這不是說理學家（如程朱陸王）亦膚淺庸俗。程朱陸王之貢獻在建立義理綱維。義理綱維不是「套括」，但人若墨守固滯之、便漸形成套括而庸俗矣。而近溪則在工夫作用上破斥光景，以當下受用，故能洗脫膚淺庸俗之酸腐固陋。

宋室南渡，胡五峯消化北宋儒學而開出湖湘學統，朱子遵守伊川之理路而另開一系之義理，象山則直承孟子而與朱子抗衡。理學之分系，於焉成立。

江西雖爲陸學家鄉，但朱子之學亦同樣在江西傳衍。文天祥（江西吉水），雖非學術人物，但其師承出於朱子一系；而元儒吳草廬（江西崇仁）亦系出朱子，唯其論學則兼取朱陸。明代初期，南方理學以朱子系之吳康齋（江西崇仁）爲中心，胡居仁、婁諒、陳白沙（胡、婁，皆江西人），同出康齋之門。陳白沙別走蹊徑，開啓明代心學之緒。而一度問學於婁諒之王陽明，更創致良知教，而王學又特盛於江右。據此簡單之敘述，可知江右地區，並無學派門戶之畛域；其學風之表現，主要是依乎儒家義理演變之進程而爲轉移。

南宋理學開爲三系，「心性爲二」之朱子系廣大流衍，「心性是一」之象山系亦傳布於江西與浙東。自元及明，朱子系取得官學正統之地位，象山系隱伏民間而少露聲光，及陽明出而稱揚象山，心學大盛。唯胡五峯「以心著性」之義理間架，則長久沉沒而無人聞問。但既爲儒家心性之學理所當有之義理間架，便遲早會有所顯、有所立。「以心著性」之義理雖到明末劉蕺山才充分完成，而其前機則已在江右王門之演進中開始顯露。

陽明之親炙弟子東廓、南野、明水等，持守師門宗旨，是江右王門之正嫡。私淑之雙江、念菴則依附良知學而橫生枝節，以未發已發之方式想良知（擬想有未發之寂體而與已發之良知不同），乃引出許多對良知之疑誤。另有雙峯、師泉、塘南，則又以道體性命爲首出，欲回向性體、奧體（性宗）而開啓脫離王學（心宗）之機。雖尚有扭曲而未達成熟，但又實可視爲劉蕺山思路之前機。

本文之作，主要即在敘明江右王門有此三支。而論及江右王學者，無論褒貶，皆當知悉此中之分別差異，乃能言之相應而中肯。而本文之所以兼述近溪學之風格，則因泰州派發展到近溪，可以代表良知學之圓熟境界。而平常言及王學末流之弊，多半是指泰州派下諸人之不平不正（近溪之師顏山農與近溪之同門友何心隱亦在其中）。唯近溪「清新俊逸、通透圓熟」，可謂能正師友之偏狂，而為王門之肖子、理學之功臣。雖系屬泰州，又實為江右王門之一脈，故亦列為一節而略作介述。

八十三年十二月，出席香港「第三屆當代新儒學國際會議」論文

玖、宋明理學的殿軍——劉蕺山

劉宗周，字起東，號念臺，學者稱蕺山先生，浙江山陰人。生於明神宗萬曆六年，卒於南明福王元年（西元一五七八—一六四五），年六十八。

先生爲遺腹子，家酷貧，益奮勵。二十四歲成進士，歷任朝職，累官至左都御史。秉性剛直，曾三度革職爲民。崇禎帝雖心知先生之賢，然屢次召對而又不納其忠直之言。北京陷時，先生正革職家居，福王即位，起復原官，自稱草莽孤臣，力主討賊；而權奸讒謗忌害，又告退歸鄉。及南都破，浙省降，先生方食，推案慟哭，遂不食。有勸以文文山、謝疊山故事者，先生曰：「北都之變，可以死，可以無死，以身在田里，尙有望於中興也。南都之變，主上自棄其社稷，尙可曰可以死可以無死，以俟繼起有人也。今吾越又降矣，老臣不死，尙何待乎？若曰不當與城共存亡，獨不當與土共存亡乎！」遂絕食二十三日而卒。前十日尙進茗飮，後十三日滴水不進，與門人問答如平時。

按先生謂聖學唯在求諸己而盡己，其爲明亡而殉節，自謂乃因君親家國之念重。又謂高攀龍殉節時，「心如太虛，本無生死」之言，爲近禪，而不以之爲然。蕺山之意，蓋謂心如太虛，猶是一形上學之陳述；而次句只因心本無生死，遂謂我無死之可言，此則並非盡倫而死，且於盡己之義亦有所憾。須知「盡己」、「盡倫」，其義一也。人倫之事與天下事物，須當攝於一己。唯眞盡己者，乃眞能通天地萬物爲一心；而聖人之盡倫與王者之盡制，亦無非盡己而已。儒者之學，充天塞地，無內無外，一人己而貫古今，合物我而通宇宙，此所以爲大中至正之道也。

蕺山爲理學之殿軍。其晚年所著「人譜」一書，近裡著己，實自道平生所得力，嘗舉作聖工夫六事：⑴凜閒居以體獨，⑵卜動念以知幾，⑶謹威儀以定命（天命之性不可見，而見於容貌辭氣之間，莫不有當然之則，是即所謂性也。故曰威儀所以定命。亦即張子所謂知禮成性，變化氣質之意也。）⑷敦大倫以凝道，⑸備百家以考旋（旋，反也，考旋，謂反身考查也。）⑹遷善改過以作聖。——由此可見其內聖工夫之緊切。

至其論學之言，則精微而隱奧，後人鮮能明其宗趣。（即使其弟子黃梨洲，對師門之學，亦未有深切中肯之契知。）牟宗三先生於「心體與性體」書中表述其學，最爲精當。蕺山學之中心義旨，可綜括爲二：㈠嚴分意念，攝知於意。㈡誠意愼獨，歸顯於密。（解見後）茲先約述蕺山學的主旨如下：

㈠由嚴分意念，攝良知於意根（知藏於意）而言心體；由「於穆不已」而言性體。以心著性，性不能離心而見。

㈡融心於性，心有定體有定向而不漫蕩，則不但良知可不流於「玄虛而蕩」，即最微之意根亦得成其爲「淵然而有定向」。

㈢攝性於心，性體成其爲具體而眞實之性體，而不只是宇宙論地言之或客觀地言之的、形式意義之性體。

㈣如是，則「心宗」、「性宗」合而爲一，性體不失其超越性與奧密性；而心體向裡收，向上透，既見其甚深復甚深之根源，而亦總不失其形著之用。故工夫只在「誠意」、「愼獨」以斷妄根，以徹此性體之源。

一、嚴分意念，攝知於意

蕺山鑑於王學末流之弊，不失之「情識而肆」，則失之「玄虛而蕩」，乃倡說誠意之教。其義理之進路，是嚴格分判「意」與「念」，而攝良知於意根。以爲「意」者，乃心之所存，而非心之所發。好善惡惡之意，即是無善無惡之體。（無善無惡，意謂超越善惡之對待，無善相無惡相。此無善無惡之體，即是意根誠體，亦即性體心體。）

明儒學案卷六十二蕺山學案，載其言曰：

> 心無善惡，而一點獨知，知善知惡。知善知惡之知，即是好善惡惡之意。好善惡惡之意，即是無善無惡之體。此之謂無極而太極。意者心之所存，非所發也。或曰：好善惡惡，非所發乎？曰：意之好惡，與起念之好惡不同。意之好惡，一機而互見。起念之好惡，兩在而異情。以念爲意，何啻千里！

按、陽明之教是致良知，蕺山之教是誠意。⑴在陽明，以致良知爲先天工夫之關鍵，而意則劃歸於經驗層（心之所發爲意，意與念不分），故良知能致則意自誠、心自正。⑵在蕺山，則嚴分意與念，以誠意爲先天工夫之關鍵，而心之所發的「念」，則屬於經驗層，故意誠則心正，既以「誠意」爲工夫著力處，自不必再說致良知。——依陽明，良知即是「獨知」時，而依蕺山，良知即是意之不可欺，不自欺則意自誠，意誠則良知自現，是爲「知藏於意」。知善知惡之「知」，即是好善惡惡之「意」，知與意融於一，皆是純粹至善而無對待相與生滅相者，故又曰：「好善惡惡之意，即是無善無惡之體」。此體即是至精微而絕對之獨體。（是知體亦是意體，是心體亦是性體。）

「意」是超越的純粹至善之絕對自肯，故是「心之所存」，而非「心之所發」。心之所存主而不逐物者，是「意」（意根）；心之所發逐物而起（即軀殼起念）者，則是「念」。⑴意是絕對善的意，是善的自肯，是謂「一機」。善的意，既好善，亦惡惡，是謂「互見」。⑵念是逐物而起，逐於此則著於此，逐於彼則著於彼，故「兩在」。念之好，是著於此而不著於彼（好善不好惡），念之惡，是不著於此而著於彼（不惡善而惡惡）；念之好與惡，各與物凝成一特殊之限定，故曰「異情」。「互見」是一機二用，「異情」是善惡兩分。

蓋念之好惡亦可有善的，但不必善；即使是善，亦是相對的限定之善（事上之善）。而意爲心之所存，由好善惡惡而見，故意乃純善而無惡者。其有善有惡者，乃是心之所發的念。以是，蕺山亦立四句教：「有善有惡者心之動，好善惡惡者意之靜，知善知惡者是良知，有善無惡者是物則。」按、「物則」二字本於大雅蒸民之詩。物則即天則，天則即是意知獨體所呈現或所自具的、體物不遺之天理。

蕺山之意，蓋以良知呈現，一體平鋪，不免有顯露之感。又因良知天生現成，人或不免輕易視之。今攝知歸意，良知藏於意根誠體，將良知緊吸於性天，如此乃可保住良知之奧密性，使人戒懼慎獨，而有「終日乾乾，對越在天」之象。此即蕺山必攝知於意，以言誠意學之故。

二、誠意慎獨，歸顯於密

蕺山誠意慎獨之學，直本於中庸首章與大學誠意章而建立。他既不似朱子之就格物致知而開出「道問學」之途徑，亦不似陽明之扭轉朱子格物致知之講法，而開出「致良知」之途徑。致良知是由道問學而內轉，而誠意之教則又就致良知之內而再內轉，此之謂「歸顯於密」。《明儒學案》載蕺山之言曰：

> 大學言心不言性，心外無性也。中庸言性不言心，性即心之所以爲心也。中庸之愼獨與大學之愼獨不同。中庸從不睹不聞說來，大學從意根上說來。
>
> 獨是虛位。從性體看來，則曰莫見莫顯，是思慮未起，鬼神莫知時也。從心體看來，則曰十目十手，是思慮既起，吾心獨知時也。然性體即在心體中看出。

慎獨之「獨」字是虛位，它所意指之「實」即是性體與心體。「上天之載，無聲無臭」，「維天之命，於穆不已」，皆指性體而言，此是「思慮未起，鬼神莫知」，而唯是「於穆」之「

不已」。此是超自覺的境界。蕺山嘗言：「意根最微，誠體本天。」然雖至隱微，而亦至明顯（莫見乎隱，莫顯乎微）。此即所謂「森然」。性體在此，道即在此，故戒愼恐懼於不睹不聞，而即就此不睹不聞以愼其「獨」。惟中庸繼愼獨之後，又言「致中知」，是則表示性體上之愼獨，終必落在心體上說（致中和之「致」的工夫，便是從心上說），故大學即從意之「毋自欺」以言愼獨。毋自欺即是意誠，誠意亦即愼獨。心體之「意」是不能自欺的，所謂「十目所視，十手所指，其嚴乎」，此是「思慮既起，吾心獨知」之時，是自覺而不自欺的境界。

蕺山謂「性體即在心體中看出」，從心體看獨體，則獨體即在自覺中，是即獨體之「對其自己」。若從性體看獨體，則獨體只是「於穆不已」，是在超自覺中，即獨體之「在其自己」。(1)「在其自己」是「存有原理」，表示性體之存有；(2)「對其自己」是「實現原理」，表示性體通過心體而呈現而形著。(3)心體性體通於一，則爲「在而對其自己」，是既內在而亦超越。性尊而心亦尊。——蕺山由心宗之意體（獨體）形著並浸徹性宗之性體（亦是獨體），正是胡五峰「以心著性」「盡心以成性」之義。而攝知於意，以意體言心，則是蕺山之學最殊特處。

在陽明，由良知之獨知之言愼獨，在蕺山，則攝知於意，由誠意（意之毋自欺）以言愼獨，二者義實相承而不相背。唯王學至末流而生弊，則蕺山此步「歸顯於密」之內轉，在內聖工夫上實有其警策之意。——（按、江右王門劉師泉，與劉兩峰之門人王塘南，皆欲向性體奧體（所謂性宗）走，是已開啓脫離良知教（心宗）之機，而未達於成熟。（請參看拙撰「論江右王門的學脈流行」一文二之三，該文已編入本書卷下：「理學新詮」之捌。）蕺山攝知於意，歸顯於密，不期然而完成此一思路，而又與五峰「以心著性」之路不謀而合，可知義理之發展，固有其必然性也。又江右鄒東廓歐陽南野等，皆謹守陽明之矩矱。另聶雙江羅念菴（皆陽明私淑弟子）歸寂之路，則相當於陽明之默坐澄心——後三變之第一階段，不足以言義理之轉進發展。故江右王門實當約爲三支（鄒東廓、歐陽南野爲一支，聶雙江、羅念菴爲一支，劉師泉、王塘南爲一支）。至於羅近溪則屬泰州派下，可別講。）

三、述學見志，以道自任

蕺山〈證學雜解〉（見《明儒學案》六十二卷）有云：

嗟乎，人心之晦也！我思先覺其人者，曰孔氏。孔氏之言道也，約其旨曰中庸，人乃知隱怪者之非道，而庸德之行，一時弒父與君之禍息，則吾道之一大覺也。

歷春秋而戰國，楊墨橫議，孟子起而言孔子之道以勝之，約其旨曰性善，人乃知惡者之非性，而仁昭義立，君父之倫益尊於天壤，則吾道之一大覺。……

又千餘載，濂溪乃倡無極之說，其大旨見於通書，曰：誠者聖人之本。可謂重下註腳，則吾道之一覺也。

今天下爭言良知矣……時節因緣，司世教者又起而言誠意之學……爭之者曰：意，稗種也。余曰：嘉種。又曰：意，萌芽也。余曰：根荄。是故知本所以知至也，知至所以知止也。知止之謂致良知，則陽明之本旨也。今之賊道者，非不知之患，而不致之患。不失之情識，則失之玄虛，皆坐不誠之病，而求於意根者疏也。故學以誠意爲極則，而不慮之良知於此起。照後覺之任，其在斯乎！

按、蕺山嘗謂：「孔孟既沒，有宋諸大儒起而承之，厥功偉焉。宋亡二百年後有陽明子，其傑者也。夫周子，其再生之仲尼乎！明道不讓顏子，橫渠、紫陽，亦曾子、子思之流亞，而陽明直追孟子。自有天地以來，前有五子，後有五子，斯道可爲不孤。」（按「前有五子」，謂孔子、顏子、曾子、子思、孟子。「後有五子」，謂周子、大程子、張子、朱子、陽明。）蕺山述學統以見己志，既示其承先啓後、肩負斯道之擔當，亦見其文化意識之強烈與信念之堅定。蕺山誠不愧爲宋明理學之殿軍。

莊子天下篇有云：「神何由降？明何由出？聖有所生，王有所成，皆原於一。」儒家心性之學，正可迎接神明於自己之生命中，而引發自己生命之神明，以成潤身之德，進而開出潤物之道。晚明諸儒由內聖轉外王，本是一條爲生民立命、爲萬世開太平之路，可惜滿清入關，大明淪亡，民族文化生命橫遭壓抑而日以閉塞，乃形成三百年下墮之勢，此深可痛警者也。居今日而講文化，必須內聖外王同時並建。內聖之學乃所謂「道統」（文化之統、生命的學問），外王之學則當兼攝「學統」（含邏輯、數學、科學）與「政統」（指國家、政治、法律）兩行，以期充實而光大之。必如此，方足以完成文化建國與政治建國之使命，以使我中華民族永垂無疆之休。

八十四年十月改訂

餘論

壹、二十星霜話鵝湖

鵝湖，是二十年前由青年學生創辦的刊物。由於得到唐君毅、牟宗三兩位先生的讚許鼓勵，又得到幾位中年學者的精神加盟和實質支持，於是學問的嚮往加強了，文化理想提高了，而精神的凝聚力也漸次強固起來。

鵝湖創辦之初，沒有錢發稿費，十年二十年之後，還是沒錢發稿費。但凡是具有人文情懷與文化意識的學者，無分老中青，無分海內外，都樂意在鵝湖月刊發表文章。

鵝湖不只是一個刊物，也同時是一個學園。當然，它形式很鬆散，但卻熱力內歛，心志彌堅；它常有無力之感，但卻始終護持理想，篤守信念，而能綿綿穆穆地持續不懈。

鵝湖的影響，漸漸擴散到非學術界，於是有人打聽鵝湖的背景，查詢鵝湖是誰支持的？其實，鵝湖從來不和權勢接觸，有權有勢的也未必支持理想特高的鵝湖。倒是牟宗三先生在閒談中說過一句話：「我們的後台老闆，是孔子。」這樣的後台，夠高、夠大、夠體面了吧！但如果你自己沒有精誠的貫注，沒有像樣的表現，後台老闆也起不了作用。反之，你若能自尊自覺、自立自強，這家後台便隨之顯發大作用，大力量。鵝湖做得到否？我看還須反求諸己，而後得之。

鵝湖除了月刊，還另外出版學術性更爲謹嚴的「鵝湖學誌」，一年出兩期，前四期託文津出版社印行，後十期改由東方人文學術研究基金會出版。同時，「鵝湖學術叢刊」也已出書二十餘種，託文津印行。至於鵝湖出版社自己出的書籍卻並不多，因爲財力不足，人手不夠，忙不過來。

通向社會、通向學術的活動，鵝湖連續舉辦過各種文化講座，先後假中華文化大會堂等處舉行。最近兩年，特請牟先生在鵝湖文化講堂主持哲學講座，每週開講。可惜一代宗師已歸道山，而今而後，後輩繼踵，文化學術的責任，將益發沉重而莊嚴了。

在學術會議方面，民國七十一年開始舉辦「鵝湖學術論文研討會」，每年一次，邀請臺港學者提供論文，宣讀討論。七十九年起，又和東方人文學術研究基金會合作，每隔一年，舉辦「當代新儒學國際會議」，頭兩次在臺北，第三次在香港。除了兩岸三地，還有美、加、韓和南洋、澳洲的學者參加。

由於二十年來的精誠努力，鵝湖已然成爲當代新儒學的重鎭，甚至有人還提出「鵝湖學派」的名稱。這種稱號，不是鵝湖成員所希望的。我們只論是非，不落門派。道之所在，尊之；理之所在，從之。如此而已。

最後，還應提一件事。鵝湖發動的「兒童讀經班」，已在臺北臺中一帶次第展開，父母兄姊陪伴兒童一起朗誦注音經文（暫不講解），深醇和樂，非常有味。這是人文教化的始基。如得大人先生們注意及之，則國族幸甚，人文幸甚。

一九九五年九月二十七日

貳、憶念傅偉勳教授

我聽聞偉勳兄之名甚早。民國四十五年，牟宗三先生由師大轉東海，而勞思光先生得香港友聯之支撐，主編「自由學人」季刊，幾乎每期都有唐先生、牟先生的文章。接著，劉述先兄台大哲研所畢業，也應聘到東海任教。他的碩士論文是講語意學的，也由牟先生介紹到「自由學人」連載。同時他又介紹窗友傅偉勳一篇講耶士培的文章，請牟先生推薦給「自由學人」發表。我因常到東海看望牟先生，所以知道台大有一位新竹籍的雋才傅偉勳，但一直無緣見面。

民國六十八年，我離開華岡轉到東海任教。某日，華岡轉來偉勳兄從美國寄來一封信。首先他說：貴系好幾位教授，經常發表講中國哲學的文章，看來華岡已經成爲講中國哲學的重鎮。那時我雖已離開華岡，但偉勳的話還是很受聽的。他又說他拜讀牟先生的「心體與性體」，一直摸不到門路，最近讀了兄台的「宋明理學北宋篇」，終於能弄清楚一些線索，感到非常愉快。他又問道：你有一本「王陽明哲學」，能不能請你簽名送我一本？我對偉勳說話的方式和爽直的性情，大有好感。於是便把「王陽明哲學」航空寄贈給他。他很快回信來，說：你用比書價貴一二倍的郵費航空贈書，使我感動得全身發熱，連夜快讀一遍，淋漓酣暢，爲之歎賞不已。又說：你這本書，有解析，有評論，有考證，比起近年所見講王陽明的書文，超勝很多，可謂出類拔萃之作。偉勳的話，自屬溢美。但一本著作，得到朋友如此讚賞，又豈能無知音之感。

六十九年十月，我應邀到漢城出席東洋學國際會議。返台以後，以「韓國紀行」爲題，記述一週之間開會和訪遊的種種，分上下篇發表於鵝湖月刊。偉勳讀了，大爲高興，來信說「老兄在韓國耀武揚威，令人羨煞！」他這樣說，當然不免誇張。我在漢城演講、座談以及在大邱夜話，雖不免有些爭議和討論，卻說不上有什麼威武可以揚耀。而偉勳話匣子一打開，便不易收煞，他順著所謂耀武揚威便又說到金庸的武俠小說如何如何，還問我看不看武俠小說，別人的可以不看，金庸的一定要讀。又表示他要開始重新鍛煉寫中文，二三年後若能跟上「吾兄的水準」，便打算寫一部武俠小說，要超越金庸，至少在融攝禪佛教入武俠小說這一點上，一定要超過他。若干年前，我也看過老本的「射雕英雄傳」，如今偉勳說得如此興會高昂，便上街把金庸幾部長篇一起買回來。那年寒假，我們全家（我、我妻、我子、我女）看金庸，不分晝夜，昏天黑地，看得不亦樂乎！從那以後，偉勳逢人必說「蔡仁厚全家看金庸，是我推薦的」，言下非常得意。遺憾的是，他想寫一部「超越金庸」的武俠小說，如今只能是一件回憶中的美事了。

偉勳治學的路數，很有他的獨特性，而引啓他讀哲學的力量，卻來自牟先生一篇短文。那時他在新竹中學讀高二，有一天看到「台灣新生報」一篇專欄文章，題目是「哲學智慧的開發」，文中指出，學哲學的人，要有逸氣（智），要有漢子氣（勇），要有原始的宇宙悲懷（仁）。一個有哲學氣質的心靈，乃是天地靈秀之所鍾，任何時代都需要這種清新俊逸之氣。

牟先生這篇文字的透脫之慧與特異之見，重重地撞擊偉勳的心靈。於是他立志要讀哲學系。他說，這個秘密，首先對你蔡仁厚透露，連我最早的摯友劉述先面前都還未曾提過。二三年後，我們三人一同出席夏威夷朱子大會，頭一夜便在述先房裡以紹興酒和花生米把酒夜話，高談闊論，而偉勳屢屢控制不住嗓門，三番兩次吵得隔壁的日本學者敲牆板表示抗議。那次會議也是兩岸學者首次相逢。初見面時不免有點拘謹。第二天，中國時報駐美記者金恆瑋宴請兩岸和海外華人學者，可樂、啤酒、白酒、威士忌，任人選取，幾杯下肚，情緒便鬆開了。尤其偉勳老兄，更大大地發揮了他感性的融通力。他以鬧酒的姿態，周旋二桌之間，把衆人或多或少的矜持全消解了。事後，我寫了一篇「檀島國際朱子會議後記」，提到偉勳時，我說他開會發言時是理性的，一出會場便又散發感性的熱力。這二句描述，偉勳也覺得言之恰切。

每讀偉勳的書文，都感到很過癮。十多年來，在夏威夷、新加坡、香港、日本以及台北、台中、高雄佛光山等地開會，也總能聽聞他一貫開放的話語。而他的一些想法，我也常能有同情的理解和認同。但我一直不同意他「一心開多門」那句話，他也一直心中快快，直到今年七月在中研院文哲所主辦的儒學國際會議上，他在論文後段仍然提到這件事。對於「開多門」的說法，他比往昔講得圓通一些，但我總不贊成爲了宣說自己的主張，而套改古賢古書上具有綱領法式性質的語句。所以，我雖仍如往常尊重偉勳的自得之見，但他有些措詞，也依然未得我心。會議的最後一天，有一場綜合座談，偉勳和輔仁大學宗教系主任陸達誠神父，一同擔任引言人。他倆在說話時都提到我，使我不能不發言，我說，從頭一天宣讀論文之後，便一直沒有在會場說話，因爲我正在修習一門功夫：天耳通。我要靜靜的聽取各位的高見，看看能否助我達到「六十而耳順」。剛才傅教授和陸神父都想誘導我說話。其實我也沒有什麼好見解。我只覺得傅教授對多元文化多元價值的意思，確實值得大家來重視。當然主從本末之分，還是我所鄭重的。至於儒佛耶三教的摩盪，也是有關多元價值系統交流會通的問題。我的意見大體都已在十年前說出來，今後就看我們如何在文化學術上貫注眞誠了。講文化會通，精誠和機緣很重要，而「時間」尤爲基本的因素。天下事「欲速則不達」，所以孟子所謂「勿忘勿助長」，恐怕仍然是宗教會通最適當的態度和做法。

另外一件事，是屬於較爲通泛的感受問題。偉勳這些年來和東西南北四面八方的人都有接觸。他在別的地方（如大陸中青年知識群中，或台灣不同的宗教社群中），大概比較能獲得喝采式的稱讚和推崇。唯獨在台北和鵝湖的朋友見面交談，則常會引發爭論（我人在台中，幾次台北的會晤都未能在場）。據我事後聞知，覺得彼此有些爭議也是常事，不算什麼。雖然所見有不同，但還是常常見面晤談。大家自自然然，和和氣氣，並沒有什麼隔閡。直到有一回在某月刊看到偉勳一篇文章，裡面有些話似乎講得有些過了。正好當代新儒學國際會議在台北召開，而大會又正好安排我評論偉勳的論文。評論的話說過了，我加添幾句話：傅教授對當代新儒家的諍言，眼界很寬，也很高，而他的話也句句出自眞誠，我相信鵝湖的朋友們也會虛心認眞地斟酌傅教授的善意。即使最後還是不盡相同，也仍然是道義之交，大家也必能惺惺相惜，肝膽相照。就我個人的感受而言，傅教授在別處得到尊敬，自有各種因緣，而鵝湖的朋友則是以全幅的眞心對待傅教授的。如果傅教授可以相信蔡仁厚，我就要求傅教授也同樣相信鵝湖的朋友。我的話出自眞心實意，所以偉勳兄也頗受感動。我們從講台下來，鵝湖的朋友一面謝謝我說出了他們心裡的話，同時也向偉勳拉手致意。而這些年來，大家也善始善終，綿綿地延續了珍貴的情誼。

還有一件事，也顯示偉勳的眞性情和熱心腸。十幾年前，劉述先兄主持香港中文大學哲學系，特別邀請偉勳自美赴港爲課程設計作評鑑。偉勳寫信給我，說這一回去香港，一定要拜候牟先生。同時，他還打算爲一位和牟先生疏離多年的朋友進行解凍。我對這件事的原委知之甚悉。覺得偉勳的好意必將落空，甚至可能弄巧成拙。但時間緊迫，我已來不及寫信寄美勸阻，便將回信逕寄香港中大託述先轉交，同時也向述先作了說明。我的基本意思是這樣：學生疏離老師，想回頭時，必須自己表示悔悟之誠，不能由別人來傳話。若是當事人的心意並非眞切，則傳話致意之舉，便成輕率、孟浪。述先回信，也認爲偉勳不適宜做此事。而偉勳回信，則一方面同意我和述先的考慮，一方面仍然覺得牟先生年紀這麼大了，某君又如往日般還是很尊敬牟先生，如果不能解凍見面，將成終身之憾。偉勳這個意思，以後還向我說過二三次。今天我提及此事，別無他意，只是想讓朋友們知道，在偉勳心目之中，師生情誼是如此的深重、高厚。

前年在香港開會，偉勳聽聞牟先生再度住院，便一直和我談說牟先生的病況，關切之情，溢於言表。其實，偉勳自己也是拖著病體東奔西跑，雖然他幾次手術都很成功，又生性樂觀豁達，但我看到他消瘦的病容，也總默默爲他祝禱，祈求上蒼容許這位可敬可愛的朋友，在這個是是非非、虛虛實實的人世間，能夠從從容容地多行走若干歲月，讓他把深切自得的生死智慧學，如願寫出。孰料世事多變，奪我良朋。悠悠蒼天，謂之何哉！

一九九六年十月三十日

參、新的思考和具體的建議

——為第四屆當代新儒學國際會議而作

這一次會議討論的主題，包括：一、當代儒家哲學的研究；二、當代儒學與文、史、藝術；三、當代儒學與社會科學；四、當代儒學與宗教。順主題而邀請來發表論文的學者，涵蓋人文、社科和宗教。這表示新儒家的精神觸角更伸展了，更落實了。

文、史、哲學、藝術、宗教、社會科學，雖然都可以和儒家相輔相成，但各個學門都是各自獨立的，將如何異同相益，長短互補，以共成文化之美盛？這要專家學者來共同討論。在此，我想站在人文學的立場，呼籲大家異地同心，來接續前人的精神，各就一己的志趣和專長，分工合作地來做下面幾件事情。

第一件，疏解文獻：如今，能直接閱讀古籍的人已越來越少，所以疏解文獻的工作，刻不容緩。這項工作的方式不必一律，章句的注釋，篇章的語譯，思想理論的解析，義理觀念的疏導，都需要做。或單獨一人做，或二三人合起來做，皆無不可。

第二件，研究專家專題：或以「人」爲對象，如孔孟老莊、程朱陸王等；或以「事」爲對象，如言意之辯、天台宗山家山外之辯、朱陸異同等；或以「問題」爲對象，如天人關係、道德與幸福、禮與法等；或以「書」爲對象，內含專書專文的研究，名詞術語的解釋，以及以專家專題爲中心的選輯、彙編與論議等。

第三件，講論中西主流思想：學術的流派，無論主流旁枝，都不容忽視。但本末先後必須要有斟酌。既屬主流，自應先加注視。而講學，乃是永生永世的事，必須相續相循，不可斷絕。學術昌明之世，要講學；學術衰微之世，尤其要講學。

第四件，豁醒文化意識：這不只是一句話，它是眞眞實實的。文化意識從原生本命發出來，是教育事業和價值創造的源頭活水。必須時時護持，念念提醒，永遠開發。

第五件，落實文化事業：這關乎生活實踐和文化生根。平時我們所做的文化講座、學術座談、學術會議、出版書籍、創辦期刊以及兒童讀經……這些都很好。但應該還有其他的工作，譬如生活禮儀的踐行、生活環境的整潔、風俗習慣的改善等等，是否也能尋求著力之點，隨宜隨機來推動實行。

學術，可以歸於大學與研究機構，而風俗教化則權屬政府而責在士民。事事苛責政府，不但有欠公允，也是自身推卸責任。士以天下爲己任，豈能一味責人，而疏於自責？爲此，特捨高論，而提出幾件較爲具體的事，來和同心同德的時賢君子與社會大衆，共勵共勉。

一九九六年十二月

肆、在解構中重建，在詮釋中開展

——記一段會議論文的講評

今年三月，中華民國通識教育學會一九九七年年會在東海大學召開，並舉辦論文研討會。大會約請我爲顧問，並擔任林安梧教授的論文：〈走向生活世界的儒學〉之特約講評。今天，暑假開始，我整理書桌，發現這段講評的要點，正寫在一張紙上。自己再看看，覺得意思不錯。於是便稍加修訂，寫成這篇文字，送請鵝湖月刊發表。

林教授的論文，可以說是報告他自己讀論語的心得。他所講的這些意思，基本上我都贊同。而其中很多說法也講得很好，對今天一般的知識分子，應該是很有啓發性的。譬如：

一、以「與古人交談」的方式讀論語

首先，他提議，我們應該以交談的方式讀論語。交談，是互爲主體：互相傾訴，彼此傾聽。很眞誠很虛心來聽取對方的意思。據我的了解，其中含有：

1. 知人（尚友古人，與古人交談）。

2. 知言（喻解對方語言的意指）。
3. 知音（聞弦歌而知雅意，言爲心聲）。
4. 知心（心意相通，莫逆於心）。

就如顏回，他對夫子之言，「無所不悅」。孔子「與回言終日，不違如愚。退而省其私，亦足以發。回也不愚。」顏回對於孔子的教言，不待交談即已「默識心通」。他渾化語默，已超越言詮而進到最佳最高的境界。他是最懂孔子，最會讀論語的人。而自回以下，則必須藉助於交談了。「交談」和「論辯」不同。論辯，是知性的態度。在知識性的學問裡，要論、要辯、要有意見。但讀論語，讀經典，卻不是要你發表意見，而是要你多體會、多感受、多印證。至於你個人的意見，慢慢來，不必急於表達，以免意見作怪，阻擋眞理。

二、天地人交與為參贊

其次，他指出經典是一個生活世界，是「天地人交與爲參贊的場域」。這個意思也非常好。「人」與「道」與「天地」打成一片，渾然一體，交與爲參贊。三者不宜分開，也不可分開，所以自古都是天地人「三才並建」。

順此而引申，則認知系統的主客對立，並不是一個終極的格局，因此他認爲徹底地來說，根本沒有一個徹底橫攝的認知系統。所有橫攝的認知系統，都通極於縱貫系統。他舉出朱子爲例。這個意思，在儒家內部講可以有意義，因爲儒家是「生命的學問」，橫攝的認知與縱貫的創造，終必通合而為一。但西方是知識性的學問，它無法通極於縱貫系統，所以必須另立基督教，以盡其縱貫方面的責任。而中國文化不走宗教的路，它是宗教人文化，有了儒家，就不亟需其他的宗教了。當然，其他宗教也盡可來中土活動，但若不知分際，而想喧賓奪主，那是不可能的。儒家，同時也是儒教，所以有縱有橫。但正如牟先生所說，理當以縱統橫，不可以橫代縱。

三、何謂「六經皆我註腳」

陸象山說「學苟知本，六經皆我註腳」。今人引述這句話時，總忘了上半句，單取下半句，所以誤以為陸象山張狂自大，其實乃是自己不通義理。須知「六經皆我註腳」句中的「我」，並非獨指象山自己一個人，「我」是第一人稱，指主體（即上半句之「本」），指本心而言。所以後來王陽明接下去就說「四書五經，不過說這心體」。經典所講的，是理是道。仁義之理，仁義之道，內在於心。聖人在經典裡講的，也不過是「先得我心之同然」而已。然則，六經的文字，不正是為我們本心所含具的常理常道，作註腳，作印證嗎？

順此而言，林教授指出，讀論語的理解和詮釋，最後必是通極於「道」，這話非常對。所以，除了以身心「體之」，還要推廣到各個面向，無論家國天下、宇宙萬物，無論知識層、實踐層等等，都要用「道」通貫起來。

四、為什麼「父為子隱，子為父隱」

另外，論文中還舉述論語子路篇講「直躬」時，孔子說「父爲子隱，子爲父隱」。以及孟子書中一個假託的故事：瞽瞍殺人，舜怎麼辦？這二個問題，我也講過。不過不是專文討論，是在我《孔孟荀哲學》書裡講到過。楚國的葉公認爲兒子指證父親攘羊，不顧父子之情，公正無私，可以爲「直」。孔子則以爲其人罔顧天倫，視父親如同路人，棄情悖理，不得爲直。葉公據「事實」以言「直」，其直只是事實之眞，不是價值之善。孔子從「合理合宜」以言「直」，這種直才能保住價值的原則，以成就行爲的合理合宜。北宋理學家謝上蔡謂「順理爲直」，今可更進一解曰「合義爲直」（直道即義道）。如果你問，那偷羊之罪就不管了嗎？當然要管，由負責的有關部門和有關人員來處理。無論如何，那不應該是「兒子」的職分。至於孟子對瞽瞍殺人的設問，也有「合情、合理、合法」的回答。（請參看拙著《孔孟荀哲學》卷中、孟子之部，頁三〇〇至三〇二。）單就倫理學而言，孔子孟子是對的。如果你認爲這樣還不算眞正解決問題，那是因爲這個問題根本不可能無憾地解決，即使上帝也做不到。孟子的回答，已經是最好的了。

五、天理、國法、人情

中國社會用到「人情」二字，通常都不是私情，而是指人之常情，也即人情之常，人情之自然。同時，「情理法」這三個字，也未必「情」字的重要佔第一位。今人看得太死煞，以爲一定要改爲「法理情」，其實也未必妥當。因爲這三者的重要，並不是單純的順序問題。若從順序看，無論「情理法」或「法理情」，都是不夠妥順的。三者的順序，應該是民間另一句話：

天理——國法——人情

這樣的順序，才合理合宜。「天理」爲先、爲本，「國法」「人情」皆不可違背天理。國法要公正、要嚴明，人情要培養、要維護。太史公的外孫楊惲說過：王道者，人情之田也。田地是生長農作物的，王道就像田地，人情之正必須在王道這塊田地裡面，才能獲得順適的生長。王道公而無私，可見人情決非私情。這三者的順序，最好用三角形來顯示：

天理

△

人情　　國法

如果用直線序列，無論「情理法」、「法理情」，甚至「理法情」，都不算最好。

六、孔子為歷史文化「解構」

最後，論文末段提到孔子「刪詩書，訂禮樂，贊周易，修春秋」，乃是爲文化生命「解構」。這是一個很有意義的說法。經典是文化生命的精粹，是文化傳統的結晶。但如果後人對經典文字的解讀不恰當，不相應，那反而會形成對文化生命的桎梏。所以必須「解構」。而最好的解構方式，就是「整理古文獻，賦予新意義」。這正是孔子所做的，此之謂「在解構中重建，在詮釋中開展」。孔子對中華文化的重大貢獻，正在於此。

一九九七年六月二十八日

附、本書作者著述要目

1.《孔孟荀哲學》 台北 學生書局
2.《孔門弟子志行考述》 台北 商務印書館
3.《論語人物論》 台北 商務印書館
4.《墨家哲學》 台北 東大圖書公司
5.《中國哲學史大綱》 台北 學生書局
6.《宋明理學北宋篇》 台北 學生書局
7.《宋明理學南宋篇》 台北 學生書局
8.《王陽明哲學》 台北 三民書局
9.《儒家心性之學論要》 台北 文津出版社
10.《新儒家的精神方向》 台北 學生書局
11.《儒家思想的現代意義》 台北 文津出版社
12.《儒學的常與變》 台北 東大圖書公司
13.《中國哲學的反省與新生》 台北 正中書局
14.《熊十力先生學行年表》 台北 明文書局

15.《牟宗三先生學思年譜》 台北 學生書局
16.《牟宗三先生的哲學與著作》（合撰） 台北 學生書局
17.《孔子的生命境界》 台北 學生書局

國家圖書館出版品預行編目資料

孔子的生命境界——儒學的反思與開展

蔡仁厚著. – 初版. – 臺北市：臺灣學生，1998
面；公分

ISBN 978-957-15-0883-2(精裝)
ISBN 978-957-15-0884-9(平裝)

1. 儒家 – 中國

121.2　　87004341

孔子的生命境界——儒學的反思與開展

著作者　蔡仁厚
出版者　臺灣學生書局有限公司
發行人　楊雲龍
發行所　臺灣學生書局有限公司
地址　臺北市和平東路一段 75 巷 11 號
劃撥帳號　00024668
電話　(02)23928185
傳真　(02)23928105
E-mail　student.book@msa.hinet.net
網址　www.studentbook.com.tw
登記證字號　行政院新聞局局版北市業字第玖捌壹號
定價　精裝新臺幣八〇〇元
　　　平裝新臺幣五〇〇元

一九九八年四月初版
二〇二三年十月初版二刷

12137